AF542463

Nietzsche et l'affectologie

La Philosophie en commun

Collection dirigée par Stéphane Douailler, Jacques Poulain, Patrice Vermeren

Nourrie trop exclusivement par la vie solitaire de la pensée, l'exercice de la réflexion a souvent voué les philosophes à un individualisme forcené, renforcé par le culte de l'écriture. Les querelles engendrées par l'adulation de l'originalité y ont trop aisément supplanté tout débat politique théorique.

Notre siècle a découvert l'enracinement de la pensée dans le langage. S'invalidait et tombait du même coup en désuétude cet étrange usage du jugement où le désir de tout soumettre à la critique du vrai y soustrayait royalement ses propres résultats. Condamnées également à l'éclatement, les diverses traditions philosophiques se voyaient contraintes de franchir les frontières de langue et de culture qui les enserraient encore. La crise des fondements scientifiques, la falsification des divers régimes politiques, la neutralisation des sciences humaines et l'explosion technologique ont fait apparaître de leur côté leurs faillites, induisant à reporter leurs espoirs sur la philosophie, autorisant à attendre du partage critique de la vérité jusqu'à la satisfaction des exigences sociales de justice et de liberté. Le débat critique se reconnaissait être une forme de vie.

Ce bouleversement en profondeur de la culture a ramené les philosophes à la pratique orale de l'argumentation, faisant surgir des institutions comme l'École de Korcula (Yougoslavie), le Collège de Philosophie (Paris) ou l'Institut de Philosophie (Madrid). L'objectif de cette collection est de rendre accessibles les fruits de ce partage en commun du jugement de vérité. Il est d'affronter et de surmonter ce qui, dans la crise de civilisation que nous vivons tous, dérive de la dénégation et du refoulement de ce partage du jugement.

Dernières parutions

Fedra CUESTAS, *Marginalité et subjectivité, La subjectivité dans les seuils du social*, 2015

Samuel-Gaston AMET, *Le néocriticisme de Renouvier. Fondations des sciences*, 2015.

Hector MENDEZ, *Le pouvoir populaire*, 2015.

Gustavo CELEDÓN, *Philosophie et expérimentation sonore*, 2015.

Philippe VERSTRATEN, *Nous-mêmes et la terre. Critique et dépassement de l'idée technique du monde*, 2015.

Carmen REVILLA (dir.), *L'horizon de la pensée poétique de María Zambrano*, 2015.

Zouaoui BEGHOURA, *Critique et émancipation. Recherches foucaldiennes sur la culture arabe contemporaine*, 2014.

Jordi RIBA (dir.), *L'effet Guyau, De Nietzsche aux anarchistes*, 2014.

Lucas GUIMARAENS, *Michel Foucault et la dignité humaine*, 2014.

Danilo BILATE

Nietzsche et l'affectologie

Pour une éthique des affects

Préface de Bertrand Binoche

5-7, rue de l'Ecole-Polytechnique, 75005 Paris

http://www.harmattan.fr
diffusion.harmattan@wanadoo.fr
harmattan1@wanadoo.fr

ISBN : 978-2-343-07251-7
EAN : 9782343072517

Pour Manoela et Chiara

Spernere se sperni

Mes remerciements les plus sincères vont à Madame Dominique Dernier pour sa gentille disponibilité et son précieux travail de relecture. Je remercie aussi Monsieur Bertrand Binoche et Monsieur André Martins, mes directeurs de thèse, et également Monsieur Blaise Benoit, Monsieur Christian Bonnet, Monsieur Fernando Rodrigues et Madame Scarlett Marton, tous membres du jury de ma soutenance qui, avec leurs commentaires, ont beaucoup contribué à cette version améliorée du texte originel.

Références bibliographiques

Les textes de Nietzsche sont cités d'après l'édition de référence, établie par G. Colli et M. Montinari :

– en allemand, en cours aux soins de Paolo D'Iorio, édition disponible en ligne :
http://www.nietzschesource.org/texts/eKGWB
Friedrich Nietzsche. Digitale Kritische Gesamtausgabe Werke und Briefe auf der Grundlage der Kritischen Gesamtausgabe Werke, herausgegeben von Giorgio Colli und Mazzino Montinari, Berlin/New York, Walter de Gruyter, 1967ff. und Nietzsche Briefwechsel Kritische Gesamtausgabe, Berlin/New York, Walter de Gruyter, 1975ff., herausgegeben von Paolo D'Iorio.

– en français :
Friedrich Nietzsche. *Œuvres philosophiques complètes*, Paris : Gallimard, 1968-1997.

sauf :
Ainsi parlait Zarathoustra. Traduit par Georges-Arthur Goldschmidt. Paris : LGF, 1983.
Par-delà bien et mal. Traduit par Patrick Wotling. Paris : GF-Flammarion, 2000.
La généalogie de la morale. Traduit par Patrick Wotling. Paris : LGF, 2000.
L'Antéchrist. Traduit par Éric Blondel. Deuxième édition. Paris : GF-Flammarion, 1996.
Le Cas Wagner / Crépuscule des idoles. Traduit par Éric Blondel et Patrick Wotling. Paris : GF-Flammarion, 2005.
Ecce Homo / Nietzsche contre Wagner. Traduit par Éric Blondel. Paris, GF-Flammarion, 1992.

Liste des abréviations des œuvres de Nietzsche

Nous n'avons pas utilisé d'abréviations pour des textes rarement cités. Pour les autres textes nietzschéens, nous utiliserons les abréviations suivantes :

NT	=	La naissance de la tragédie
HV	=	De l'utilité et des inconvénients de l'histoire
WB	=	Richard Wagner à Bayreuth
HH	=	Humain, trop humain (vol. 1)
OS	=	Opinions et sentences mêlées (HH vol.2)
VO	=	Le voyageur et son ombre (HH vol.2)
AA	=	Aurore
GS	=	Le gai savoir
ZA	=	Ainsi parlait Zarathoustra
BM	=	Par-delà bien et mal
GM	=	Pour la généalogie de la morale
CW	=	Le cas Wagner
CI	=	Crépuscule des idoles
AC	=	L'Antéchrist
EH	=	Ecce homo
FP	=	Fragment posthume

Sommaire

Préface

Morale *versus* éthique

Les études nietzschéennes, en France, depuis maintenant une trentaine d'années, ont fait l'objet d'un processus d'académisation : après le prophète flamboyant, le drapeau de toutes les subversions, nous avons découvert l'auteur d'une doctrine tout à fait cohérente, lecteur assidu de ses contemporains et méticuleux architecte d'une entreprise exigeant d'être déchiffrée avec scrupule et sans colère. L'érudition et l'exactitude, la patience et l'humilité, voici les vertus qui sont demandées aujourd'hui au lecteur, au commentateur et au traducteur de Nietzsche – comme elles l'avaient été à Nietzsche lui-même dans ses années de formation philologique.

Ce n'est pas un hasard si Danilo Bilate, dans le présent ouvrage, repart de la seconde *Inactuelle* et du procès qu'on y trouvait instruit contre l'histoire savante. C'est qu'en effet, rompant avec cette déontologie dont les effets positifs auront été incontestables, il instaure d'emblée avec le texte nietzschéen un autre rapport – un rapport d'exploitation qui s'inscrit dans le titre même : *Nietzsche et l'affectologie : pour une éthique des affects*. Il ne s'agit pas de reconstruire « l'éthique nietzschéenne des affects » comme pourrait s'y attendre le lecteur universitaire, mais de construire *une* éthique, et une éthique des affects, en référence à Nietzsche. Tout ici est problème, et l'auteur le sait bien, dont la probité propre s'exprime dans la conscience des difficultés que l'institution apprend à esquiver.

De quelle sorte de « référence » s'agit-il d'abord ? Nietzsche est mort et c'est à nous à le faire vivre. Cet usage du texte n'est pas un retour à ce que Deleuze professait superbement : pour ce dernier, faire un enfant dans le dos (de Kant, de Bergson, voire de Nietzsche, même si Deleuze affirmait qu'avec ce dernier c'était l'inverse), c'était à la fois utiliser l'auteur pour lui faire dire ce qu'il n'avait explicitement pas dit, mais qui pouvait présenter un intérêt spéculatif, et, en même temps, *dissimuler* cet écart. De fait, Deleuze disait « nous » ou « on », amalgamant ainsi sous le même pronom le commenté et le commentateur. Danilo Bilate, au contraire, revendique l'écart et le souligne tout au long de sa démonstration, rappelant ainsi sans cesse au lecteur que s'il veut faire un enfant à Nietzsche, et si l'on nous permet de filer scabreusement la métaphore, c'est par-devant ! Du même coup, là où Deleuze méprisait ouvertement toute philologie (jusqu'à ne pas même préciser les traductions utilisées), Danilo Bilate accorde à la terminologie nietzschéenne la plus grande attention. Méticuleusement, il fait toujours le point sur les usages que fait Nietzsche de tel ou tel mot dont il souhaite s'emparer, il en marque les flottements et les métamorphoses, et c'est seulement après coup qu'il déclare stabiliser, en son nom à lui, le terme choisi : « éthique » et « affect » en sont les premiers exemples. Ce n'est pas là le moindre apport de son travail puisqu'en procédant ainsi, il livre de multiples informations lexicales et l'on apprend quand apparaissent les mots, ainsi que les multiples sens que lui confère la volonté de puissance qui a « Nietzsche » pour nom. Ici, l'historien le plus « positiviste » a tout lieu de se réjouir. Paradoxalement, c'est le souci même d'instrumentaliser le corpus nietzschéen à des fins qui lui sont extérieures (constituer une éthique des affects) qui conduit à en scruter très attentivement la lettre.

Ce souci des mots, dans leur littéralité, entraîne ainsi un retour au texte par-delà les couches innombrables de commentaires qui se sont déposées successivement sur lui. En contradiction à la fois, d'une part et là encore, avec une certaine tradition universitaire qui multiplie les notes de bas de page pour marquer continûment les accords ou les désaccords avec tel ou tel interprète, et d'autre part avec un certain concept d'herméneutique qui juge « naïf » de prétendre court-circuiter les compréhensions sédimentées à travers lesquelles nous appréhendons le sens, Danilo Bilate court-circuite délibérément la bibliographie secondaire et privilégie « l'œuvre même », les textes publiés et les fragments posthumes se trouvant convoqués au même titre. On pourra bien qualifier cela de « naïveté » si l'on veut. L'important est qu'elle s'avère, par le fait, opératoire : en procédant ainsi, au lieu de s'égarer dans l'*apeiron* des exégèses, on interroge les textes pour ce qu'ils disent – car ils disent tout de même quelque chose par eux-mêmes si on veut bien les écouter.

L'enfant qu'il s'agit de faire à Nietzsche en les écoutant est une *éthique*, par où il faut comprendre le contraire d'une *morale*. La seconde s'énonce impérativement sur le mode du « tu dois » : toute morale est servile, y compris lorsqu'elle intériorise, sous le nom d'autonomie, le prescripteur de la loi. La première s'énonce triomphalement sur le mode du « je veux » : toute éthique est créatrice, pour autant qu'elle sait que les valeurs ne sont jamais données, mais toujours les résultats d'une évaluation qui procède d'un affect dominant – lequel peut être appelé « volonté » et n'a donc rien d'une faculté, ou encore « je » mais n'a rien non plus d'une substance. Ainsi Schopenhauer avait-il eu tout à fait raison en 1840, dans le second chapitre du *Fondement de la morale*, de condamner l'impératif catégorique en tant qu'impératif, tributaire à ce titre de la tradition juive. Mais il avait eu tort de lui opposer la pitié, comme si cet affect était l'affect en soi moral. L'héritage chrétien trouvait là sa formulation profane, interdisant à Schopenhauer de créer de nouvelles valeurs et le condamnant à demeurer kantien en prétendant à son tour « fonder » la morale[1]. *A contrario*, il s'agit de créer une éthique, c'est-à-dire de se mettre en situation de pouvoir vouloir, ce que Zarathoustra appelle « conquérir la liberté pour des créations nouvelles »[2]. Une fois que l'on a compris que « les hommes se sont donné tout leur bien et tout leur mal »[3], il devient possible de mettre en place une prudente diététique par laquelle les affects constitutifs du « moi » se trouveront en mesure de vouloir... quoi ? On connaît la réponse, dans sa sobriété magnifique : tout.

« Aimer la vie, toute la vie, sans limite et incontestablement », conclut Danilo Bilate. Son propos se caractérise de bout en bout par une honnêteté et une clarté dont les études nietzschéennes ne nous ont pas toujours gratifiés. Sans nécessairement nous accorder en tout avec lui, ce qu'il ne nous demande au reste nullement, et ce qu'il ne peut nous demander en vertu même de ses prémisses, nous pouvons lui en être sincèrement reconnaissants.

Bertrand Binoche
Université Paris-I/Panthéon-Sorbonne

---

[1] Voir BM, § 186 et 211.

[2] ZA, I, Des trois métamorphoses (trad. G.-A. Goldschmidt).

[3] *Ibid.*, Des mille et un buts.

Introduction

Lecture, honnêteté, prudence et courage

Nietzsche est mort. Mais nous oublions souvent cette évidence. Nous pourrions dire métaphoriquement qu'il vit, que sa pensée vit, que ses écrits vivent. Mais il s'agit d'une métaphore banale. En revanche, nous, nous vivons. S'il existe une vie liée au mot « Nietzsche », il s'agit d'une vie qui se manifeste en nous. Nous pouvons nommer cette manifestation « Nietzsche », mais de cette manière nous utilisons un terme très équivoque. Que signifie-t-il ? Quelle relation doit être la nôtre avec ce nom très problématique ? Devons-nous croire à la possibilité de connaître « Nietzsche » ? Devons-nous élaborer l'histoire de ce mystère caché derrière son nom ? « Nous ne voulons servir l'histoire que dans la mesure où elle sert la vie », écrit-il[1], lui qui était un homme et qui ne peut plus répondre à nos questions. Quelle richesse, quelle vie pouvons-nous trouver chez quelqu'un qui est mort ? La réponse est aisée. L'homme est mort, mais ses écrits sont là : ils renferment un sens ou peut-être des sens, des significations, une pensée. Voilà la richesse, voilà la vie. Mais comment pouvons-nous faire vivre cette richesse ? Nous répondrons « en le lisant » et cela est tout à fait vrai. Nous le lisons, la « vie » des textes nous touche profondément, nous en devenons peut-être amoureux, nous croyons les comprendre. Cependant, quelque chose nous inquiète encore. Les textes ne sont guère clairs, ils nous posent des problèmes, ils contiennent des contradictions que nous voulons résoudre – bien sûr, puisque nous sommes touchés, amoureux, passionnés : il faut à tout prix les résoudre. Nous devenons alors des chercheurs. Et pour cela nous voulons apprendre comment être un chercheur. Nous l'apprenons, nous l'apprenons très bien : nous devons faire de l'histoire, car c'est l'histoire qui nous donnera les conditions et les clés nécessaires pour résoudre les problèmes que posent les textes. C'est à ce

[1] HV, Préface. Quand une citation n'est pas suivie d'une référence, cela signifie que nous continuerons à analyser le texte en question et à le citer : la référence surgira donc juste après la dernière citation séquentielle d'un même texte.

moment précis, moment grave, que nous oublions que Nietzsche est mort. Nous nous demandons si nous avons le *droit* de lire des textes posthumes, car enfin l'auteur ne les a pas publiés. Nous nous demandons si nous avons le *droit* de lire les textes de la jeunesse de l'auteur, car enfin il a mûri au cours des années. Bref, nous nous demandons si nous avons le *droit* de lire ce qui nous reste, ce qui « vit » encore, car nous ne savons pas si l'auteur qui est mort nous autoriserait à le faire. Un grand « tu dois » se cache toujours en exigeant de nous une honnêteté peut-être inaccessible, sans que nous nous en apercevions. Nietzsche est mort et cela signifie beaucoup. D'abord cela signifie qu'aujourd'hui Nietzsche ne peut plus nous autoriser ou nous interdire quoi que ce soit et qu'ensuite « Nietzsche » ne désigne plus une personne, mais un ensemble gigantesque de significations qui ne se trouvent pas seulement dans les textes. « Nietzsche » aujourd'hui signifie une histoire de transformations, des discussions entre commentateurs, des biographies, des corrections philologiques et de nouvelles découvertes. Tout cela vit et nous sommes tout cela. Et c'est à nous que revient la difficile tâche d'élaborer une « histoire » qui serve la vie.

Cette difficulté est présente dans toute tentative pour commenter ou retracer l'histoire d'un auteur, d'une philosophie ou d'une époque. Toutefois, nous sommes confrontés à cette difficulté précisément à cause de l'« objet » de notre recherche historique. C'est Nietzsche lui-même qui nous en avertit. Pour que l'histoire serve l'action, il faut qu'elle produise un avenir et pour que cela devienne possible, il nous faut « nous réjouir de notre manque de sagesse ». Si notre objet « Nietzsche » vit encore et si nous ne voulons pas effacer l'ensemble de ce que ce nom désigne, nous devons l'étudier d'une manière différente. Nous ne pouvons pas le transformer en un « phénomène historique » qui serait « exactement et entièrement connu », car cela impliquerait que nous le considérons comme « un objet mort »[2]. Nous n'avons pas pour but d'accroître les connaissances pour le simple plaisir d'accumuler des informations sur ce qui est déjà mort. Donc, nous ne devons pas être comme ces individus « qui ne connaissent d'autre soif et d'autre satisfaction que le savoir »[3]. Le savoir pour le savoir ne nous intéresse pas. L'« aveugle fureur de collection »[4], comme le disait Nietzsche, ce désir de savoir tout et de connaître toute l'histoire est en fait le désir de la tuer complètement et de l'écarter de la vie. Or, si l'être humain Nietzsche est mort, en revanche nous ne voulons point tuer ce qui en reste, cette multiplicité « Nietzsche » avec laquelle, à partir de laquelle et même contre laquelle nous voulons penser et

[2] HV, la fin du §1.
[3] HV, §4, premier paragraphe.
[4] Expression qui figure dans HV, §3, troisième paragraphe.

vivre. Nous devons aborder l'histoire de la philosophie d'une autre façon, différente de celle qu'on nous a enseignée comme étant la seule valable. En fait, nous avons appris qu'il était possible – et que l'on devait – résoudre les problèmes que posent des textes en accumulant des informations historiques sur eux. Et à cause de cela nous leur avons cherché des solutions, méthode que nous n'avons cessé d'appliquer et que nous appliquons encore aujourd'hui. Par conséquent, nous sommes devenus des « encyclopédies ambulantes »[5]. C'est ce que notre culture exige de nous – c'est ce que nous exigeons de nous-mêmes – et Nietzsche le savait bien déjà à son époque : « Toute activité philosophique, aujourd'hui, est tenue en bride par la police et la politique ; les gouvernants, les Églises, les Académies, les mœurs, les lâchetés des hommes conspirent à la réduire à un simple vernis d'érudition »[6]. L'érudition *peut* être une conséquence de notre recherche, mais elle ne sera jamais notre objectif principal. Nous voulons vivre, nous voulons renforcer notre puissance à travers la pensée, mais nous avons appris avec Nietzsche que l'érudition pour l'érudition n'est qu'une façon d'affaiblir la pensée :

> L'érudit, qui au fond ne fait que « compulser » des livres [...] perd finalement tout à fait la capacité de penser par lui-même. S'il ne compulse pas, il ne pense pas. Il *répond* à une excitation (– à une pensée lue), quand il pense, – finalement il ne fait tout simplement que réagir. [...] L'instinct d'autodéfense a été chez lui brisé ; dans le cas contraire il se défendrait contre les livres. L'érudit – *un décadent*[7].

Cela signifie que nous devons penser par nous-mêmes, c'est-à-dire que l'histoire ne peut être neutre[8]. Nous devons nous impliquer dans l'histoire, tirer d'elle ce qui nous pousse à penser et refuser d'elle ce qui ne nous y pousse pas. Pour utiliser la classification que Nietzsche établit des différentes façons d'élaborer l'histoire, nous devons comprendre l'histoire de la philosophie comme « monumentale » : nous devons tirer d'elle des modèles d'hommes et des maîtres pour notre action. « Nietzsche » devient alors notre modèle. Mais, ce faisant, nous ne pouvons pas oublier le côté positif de l'histoire « traditionaliste » et de la « critique »[9]. Ainsi, avec l'histoire traditionaliste, nous respecterons les conseils avisés donnés par notre maître, mais avec l'histoire critique nous n'oublierons jamais de rejeter les conseils peu judicieux. Et l'action doit toujours être le seul critère à partir duquel nous jugerons un conseil comme bon ou mauvais. Nous ne penserons que pour agir

[5] Expression trouvée dans HV, §4, troisième paragraphe.

[6] HV, §5, deuxième paragraphe.

[7] EH, Pourquoi je suis si avisé, §8.

[8] Voir HV, §5, quatrième paragraphe.

[9] Sur la distinction entre les histoires monumentale, traditionaliste et critique, voir HV, §2.

et non pas pour le plaisir stérile d'enrichir notre connaissance. Cette méthode de recherche historique est tout à fait différente de ce qui nous est enseigné. Comme Nietzsche nous le montre, telle qu'elle nous a été inculquée, l'histoire de la pensée ne produit pas d'effets, autrement dit elle ne crée pas un avenir, elle ne vit pas :

> L'œuvre ne produit jamais un effet réel, mais toujours une « critique » ; et la critique elle-même ne produit pas plus d'effet, mais fait à son tour l'objet d'une nouvelle critique. [...] La culture historique de nos critiques empêche une œuvre de produire un véritable effet, c'est-à-dire un effet sur la vie et sur l'action[10].

C'est pourquoi nous rejetons toute érudition stérile. Notre effort consiste à établir une pensée pour l'action *à partir* de Nietzsche. Cela signifie que notre lecture s'appuie sur ses textes tout en demeurant créative. Fruit de notre propre effort, la démarche entreprise pour établir cette pensée est singulière. Pour cela, nous nous servirons de tout ce qui peut nous aider. C'est pourquoi la question des fragments posthumes et de la relation chronologique entre les textes publiés devient secondaire. Nietzsche est mort, ne l'oublions jamais. Pour nous, ses textes anciens ont *a priori* autant de valeur que ses textes plus récents. Bien sûr, il modifie ses positions théoriques, mais il pourrait les modifier davantage encore s'il était vivant : modifierions-nous alors notre lecture des derniers textes ? De même, peut-être que Nietzsche aurait publié certains fragments et pas d'autres, mais cela nous ne le saurons jamais. Au fond, cette possibilité change-t-elle quelque chose ? N'est-ce pas en fait notre curiosité stérile d'érudit qui s'inquiète face à cette possibilité ? Nous qui souhaitons penser à partir de Nietzsche, nous voulons nous nourrir de sa pensée et peu importe à qui le pronom « sa » se réfère, peu importe ce que signifie alors « Nietzsche ». Nous n'avons pas le droit de juger quels textes contiennent la pensée nietzschéenne, parce que seul Nietzsche pourrait s'arroger ce droit. Curieusement, que nous enseigne-t-il, lui, sur l'histoire ? Qu'en élaborant l'histoire nous connaissons le « moment créateur le plus vigoureux et le plus original »[11], que c'est seulement si l'histoire « supporte d'être transformée en œuvre d'art, en une pure création de l'art » qu'elle peut donc « préserver ou même éveiller des instincts »[12]. En tant que création, l'histoire ignore l'auteur, puisqu'il est mort, et elle ne prête attention à son œuvre que dans la mesure où celle-ci nous fournit la richesse de penser notre vie et l'avenir. Et c'est Nietzsche lui-même qui pose enfin la question :

---

[10] HV, §5, dernier paragraphe.
[11] HV, §6, quatrième et cinquième paragraphes.
[12] HV, §7, premier paragraphe.

« N'est-ce pas détruire, ou du moins tarir prématurément une source encore riche de vie, que de diriger la curiosité sur une foule de détails microscopiques des œuvres ou de la vie de leurs auteurs, et de chercher des problèmes de la connaissance là où l'on devrait apprendre à vivre et à oublier tous les problèmes ? »[13]. Nous ne voulons point détruire cette richesse rassemblée sous le nom « Nietzsche ». Tout au contraire, nous la voulons pour nous.

Mon effort consiste à concrétiser une recherche historiographique pour nous en nourrir afin de construire quelque chose de nouveau : dans notre cas, c'est ce que nous appelons une « éthique des affects » ou une « affectologie ». Donc, mon objectif n'est pas de reconstituer Nietzsche, mais de constituer une éthique à partir des éléments textuels de son œuvre. Il s'agit donc d'un effort destiné à *construire* et non à *reconstruire*. Mais cela ne signifie pas que j'abuse du texte nietzschéen. Bien au contraire, je travaille toujours avec le texte, je le citerai fort souvent, je mènerai des analyses lexicales avec méticulosité. En un mot, j'instrumentalise le texte, mais toujours de façon légitimée. Et ce tout en prenant soin de faire attention à la lettre, mais en allant au-delà de ce que font traditionnellement les commentateurs qui se limitent à la lecture[14].

En effet, pouvons-nous affirmer que Nietzsche a établi une éthique ? Oui et non. Oui, puisqu'il pense aux problèmes éthiques et puisqu'il donne des éléments pour les résoudre. Non, puisqu'il n'a jamais affirmé – du moins de façon explicite – avoir établi une éthique et parce que, s'il le faisait, cela serait en totale contradiction avec son refus délibéré de toute systématisation de la pensée. Mon but est d'établir une éthique, mais que cette affectologie soit associée au nom de « Nietzsche », c'est la conséquence d'un choix personnel, évidemment d'ordre amoureux, pour essayer d'embrasser toute la richesse de la pensée nietzschéenne.

Pour cela, nous ferons une recherche de toutes les occurrences dans les écrits de Nietzsche du terme allemand *Ethik* pour ébaucher un premier plan sémantique. Cette recherche a deux buts principaux : d'abord, il s'agit de trouver *chez* Nietzsche des significations du mot « éthique » qui corroborent

---

[13] HV, §7, deuxième paragraphe.

[14] Peu de commentateurs ont vu dans la pensée nietzschéenne une éthique et, parmi eux, peu l'ont délimitée avec précision. En français, je mentionne les travaux de Michel Haar (*Par-delà le nihilisme*, Paris, PUF, 1998, notamment la préface : « Une éthique par-delà le ressentiment ») et d'Yvon Quiniou (*Nietzsche ou l'impossible immoralisme*, Paris, Kime, 1993). En portugais, il y a les travaux de Vânia de Azeredo (*Nietzsche e a aurora de uma nova ética*. São Paulo, Humanitas, Unijuí, 2008), de Jelson Oliveira (*Para uma ética da amizade em Friedrich Nietzsche*. Rio de Janeiro: 7 letras, 2011) et d'Oswaldo Giacoia Jr. (*Nietzsche X Kant*. Rio de Janeiro, Casa da Palavra, 2012); en anglais, celui de Peter Berkowitz (*Nietzsche : The Ethics of an Immoralist*, Cambridge, Harvard University Press, 1995) et en allemand, celui de Paul van Tongeren (*Die Moral von Nietzsches Moralkritik*. Bonn : Bouvier, 1989).

les sens que je donne à ce terme tout au long du livre ; ensuite, il s'agit de commencer à construire nous-mêmes ces sens-là *à partir* de Nietzsche. Grâce à ce travail étymologique et philologique, nous parviendrons à la conclusion que l'éthique doit être rapprochée de la physiologie et de la psychologie et que cette « physio-psychologie éthique » est une théorie des affects. Donc, si je me propose d'élaborer, à mes risques et périls, une éthique, si je suis l'auteur de cette construction, ses éléments se trouvent dans l'œuvre même de Nietzsche. Et c'est pour cela que je me propose de mener une recherche historique pour bien saisir les éléments conceptuels éthiques de la philosophie de Nietzsche. Cependant, cette construction il ne l'a jamais faite. Mon travail est une exégèse du texte nietzschéen, mais avec une suite thématique.

En conséquence, dans la dernière partie du livre, nous pourrons amorcer un travail de classement et de description des affects, partie cruciale de ce que je nomme « affectologie ». Pour faire de la connaissance éthique une source d'informations afin que l'individu se maîtrise lui-même, nous décrirons quelques affects en les classifiant comme favorables ou nuisibles à la vie. Mon hypothèse est que le texte nietzschéen fournit les conditions pour penser aux affects en fonction de leur capacité à renforcer ou affaiblir la force vitale de l'individu et que cette double classification plus générale peut être désignée par les termes de « vertu » et de « vice » respectivement[15]. Nietzsche a beaucoup écrit sur plusieurs affects, mais la plupart de ces écrits ne nous offrent pas l'occasion de pouvoir faire un travail descriptif suffisant. L'organisation que je propose ici implique une sélection que Nietzsche lui-même n'a jamais faite, mais qui s'appuie sur sa pensée. Partant, la description et la classification des affects s'appuient sur mon interprétation à partir des éléments textuels nietzschéens.

***

Au début de son autobiographie, Nietzsche écrit : « Prévoyant qu'il me faudra, d'ici peu, affronter l'humanité avec le plus grave défi qui lui ait jamais été lancé, il me paraît indispensable de dire *qui je suis* ». Dire qui est Nietzsche, c'est l'objectif de tous ses commentateurs et donc le nôtre. Aller au texte, à la froideur de la lettre, aux difficultés des virgules, guillemets, tirets et italiques, discuter des traductions des mots pour essayer de comprendre ce qui se fait et se dit dans le texte, telle est notre immense tâche. Cependant, pourquoi faut-il dire *qui* est Nietzsche, si lui-même l'a exprimé éventuellement dans tous ses écrits ? En d'autres termes, pourquoi s'imaginer

[15] Hypothèse qui a un fondement textuel dans le FP 9[44] de mai - juin 1883, selon lequel « passions = vertus et vices ».

être en mesure de clarifier ou de raconter de nouveau de manière plus claire ce qui a déjà été dit par l'auteur lui-même ? Nietzsche continue : « Dans ces conditions, c'est un devoir, qui répugne au fond à mes habitudes, bien plus, à la fierté de mes instincts, de dire : *Écoutez-moi ! Car je suis tel et tel. Surtout, pas de quiproquo à mon sujet !* ». Nietzsche nous demande de l'écouter. Peut-être qu'« écouter » n'est pas une métaphore qui transpose la vision de la lecture vers l'audition. « Écouter » est le verbe qui annonce une demande incisive et emphatique faite au lecteur par celui qui écrit et *crie*. La transposition métaphorique annonce ce cri. Le *Sperrsatz* allemand qui sépare chacune des lettres de chaque mot du cri est l'exigence d'attention qui est faite au lecteur. Cette exigence explique patiemment et didactiquement : « je suis tel et tel » – on en conclut que c'est seulement ici, dans le texte même, que nous pourrions trouver l'auteur. La demande criée et épelée exige : « pas de quiproquo à mon sujet ! » et l'exclamation le confirme. C'est une demande qu'il crie pour que nous soyons honnêtes avec lui, pour que nous le comprenions tel qu'il est et pas comme un autre. Si le commentateur prétend le décrire, la description doit entendre et écouter cette requête adressée au futur, à nous. Puisque Nietzsche dit dans le même texte que « la disproportion entre la grandeur de ma tâche et la *petitesse* de mes contemporains s'est traduite par le fait qu'on ne m'a ni entendu, ni même perçu »[16], une lecture ou une écoute honnête qui différencie Nietzsche de la médiocrité de son temps ou même de toute médiocrité serait l'hommage posthume le plus décent qu'on puisse lui rendre.

L'honnêteté est cet affect ou cette pulsion[17] que Nietzsche appelle « la seule vertu » qui lui serait restée[18]. Comme nous pouvons le constater, la petitesse qui, selon Nietzsche, qualifie la culture de son temps est opposée à l'honnêteté par le jeu métaphorique de la lumière et de l'ombre. En fait, celui qui veut être un de ses « vrais lecteurs » a besoin d'être honnête « jusqu'à la dureté »[19]. Ainsi, pour le lire vraiment, cette lumière devient nécessaire : « L'œil ne voit plus rien non pas là où le vôtre cesse de distinguer quoi que ce soit, mais là où cesse votre honnêteté »[20], dit-il. La métaphore de la lumière et

---

[16] EH, Préface, §1. Voir aussi le §371 du *Le gai savoir*, l'avant-propos de *L'Antéchrist* et le §15 des « Maximes et flèches » du *Crépuscule des idoles.*

[17] *Trieb der Redlichkeit* ou « Pulsion d'honnêteté », par exemple, est une expression que nous avons trouvée dans les fragments posthumes 6[68] et 6[127] de l'automne 1880.

[18] BM, §227. Voir aussi le FP 1[145] de l'automne 1885 – printemps 1886, où Nietzsche écrit : « cette dernière vertu, *notre* vertu, a nom : *Redlichkeit* ».

[19] AC, Avant-propos.

[20] FP 5[1] de novembre 1882, §254 et de nouveau dans le 5[22] de novembre 1882. Il y a des modifications de ce passage-là dans les croquis du *Zarathoustra* comme par exemple dans le 16[7] de l'automne 1883.

de l'ombre est expliquée par une autre métaphore ; celle de la vision opposée à l'aveuglement. La bonne vision ou la vision illuminée serait celle qui rendrait justice aux choses. Par contre, la vision obscure ou l'aveuglement serait l'injustice consistant à ne pas connaître une chose sans la déformer : "Considérer autrui tout d'abord comme une *chose,* un *objet de la connaissance*, auquel il faut savoir rendre *justice* : l'*honnêteté* interdit de le *méconnaître*, même de le traiter sous de quelconques présuppositions imaginaires ou superficielles »[21]. Le but de l'honnêteté est de connaître de manière juste une chose sans créer des idéaux qui la contredisent[22] . Elle est donc une volonté de ne pas se tromper[23] ; mouvement réflexif, elle est une pulsion qui se dirige vers l'autre mais aussi vers le soi-même, « honnêteté envers soi-même »[24], c'est-à-dire « véracité » ou « amour de la vérité »[25]. En tant qu'amour, elle peut provoquer de la jouissance et de la joie, quand la perception des choses est juste et quand en conséquence nous nous reconnaissons comme probes. C'est dans ce sens-là que nous devons lire ces deux passages de Nietzsche :

> *Ma* tâche : sublimer toutes les pulsions de telle sorte que la perception des éléments étrangers aille très loin tout en s'accompagnant de jouissance : sublimer si fortement l'instinct d'honnêteté envers moi-même, de justice envers les choses[26].

> Toutes nos pulsions doivent [...] assimiler peu à peu plus de raison et d'honnêteté, devenir plus clairvoyantes et perdre ainsi toujours davantage leurs *raisons* de se *méfier* les uns des autres : ainsi pourra naître un jour une joie plus intense et plus fondamentale[27].

Nous en concluons tout d'abord que la lecture du texte nietzschéen, tel qu'il l'a exigé, est un effort joyeux et plaisant. Être honnête avec lui signifie enfin être honnête avec nous-mêmes. Mais cette démarche peut être menacée. Comment est-il possible qu'un immoraliste[28] veuille des vertus morales ? En fait, en tant que véracité et amour de la vérité, la recherche d'honnêteté est,

[21] FP 11[63] du printemps – automne 1881.
[22] Voir GS, §335.
[23] Voir le FP 2[191] de l'automne 1885 – automne 1886.
[24] FP 6[229] de l'automne 1880. Voir aussi GS §344.
[25] FP 34[200] d'avril – juin 1885.
[26] FP 6[67] de l'automne 1880.
[27] FP 6[274] de l'automne 1880.
[28] « Je suis le premier *immoraliste* », dit Nietzsche dans EH, Les intempestives, §2.

pour Nietzsche, caractéristique de la morale[29]. Toutefois, elle n'est pas refusée par lui et est encore l'une des vertus qu'il admet avoir et qui, comme la piété, est un « tu dois » qui le définit comme un « homme de conscience »[30]. On pourrait refuser l'honnêteté dans la mesure où elle est une présupposition morale. D'ailleurs, le philosophe créateur qui ne se soucie pas d'écouter honnêtement et qui dénature l'auteur pour l'utiliser, ce philosophe-là est lui aussi un « homme de conscience » et celle-là est la condition *sine qua non* de n'importe quel travail de recherche. Comme Nietzsche lui-même le dit :

> Qu'est-ce que la recherche de la vérité, de la sincérité, de l'honnêteté sinon une démarche morale ? Et en l'absence de ces évaluations et des comportements qui y correspondent, comment une science serait-elle possible ? Ôté du savoir l'esprit de scrupule – que reste-t-il de la science ?[31]

En bref, l'honnêteté est toujours présente dans le travail soit du philosophe soit de l'historien de la philosophie. Il est décisif de comprendre que pour chaque instant et chaque lieu il y a une tâche à accomplir. Nous ne voulons pas être des « bêtes à cornes érudites »[32], parce que ce décadent « qui au fond ne fait que "compulser" des livres », lui, l'érudit « perd finalement tout à fait la capacité de penser par lui-même »[33]. On sait que l'académie a des règles et exigences. Comme Nietzsche le dit, l'érudit « est la bête de troupeau dans le domaine de la connaissance : il étudie parce qu'il en a reçu l'ordre et l'exemple ».[34] Il semble qu'être honnête ne serait possible que pour quelqu'un qui s'arrête *dans* la lecture, *dans* l'écoute, *dans* la description du texte. Pour dire le « dedans » il est fréquent d'intituler le commentaire par l'expression « chez Nietzsche ». Pour nous, le commentateur honnête est celui qui se reconnaît dans un rapport dedans-dehors, c'est-à-dire dans la limite ou la frontière, parce qu'il admet devoir toujours entrer et sortir du texte. La tâche de la créativité qui déforme sans pudeur n'est pas la même dont nous nous occuperons et c'est pourquoi nous sommes en accord avec Zarathoustra : « Où mon honnêteté s'arrête, je suis aveugle et je veux aussi être aveugle. Mais là où je veux savoir, je veux aussi être honnête, à savoir, dur, sévère,

---

[29] « Cette exigence d'un " Pourquoi ?", d'une critique de la morale, est précisément *notre forme actuelle de moralité*, en tant que sens sublime de l'honnêteté » ; FP 2[191] automne 1885 – automne 1886.

[30] AA, Avant-propos, §4.

[31] FP 35[5] du mai – juillet 1885.

[32] Voir EH, Pourquoi j'écris de si bons livres, §1.

[33] Revoir EH, Pourquoi je suis si avisé, §8.

[34] FP 26[13] de l'été-automne 1884.

rigoureux, cruel, impitoyable »[35]. Le jeu métaphorique de la lumière et de l'ombre est encore une fois présent ; l'ombre et l'aveuglement sont opposés à l'honnêteté. Comme Zarathoustra, nous voulons être honnêtes dans tous les cas et toujours.

Curieusement cependant, Nietzsche nous donne le conseil suivant : « Veillons à ne pas finir par devenir saints et ennuyeux à force d'honnêteté ! »[36]. Mais il dit ailleurs : « Je ne *veux* pas de "croyants" »[37]. En refusant des disciples-croyants, Nietzsche a probablement à l'esprit ce « raisonnement dangereux », ce « péché contre l'esprit »[38] qu'est le *credo quia absurdum est* – je crois parce que c'est absurde. Cette posture n'est pas la nôtre. Au contraire, elle est un exercice de la foi. Mais la foi, selon Nietzsche, est le « *refus*-de-savoir ce qui est vrai »[39] et, donc, la foi « rend *stupide* de toute façon »[40]. La lecture que nous proposons est analyse, examen, inspection. En refusant des disciples-croyants, Nietzsche rejette les « convictions » du « fanatisme extrême »[41] du *credo* qui dénigre la raison et qui l'offre même en holocauste[42]. Ainsi, il refuse les disciples qui le suivent par simple admiration irrationnelle peut-être parce qu'ils pourraient mal l'interpréter, comme ses contemporains l'ont fait, ou peut-être parce qu'il désire des disciples créatifs. C'est pour cela que nous ne parlons pas de fidélité, mais d'honnêteté. Venant du latin *fidelitatem,* terme qui vient lui-même de *fides* (la foi), le mot « fidélité » a un sens qui à l'origine se réfère à la croyance religieuse, au fanatisme, à l'irrationalité et à l'aveuglement du *credo*. De son côté, le mot « honnêteté » vient du latin *honestatem*, mot formé à partir de *honor*, honneur ou dignité, et se réfère donc à cette qualité noble et, bien qu'il ait aussi une signification morale, il ne suit pas le chemin de l'irrationalité du *credo* et s'écarte du rapport métaphysique avec Dieu (*fides*) pour s'orienter vers un rapport de reconnaissance sociopolitique (*honor*)[43].

---

[35] ZA, IV, La sangsue.
[36] BM, §227.
[37] EH, Pourquoi je suis un destin, §1.
[38] AA, Avant-propos, §3.
[39] AC, §52.
[40] FP 4[8] du début-printemps 1886.
[41] HH, §630.
[42] Voir AA, §417, le FP 29[8] de 1873 du été-automne 1873, §3 et AC, §54.
[43] Les traducteurs préfèrent parfois « probité » ou « loyauté » pour *Redlichkeit.* J'ai modifié les traductions du mot *Redlichkeit* et également celles du mot *Rechtschaffenheit* (moins utilisé par Nietzsche mais traduisible lui aussi par probité, honnêteté ou loyauté). Bien que « probité » soit étymologiquement le mot le plus proche du sens de vérité ou de justice avec le réel (du latin *probare*, vérifier) je l'ai écarté car aujourd'hui ce sens-là est plus proche du mot « honnêteté ». D'après le Petit Robert, en considérant ces trois mots, seul « honnêteté » signifie aujourd'hui spécifiquement la droiture « sur le plan intellectuel », ce qui est le sens du *Redlichkeit* dans les

En fait, de la même façon que nous ne pouvons pas confondre l'interprète avec le fidèle ou le croyant, nous ne pouvons pas non plus le confondre ni avec un non-disciple ni avec un disciple inerte, soit un éternel disciple. C'est dans ce sens-là que nous devons comprendre la déclaration faite par Zarathoustra, lorsqu'il dit : « On paie mal un maître en ne restant toujours que l'élève »[44]. La rétribution est mauvaise quand le disciple demeure toujours et seulement (*nur immer*) dans cet état, mais la rétribution même, mouvement de récompense, présuppose que quelque chose a antérieurement été donné par le maître au disciple et l'utilisation des termes (*Lehrer* et *Schüler*), partant, confirme que la relation maître-disciple a été établie. C'est pourquoi ce maître affirme : « Et apprendre aussi vous devez *l'apprendre* de moi, bien apprendre ! ». Zarathoustra enseigne à « apprendre à apprendre » et cet enseignement est probablement la signification la plus intime de la fameuse maxime « ce n'est que pour créer que vous devez apprendre ! »[45]. Mais quel est le rôle exact de la création dans l'enseignement de Zarathoustra ? Il nous dit que les « créateurs, en effet, sont durs », et conclut : « *devenez durs* ! ». La dureté signifie alors ne pas rester toujours et seulement élève. Zarathoustra continue : « si votre dureté ne veut pas jeter des éclairs et séparer et tailler : comment pourriez-vous, un jour, créer avec moi ? »[46]. Le disciple voulu par Zarathoustra rembourse bien son maître au cas où il saurait se déplacer de ce lieu, en jouant le jeu d'entrée-sortie. « Créer avec » Nietzsche est le « créer » qui sort du texte, mais c'est aussi le « avec » qui reste à l'intérieur. Le « avec » est le trait d'honnêteté. Le « créer », cependant, n'est pas le trait de l'injustice car il n'est pas isolé. Quand le lecteur crée, quand il a besoin d'être plus à l'extérieur qu'à l'intérieur du texte, il doit avertir qu'il est à l'extérieur, c'est-à-dire, qu'il est, à ce moment-là, créateur et cet avertissement est très exactement une tentative d'honnêteté.

La lecture créative n'est certainement pas cette « sorte d'enculage » dont parle Deleuze. Notre commentaire rejette la possibilité de violer ou d'abuser du texte. Nous, nous ne voulons pas faire un enfant « monstrueux », car nous refusons le désir de « faire dire » ce qui est déjà dit. Nous voulons tout simplement l'entendre ou le lire honnêtement. Néanmoins, pour rappeler ce que Deleuze lui-même dit qu'il a appris grâce à Nietzsche, à savoir, « le goût pour chacun de dire des choses simples en son propre nom »[47], nous devons

passages que nous analysons. À titre de curiosité, étymologiquement « loyauté » se réfère au terme latin *legem,* accusatif de *lex, legis* (la loi).

[44] ZA, I, De la vertu qui prodigue, §3.

[45] ZA, III, Des vieilles et des nouvelles tables, §16.

[46] ZA, III, Des vieilles et des nouvelles tables, §29.

[47] Deleuze, G. « Lettre à un critique sévère » in *Pourparlers*, Deuxième édition. Paris : Les éditions de Minuit, 1990, p.15.

comprendre que la lecture créative est honnête parce qu'elle ne cache jamais son nom et le signale toujours. En revanche, nous sommes d'accord avec Deleuze quand il écrit que « l'histoire de la philosophie doit, non pas redire ce que dit un philosophe, mais dire ce qu'il sous-entendait nécessairement, ce qu'il ne disait pas et qui est pourtant présent dans ce qu'il dit »[48]. L'impossibilité de rester lié au texte est l'impossibilité de redire ce que dit un philosophe sans le copier intégralement. Au moment où nous interprétons le texte, nous proposons une manière de lire ce qui y est implicite. Cependant, si nous voulons être honnêtes, nous ne pouvons pas nous opposer à ce qui est explicite. Le paradoxe de dire ce que le philosophe ne dit pas, mais qui est dans son texte, est la tension propre du commentaire.

Si le style est la manière dont l'écrivain travaille le texte, dans le but de communiquer quelque chose de vif – à savoir, le *pathos*, la sensation ou l'expérience de certains états intérieurs[49] –, pour interpréter honnêtement un texte, nous devons percevoir le *pathos* que l'auteur a voulu communiquer. Ce n'est pas par hasard que Nietzsche a souvent parlé de l'importance du rythme *lento* dans son écriture et souligné que sa lecture devrait suivre le même rythme : « Nous sommes tous deux des amis du *lento*, moi et mon livre », dit-il, pour ajouter de suite : « On n'a pas été philologue en vain, on l'est peut-être encore, ce qui veut dire professeur de lente lecture : – finalement on écrit aussi lentement »[50]. L'écrivain choisit d'écrire lentement parce qu'il est aussi un professeur de lente lecture, c'est-à-dire parce qu'il veut enseigner à son lecteur à bien lire : « La philologie, effectivement, est cet art vénérable qui exige avant tout de son admirateur une chose : se tenir à l'écart, prendre son temps, devenir silencieux, devenir lent ». Cette démarche est le résultat d'un état affectif spécifique, cette impulsion à l'examen, c'est-à-dire « l'esprit d'examen et de circonspection »[51], en d'autres termes, la précaution ou la prudence (*Vorsicht*).

Comme un art, la philologie est un travail d'examen et d'analyse très délicat. La délicatesse et la précision de ce travail ne se font que par une longue réflexion, par laquelle l'on peut prévoir et anticiper les étapes à parcourir – et cela est exactement la démarche de la prudence : « comme un art, une connaissance d'orfèvre appliquée au *mot* [*Kennerschaft des Wortes*], un art qui n'a à exécuter que du travail subtil et précautionneux et n'arrive à rien s'il

---

[48] Deleuze, G. « Sur la philosophie » in *Pourparlers*, p.186.
[49] Voir EH, Pourquoi j'écris de si bons livres, §4.
[50] AA, Avant-propos, §5. Voir aussi HH, §200 « Ecrire et prudence » et VO, §71 « Le style de la prudence ».
[51] AC, §53.

n'y arrive *lento* »[52]. La lenteur n'est qu'un mouvement corporel qui naît de cet affect qu'est la prudence[53] et c'est avec elle que nous pouvons bien lire, c'est-à-dire « lentement, profondément, en regardant prudemment derrière et devant soi, avec des arrière-pensées, avec des portes ouvertes, avec des doigts et des yeux subtils... ». C'est pourquoi il dit ensuite qu'il souhaite « seulement des lecteurs et des philologues parfaits » et c'est alors qu'il demande : « apprenez à bien me lire ! »[54]. Nous retrouvons ici le désir qu'a Nietzsche que nous soyons honnêtes avec lui. Bien lire, cela veut dire lire correctement, ce qui n'est possible que quand on lit prudemment : « savoir déchiffrer des faits, *sans* les fausser par l'interprétation, *sans* perdre, dans l'exigence de comprendre, la prudence, la patience, la finesse »[55]. La philologie pour Nietzsche est partant « école d'honnêteté »[56] et la prudence est le moyen pour l'amour de la vérité de se réaliser. Nietzsche exige des lecteurs philologues honnêtes qu'ils le lisent bien, subtilement, c'est-à-dire avec lenteur et profondeur : « Un aphorisme frappé et coulé comme il convient n'est pas encore "déchiffré" du fait qu'il est lu ; tout au contraire, c'est alors que doit commencer son *interprétation*, laquelle requiert un art de l'interprétation ». Le lecteur a besoin de pratiquer « la lecture comme *art* »,[57] de suivre le rythme donné par l'écrivain. La lenteur est sollicitée parce que c'est le rythme de l'attention, soin et diligence, comme celle de l'orfèvre dans son travail minutieux, celui d'un *Kenner*, c'est-à-dire d'un spécialiste qui apprécie la parole. Demander à ses lecteurs qu'ils soient prudents est donc la même chose que leur demander de ne pas se tromper sur soi[58]. Nietzsche veut, avant tout, que ses lecteurs le comprennent tel qu'il est. Ainsi, s'il désire l'incompréhension de quelques-uns, ce n'est que dans le cas où elle est symptomatique de la supériorité de sa pensée par rapport à ceux qui ne le comprennent pas :

> Chaque esprit, chaque goût plus élevé quand il veut se communiquer choisit son audience : du même coup il trace une démarcation à l'égard des « autres ». C'est de là que procèdent toutes les lois plus affinées du style : elles écartent, créent de la distance, interdisent « l'accès », la compréhension comme on a dit, – tandis qu'elles ouvrent les oreilles à ceux qui ont avec nous une affinité d'oreille.[59]

---

[52] AA, Avant-propos, §5.
[53] Sur le classement de la prudence comme affect voir FP 25[402] du printemps 1884.
[54] AA, Avant-propos, §5.
[55] AC, §52.
[56] Expression du FP 6[240] de l'automne 1880. Voir aussi ZA, IV, De l'homme supérieur, §8 : « Soyez là, bien prudents, vous les hommes supérieurs ! Rien en effet ne me paraît plus précieux aujourd'hui et plus rare que l'honnêteté ».
[57] GM, Préface, §8.
[58] Voir le FP 3[1] du printemps 1880.
[59] GS, §381.

Sans doute est-ce là le sens du sous-titre d'*Ainsi parlait Zarathoustra* : un livre pour tous et pour personne. C'est le style donc qui a la responsabilité non seulement de communiquer un *pathos*, mais de restreindre cette communication aux seules personnes qui peuvent le faire revivre. Pour ceux qui partagent le *pathos* du styliste ou pour ceux qui ont avec lui une affinité d'oreille, Nietzsche ne veut pas être incompréhensible. Ce n'est pas une coïncidence si Zarathoustra dit : « De tout ce qui est écrit, je ne lis que ce que quelqu'un écrit avec son sang » et ajoute : « Il n'est guère facile de comprendre le sang d'autrui : je hais les oisifs qui lisent »[60]. La lenteur philologique n'est pas oisiveté. La lecture attentive et prudente apparaît comme le seul moyen pour comprendre le « sang d'autrui », c'est-à-dire comme le seul moyen pour qu'il soit possible de partager le *pathos* de l'auteur *avec* lui. Pour qu'on puisse ressentir avec Nietzsche – en d'autres termes revivre le *pathos* qu'il a voulu communiquer –, il est nécessaire que la lecture soit engagée et cet engagement est le dévouement d'un travail philologique inlassable, l'opposé total de toute oisiveté. En outre et surtout, il a besoin d'être « apparenté » à Nietzsche « par la *hauteur* du vouloir », de sorte qu'uniquement de cette manière il devienne possible de « pénétrer » [61] dans l'ensemble de ses écrits. L'honnêteté et la prudence ne sont pas suffisantes pour partager des expériences intérieures si l'expérimentation singulière du *pathos* n'est pas possible ; « Ce à quoi on n'a pas accès par l'expérience vécue, on n'a pas d'oreilles pour l'entendre »[62]. Le lecteur a besoin de reconstituer la séquence des idées du texte. Pour qu'il puisse le faire, ces idées doivent se mêler à ses propres expériences :

> Une sentence est un maillon d'une chaîne de pensées ; elle demande que le lecteur reconstitue cette chaîne par ses propres moyens : c'est beaucoup demander. Une sentence est un acte de présomption. – Ou bien elle est une précaution, comme le savait Héraclite. Pour être goûtée, une sentence doit être d'abord remuée et mélangée à d'autres ingrédients (exemples, expériences, histoires)[63].

Par conséquent, il est impossible de savoir a priori si nous sommes vraiment capables de partager le *pathos* avec l'auteur du texte. Il y aura toujours cette double possibilité : que le lecteur ait les mêmes expériences que l'auteur, ou pas. Et même dans le premier cas, quand il y a partage, la reconstitution de la chaîne des pensées ne sera évidemment jamais exactement

---

[60] ZA, I, Lire et écrire.
[61] EH, Pourquoi j'écris de si bons livres, §3.
[62] EH, Pourquoi j'écris de si bons livres, §1.
[63] FP 20[3] de l'hiver 1876-77. Voir aussi le dernier paragraphe du FP 34[86] d'avril-juin 1885.

identique à celle de l'auteur. Revenons donc à la question capitale que Zarathoustra a posée : « si votre dureté ne veut pas jeter des éclairs et séparer et tailler : comment pourriez-vous, un jour, créer avec moi ? »[64]. La relecture qui commente est destructrice, car elle est aussi créative ; elle sépare et taille le texte. Dans la mesure où tout découpage est une sélection de parties, ce mouvement de relecture est création et partant sortie du texte. Le lecteur doit commencer ses travaux par cette reconnaissance. Avec prudence, il maintient son attention pour tester sans cesse[65] la validité de la coupe. Peut-être est-ce celui-ci le moyen de comprendre comment Nietzsche nous conseille de le lire : « Il faut avant tout une chose que de nos jours on a précisément désapprise du mieux qu'on a pu – et c'est pourquoi la "lisibilité" de mes écrits n'est pas pour demain –, une chose pour laquelle il faut presque être vache et en tout cas *pas* "homme moderne" : *la rumination…* » [66]. Il faut mâcher le texte et, à ce moment-là, penser à chaque détail, chaque mot et chaque phrase. La mastication est l'exercice de la responsabilité et d'une attention extrême. « Ruminer » signifie mâcher de nouveau, faire la coupe, la sélection, l'élection, pour digérer chaque partie du texte. En ce sens, la lecture est à la fois création et justice, car elle est le résultat singulier de la digestion du lecteur dans sa singularité. Chaque lecteur, pour partager le *pathos* de l'auteur à travers le texte, a besoin de mêler ses expériences singulières avec ce qui est lu. Ce mélange se fait dans la « digestion » du texte. La perspective unique du lecteur a une influence sur la façon dont le texte est coupé, de sorte qu'il est le seul responsable des coupures et du jeu d'omission et explicitation des parties. Ce jeu herméneutique est donc un jeu singulier et varie selon la perspective de chaque lecteur. Nous en concluons donc en premier lieu qu'il y a des lectures qui ne sont pas probes, en particulier celles qui non seulement n'admettent pas la responsabilité de la rumination mais qui s'arrogent le droit de réaliser la seule interprétation possible. En revanche, en un second temps, nous en concluons que plusieurs lectures honnêtes sont concevables et qu'il est impossible de choisir une perspective comme étant la seule correcte[67]. Chaque commentateur singulier ne peut partager un *pathos* qu'au moment où il « crée avec » et chaque expérience intérieure créative singulière peut se réaliser par un jeu herméneutique honnête et responsable, chacune à sa manière. Il faut dire que refuser l'univocité de la lecture lorsque nous reconnaissons son caractère perspectif ne signifie pas défendre l'anarchie

[64] ZA, III, Des vieilles et des nouvelles tables, §29.
[65] « Ne jamais réprimer ni te taire à toi-même une objection que l'on peut faire à ta pensée ! Fais-en le vœu ! Cela fait partie de l'honnêteté première de la pensée » ; AA, §370.
[66] GM, Préface, §8.
[67] Voir à ce sujet-là le §84 d'*Aurore*.

interprétative. C'est là que réside une grande difficulté. Faire un découpage perspectif ne peut pas être limitée à l'arbitraire. La lecture est un déni et une lutte, mais elle ne peut pas être confondue avec une perversion de la lettre. Ce travail de lecture s'équilibre toujours sur cette frontière, si mince, entre le texte réel et l'hallucination de la création. La lecture créative doit être une interprétation honnête, ce qui est un paradoxe.

Maintenant, il est nécessaire de différencier notre posture d'autres propositions herméneutiques, notamment celle de Heidegger qui semble ignorer le caractère perspectif de la sélection faite par n'importe quel commentateur et par conséquence paraît s'estimer le porte-parole ou l'héritier direct de la pensée nietzschéenne. Heidegger se rapproche de la tradition herméneutique occidentale qui suppose un sens du texte qui peut et doit être lu. Quoique cette tradition propose une lecture honnête, elle croit à l'existence d'un mode unique d'interprétation et conséquemment elle conclut que sa propre sélection est l'unique lecture correcte possible. Le meilleur exemple de cette prétention chez Heidegger est sa déclaration emphatique sur les « cinq termes capitaux dans la pensée de Nietzsche »[68] Lorsqu'il ignore la création qui fait partie de toute lecture et quand il prétend voir *dans*[69] la pensée nietzschéenne les cinq concepts « capitaux », Heidegger se fait des illusions sur sa possibilité d'entrer dans le texte et c'est pourquoi il juge pouvoir connaître une hiérarchie conceptuelle que Nietzsche même n'a jamais établie. Ainsi, il ignore la possibilité d'autres hiérarchies qui obéissent à une autre sélection, à d'autres lectures. Ce n'est pas une coïncidence s'il modifie sa position et se voit obligé de modifier la hiérarchie proposée d'abord[70] – ce qui corrobore l'hypothèse selon laquelle aucune sélection, c'est-à-dire, aucune lecture perspective n'est définitive ni univoque.

Si nous pouvons utiliser la métaphore de l'amour, disons que c'est du texte qu'on retire des gamètes pour engendrer un « enfant ». La prudence donc n'est pas seulement une volonté d'honnêteté vis-à-vis de l'amant ; la prudence est surtout une attention portée vers l'avenir, vers cet enfant qui est « créé avec ».

---

[68] Titre de la première section du « Nihilisme européen ». Voir Heidegger, M. *Nietzsche II*, Trad. Pierre Klossowski, Paris, Gallimard, 1961, chapitre V.

[69] C'est le sens du mot *im* dans la phrase *Die fünf Haupttitel im Denken Nietzsches*.

[70] Dans la première section du « Nihilisme européen » Heidegger dit que les concepts principaux sont le « nihilisme », la « transvaluation de toutes les valeurs », la « volonté de puissance », l'« éternel retour du même » et le « surhomme ». Peu après, le concept de « transvaluation de toutes les valeurs » est remplacé par celui de « justice », comme dans le chapitre VI, qui a comme titre : « La métaphysique de Nietzsche ». Nous pouvons rappeler ce qu'Éric Blondel dit à ce sujet : « On peut seulement ajouter que Heidegger ne s'interroge jamais sur le droit qu'il s'arroge de reconstituer, à partir de certains grands concepts – et pourquoi ceux-là ? – un système métaphysique de Nietzsche » (*Nietzsche le corps et la culture : la philosophie comme généalogie philologique.* L'Harmattan, Paris, 2006, p.15, note 17).

Cette métaphore de la gravidité est employée par Nietzsche pour dire la création. Zarathoustra a déclaré : « Vous créateurs ! Vous hommes supérieurs ! On ne porte en soi que son propre enfant »[71]. La création d'une œuvre exige une prudence semblable à celle d'une mère : « ta vertu est prudence de femme enceinte : tu protèges et ménages ton fruit sacré, ton avenir »[72]. La protection « maternelle » est la garantie d'une œuvre plus raffinée et forte, plus riche et puissante. Donc intellectuellement aussi, il est nécessaire d'éviter les malheurs qui peuvent réduire la force d'un enfant : « On doit autant que possible éviter le hasard, l'excitation extérieure, s'emmurer en quelque sorte fait partie de l'élémentaire sagesse instinctive, de la gestation intellectuelle »[73]. Toutefois, seule cette prudence que requiert la création est désirable pour Nietzsche : « J'honore la vertu quand elle est la prudence de celui qui va enfanter – mais que m'importe la vertu du stérile ! »[74], écrit-il. La lecture prudente et honnête ne *peut* pas être stérile. Pourquoi disons-nous « ne peut pas » ? Parce que la lecture honnête respecte ce qui est dit par le texte et curieusement Nietzsche lui-même a écrit qu'il ne voulait pas de la stérilité d'un croyant parmi ses lecteurs.

Amoureux de Nietzsche, nous voulons lui donner ce qu'il nous demande, l'honnêteté envers lui et la créativité d'un non croyant qui est son ami et qui partage avec lui la joie de la création et de la découverte. Ainsi, l'amour envers Nietzsche est l'amour envers nous-mêmes. Honnêtement nous nous apercevons que c'est l'égoïsme qui nous pousse vers la découverte de la lecture et vers la création du commentaire. Comme le dit Zarathoustra : « Dans votre égoïsme, vous les créateurs, il y a la prudence et la prévoyance de la femme enceinte. Ce que personne encore n'a de ses yeux vu, le fruit : tout votre amour le nourrit, l'abrite et le ménage »[75]. Egoïstement, le lecteur créateur parfois sort du texte ou l'utilise selon ses propres intérêts. Cependant, le lecteur se voit lui-même comme créateur. C'est pourquoi l'honnêteté du lecteur doit être honnêteté envers lui-même. Il nous faut connaître nos désirs, nos ambitions et nos intérêts les plus intimes sans les confondre avec ceux de l'auteur. Par égoïsme, en revanche, nous devons nous trouver nous-mêmes en oubliant le texte provisoirement. « Maintenant, je vous ordonne de me perdre et de vous trouver », enseigne Zarathoustra, en refusant le disciple-épigone et en proposant, au contraire, qu'il soit créateur, ce qui implique la séparation d'avec le maître. « Et pourquoi ne voulez-vous pas effeuiller ma couronne ? »,

[71] ZA, IV, De l'homme supérieur, §11.

[72] FP 31[37] de l'hiver 1884-1885.

[73] EH, Pourquoi je suis si avisé, §3.

[74] FP 17[13] de l'automne 1883. Voir aussi 22[6] de la fin 1883.

[75] ZA, IV, De l'homme supérieur, §11.

continue Zarathoustra, car « l'homme de la connaissance ne doit pas seulement aimer ses ennemis, mais il doit aussi pouvoir haïr ses amis »[76]. La haine se substitue momentanément à l'amour – ou plutôt, on aime et on haït en même temps. Haïr en aimant, c'est l'ambivalence typique de la lecture créative comme la douleur « qu'éprouve la parturiente ». Pour que le créateur donne naissance à une œuvre ou soit « lui-même l'enfant nouveau-né », dit Zarathoustra, « il lui faut aussi vouloir être la parturiente et la douleur ». Est-ce que cette douleur serait la même que celle du lecteur qui, pour commenter, doit décortiquer le texte qu'il aime ? « Vous qui créez, il faut qu'il y ait beaucoup de mort amère au sein de votre vie »[77]. Peut-être que nous pourrions utiliser ses mots dans ce sens-là. L'image du goût amer était déjà présente pour exprimer la difficulté de créer amoureusement : « L'amertume est aussi dans le calice de l'amour le meilleur : ainsi donne-t-elle le désir du surhumain, ainsi elle te donne soif, à toi, le créateur ! »[78]. C'est probablement la douleur de l'ambivalence amour-haine, c'est-à-dire la douleur de l'amour qui se reconnaît nécessairement comme séparation.

Si Nietzsche veut que ses élèves soient créateurs, il refuse donc la prudence de la stérilité. Il ne faut avoir ni trop ni pas assez de prudence, mais juste ce qui convient. Nous devons l'avoir pour ne pas altérer le texte par la lecture et également pour protéger le commentaire qui est en train de naître. C'est de cette manière que nous pouvons comprendre Zarathoustra lorsqu'il dit : « *il me faut* être dépourvu de prudence : c'est ainsi que le veut mon destin »[79]. Après avoir exalté plusieurs fois la prudence, Nietzsche la refuse. Pourquoi ? Parce que le mouvement créateur exige un peu d'audace pour affronter l'inconnu. La nouveauté est toujours plus ou moins imprévisible et il y a un minimum d'imprudence nécessaire à toute création. Ce n'est pas par hasard si Nietzsche dit ailleurs que son lecteur parfait – celui qui est prudent et honnête – a besoin de conquérir ses écrits « avec les doigts les plus délicats en même temps qu'avec les poings les plus hardis ». Donc, la délicatesse caractéristique de la prudence ne suffit pas. Il faut avoir aussi hardiesse, bravoure, vaillance, courage.

Comment peut-on comprendre ce nouvel affect[80] ? Nietzsche expose ensuite d'autres caractéristiques du lecteur parfait selon lui et cette description peut nous aider à clarifier les propos suivants : « Quand je tâche de me

[76] ZA, I, De la vertu qui prodigue, §3.
[77] ZA, II, Sur les îles bienheureuses.
[78] ZA, I, De l'enfant et du mariage.
[79] ZA, IV, Le magicien, §2.
[80] La constatation du courage (*Muth*) comme affect (*Affekt*) est fait, par exemple, dans le FP 7[87] du printemps – été 1883. L'autre terme allemand traduisible par « courage », *Tapferkeit* est classifié comme affect dans le FP 8[15] de l'été 1883.

représenter un lecteur parfait, il en résulte toujours un phénomène de courage et de curiosité, et en outre quelque chose de souple, de rusé et de circonspect, un aventurier et un découvreur-né »[81]. Le lecteur qui est son ami et qui partage le *pathos* avec lui, est courageux, curieux, souple ou flexible, rusé ou ingénieux. Il est un aventurier, un découvreur et un expérimentateur, avec le « courage de l'*Interdit* »[82] où l'interdit est la vérité : « *Nitimur in vetitum*[83] : par ce signe un jour vaincra ma philosophie, car ce qu'on a jusqu'à présent par principe interdit, c'est seulement la vérité ». Avec cette phrase incisive, Nietzsche conclut son argumentation précédente où il a utilisé de nouveau la métaphore de la lumière et de la vision, de l'ombre et de l'aveuglement, mais, cette fois-ci, non pour faire l'éloge de l'honnêteté, mais celui du courage : « L'erreur (– la foi en l'Idéal –), ce n'est pas de l'aveuglement, l'erreur, c'est de la lâcheté… Toute conquête, tout pas en avant dans la connaissance *résulte* du courage, de la dureté envers soi, de la netteté envers soi… »[84]. Ce n'est pas une coïncidence si, comme nous l'avons déjà lu, Zarathoustra affirme : « Où mon honnêteté s'arrête, je suis aveugle et je veux aussi être aveugle. Mais là où je veux savoir, je veux aussi être honnête, à savoir, dur, sévère, rigoureux, cruel, impitoyable »[85]. Le courage qui s'oppose à la lâcheté de la foi est le courage de la volonté de savoir qui s'affirme durement, sévèrement, cruellement. C'est le « courage face à la réalité » qui consiste à se maîtriser et à maîtriser les choses[86], le courage « de penser *jusqu'au bout…* »[87] pour « voir les choses comme elles sont »[88]. La foi en l'idéal, au contraire, est la lâcheté qui consiste à vouloir être aveugle[89], à refuser le réel et à le fuir. La lâcheté est donc faiblesse, incapacité de supporter la réalité, alors que le courage est la force nécessaire pour affirmer le réel tel qu'il est.

Même pour désirer conquérir la vérité, pour l'aimer, il faut d'abord être courageux. La force pour supporter la vérité est estimée selon le degré du courage et vice-versa : « La connaissance, l'affirmation de la réalité est pour le fort une nécessité du même ordre que, pour le faible, la lâcheté et la *fuite* devant la réalité – l'"Idéal" – sous l'inspiration de la faiblesse… »[90]. Donc,

---

[81] EH, Pourquoi j'écris de si bons livres, §3.
[82] AC, Avant-propos.
[83] « Nous recherchons ce qui est interdit » est une partie du vers 17 du poème IV du Livre 3, des *Amours* d'Ovide.
[84] EH, Préface, §3. Voir aussi BM, §227.
[85] ZA, IV, La sangsue.
[86] CI, Ce que je dois aux anciens, §2.
[87] FP 11[339] de novembre 1887 – mars 1888.
[88] FP 14[22] du printemps 1888.
[89] FP 12[5] de l'été 1883 : « Volonté d'aveuglement » où cesse l'honnêteté.
[90] EH, La naissance de la tragédie, §2.

l'honnêteté est profondément liée au courage : « L'honnêteté, par exemple, serait en quelque sorte curiosité, fierté, désir de domination, douceur, grandeur d'âme, bravoure »[91]. Mais il faut toujours garder une dose de prudence. La tension entre l'audace créatrice et la modération est la tension propre à l'honnêteté intellectuelle :

> Quand, par la pratique d'une longue chaîne de générations, s'est accumulé suffisamment de délicatesse, de courage, de prudence et de modération, la force de l'instinct de cette vertu incarnée rayonne jusque dans la plus haute intellectualité – et ce rare phénomène devient visible : l'honnêteté *intellectuelle*[92].

Le réel sert de point de référence pour déterminer où se situe la limite soit de l'excès de prudence (la lâcheté) soit de l'excès de courage et de créativité (le délire). Pour ce faire, il ne nous reste que l'expérience : « Mais qu'on ne me parle plus d'aucune de ces choses ni de ces questions qui n'admettent pas l'expérience. Telle est la limite de mon "sens de la vérité" : car au-delà, le courage a perdu ses droits »[93].

Tel est le sens de la liberté de l'esprit : « vérité et courage seulement chez ceux qui sont *libres* », dit Nietzsche avant d'ajouter : « la vérité est une *forme* de *courage* »[94]. Penser librement consiste à « regarder librement », sans s'attacher aux convictions[95], mais en étant prudent[96]. En bref, il faut comprendre la libre pensée comme étant honnêteté, courage, justice, amour[97] et comme joie : « *La liberté de l'esprit* ne doit être donnée qu'à l'*homme ennobli* ; lui seul voit approcher l'*allègement de la vie*, baume pour ses blessures ; il est le premier à pouvoir dire qu'il ne vit que pour la *joie* et dans aucun autre but que ce soit »[98]. C'est la gaieté d'esprit, le gai savoir, le « rire allié à la sagesse »[99] qui sont enfin la récompense du courage[100]. Ce plaisir de la dureté est le plaisir à « dire non » et à « faire non », donc, « également une forme du courage qui affronte l'effroyable ; une sympathie pour ce qui est

[91] FP 6[65] de l'automne 1880. Voir aussi le FP 34[181] d'avril – juin 1885 et GS, §283.
[92] FP 14[132] du printemps 1888.
[93] GS, §51.
[94] FP 7[84] du printemps – été 1883. Voir aussi le FP 37[14] de juin – juillet 1885 et le FP 22[24] de septembre – octobre 1888.
[95] FP 11[48] de novembre 1887 – mars 1888.
[96] Sur la prudence des esprits libres, voir le HH, §291.
[97] FP 6[1] de l'hiver 1882-1883.
[98] VO, §350.
[99] GS, §1.
[100] GM, Préface, §7.

terrible et problématique »[101]. Le courage éclairé, libre et enjoué est la volonté dure de nier, dans le sens spécifique de tailler, trancher, couper.

Pour créer avec Nietzsche, le lecteur a besoin d'utiliser son texte en le coupant, en séparant ses extraits ; soit pour comprendre honnêtement le sens du texte, soit pour produire des espaces vides propres à la création. Dans le premier cas, le lecteur devient un chercheur, selon la signification intime du mot, c'est-à-dire qu'il devient un découvreur. Dans le second cas, le lecteur chercheur et découvreur devient expérimentateur, essayeur, tentateur. C'est pourquoi Nietzsche se rappelle ces mots de Zarathoustra pour définir son lecteur parfait :

> Vous, les hardis chercheurs [*Suchern*], essayeurs [*Versuchern*], et quiconque s'est embarqué sur des mers redoutables sous des voiles rusées, –
>
> Vous, ivres d'énigmes, joyeux du demi-jour, dont l'âme est séduite par des flûtes vers les gouffres de l'errance :
>
> – car vous ne voulez pas suivre à tâtons un fil d'une main poltronne ; et, là où vous ne pouvez deviner, vous répugnez à conclure…[102]

La ruse et la prudence, en d'autres termes, l'esprit du chercheur est complété par la créativité, l'inventivité, l'innovation de l'essayeur. Il faut tenter, oser, risquer et cela est précisément le travail du commentateur créatif. Quand nous taillons le texte et choisissons les extraits à citer et à analyser, c'est un risque et un hasard, mais telle est notre seule démarche possible. En ce qui concerne les écrits de Nietzsche, souvent très énigmatiques, ce risque du commentaire est insurmontable. Quand le lecteur ne taille pas le texte pour créer des espaces vides de sens et y mettre sa création, le texte même est déjà taillé. Comme Nietzsche lui-même le dit : « Dans les livres qui, tels les miens, sont composés d'aphorismes, on trouve toute une masse de longs développements et toute une série de réflexions qui y sont interdits, mais se situent à l'arrière-plan de courts aphorismes et dans les blancs qui les séparent »[103]. L'analyse des extraits est la tentative d'interprétation de l'interdit qui s'effective par l'invention pour remplir les blancs du texte.

Pour cela, nous faisons attention aux répétitions constantes des mêmes signifiants, aux rapports entre différents signifiants, car c'est là, dans ces récurrences et ces rapports que peut se cacher le sens que nous voulons partager. Si, d'après Nietzsche, « tout mot a son odeur » et s'il y a « une

[101] FP 11[228] de novembre 1887 – mars 1888.

[102] EH, Pourquoi j'écris de si bons livres, §3, où Nietzsche cite ZA, III, De la vision et de l'énigme, §1.

[103] FP 37[5] de juin-juillet 1885.

harmonie et une discordance des odeurs et donc des mots »[104], il faut être attentif à l'harmonie et à la discordance des signifiants. Puisqu'un « mot choisi veut sa cour de mots autour de lui et son arôme »[105], il faut alors être conscient de la mise en réseau des mots. Par le biais de cette métaphore, Nietzsche souligne qu'il est important de prendre conscience de la liaison profonde existant entre les mots, cette relation productrice de sens qui produit le réseau. C'est pourquoi nous travaillons en cherchant des mots spécifiques dans tout le texte nietzschéen et les résultats sont vraiment étonnants : les mêmes mots sont presque toujours chacun liés aux autres et des signifiants dans le contexte d'un extrait déterminé sont clarifiés par la lecture d'un autre extrait où sont présents les mêmes signifiants. Ainsi, l'ensemble des écrits nietzschéens forme une masse chaotique – le corpus du texte se dissout à travers la recherche de signifiants –, une masse chargée de sens. La chronologie des écrits et l'authenticité des écrits posthumes sont donc deux aspects théoriques et méthodologiques auxquels il faut être attentif. Si un texte posthume que nous voulons analyser contredit un texte publié, ou si un texte ancien que nous désirons analyser contredit un texte plus récent, nous le signalerons. En revanche, s'il n'y a aucune contradiction, pourquoi ne pas les utiliser ? Cette volonté qui consiste à être honnête se heurte souvent à des obstacles. Avec qui veut-on être honnête ? Le mot « Nietzsche » ne nomme plus une personne ; pourquoi devrait-il ne nommer que les textes publiés ? « Nietzsche » nomme une variété, une diversité ou un ensemble complexe : ses écrits, les commentaires sur eux, les biographies, le fantôme…

Pour ressentir de la joie avec Nietzsche, le lecteur créateur a besoin de devenir libre. Pour partager le gai savoir, il doit sortir courageusement du texte. Pourtant, nous sommes encore amants et amis, nous sommes encore amoureux de Nietzsche, nous ne voulons pas le laisser partir. En réalité, notre amour nous a influencés de sorte qu'il sera à jamais impossible de l'oublier. Mais l'amour, qui n'est que volonté d'avoir[106] et plaisir de possession[107], fait que nous voulons user de Nietzsche, nous servir de son texte comme d'un objet. Le paradoxe amour-haine est toujours là. Il faut user et non abuser ; créer, mais créer avec ; sortir du texte, mais aussi y entrer. Alors, comment y parvenir ? Nous devons exécuter la tâche de l'histoire de la philosophie telle qu'elle a été définie par Deleuze : dire ce que l'écrivain ne disait pas, mais qui est cependant présent dans ce qu'il dit. Si le non-dit de l'auteur a été complètement perdu et si son héritage est uniquement le texte, il faut l'utiliser

[104] VO, §119.
[105] FP 39[10] de juin – juillet 1879.
[106] Voir GS, §363.
[107] FP 15[33] de l'automne 1881.

amplement. Il faut toujours citer avec prudence ses extraits pour ne pas l'oublier et pour fournir ainsi des preuves d'honnêteté. En revanche, il faut oublier d'autres extraits ou même les ignorer délibérément. Il faut couper le texte, en éliminant la *plus grande partie* de celui-ci, ce qui est un acte de courage. Nous ne nions pas une ou deux phrases ; nous nions presque tout le texte. Cela exige non seulement beaucoup de courage pour sortir librement du texte, mais cela demande aussi le courage d'être dur pour détruire le texte par la coupe et surtout le courage de le faire malgré cette perpétuelle angoisse qui vient du souci de rester honnête tout en coupant. C'est le courage de la création, car la coupe est déjà création ; elle est avant tout création. Honnêtement, en coupant nous créons « avec », nous disons ce que Nietzsche ne disait pas, mais qui est présent chez lui. « Présent » signifie : ce que nous ajoutons au texte, mais qui ne s'oppose pas à celui-ci et qui, en même temps, partage avec lui son *pathos*. Il convient donc désormais de nous demander si une éthique des affects à construire ainsi est possible.

Partie I

Des éléments pour la construction d'une éthique

1.

Sur l'*Ethik*

Le mot allemand *Ethik* a été peu utilisé par Nietzsche, si on le compare au mot, aussi germanique, *Moral*. Dans les textes publiés sa fréquence est minime et l'importance de ses occurrences est presque toujours insignifiante[1], ainsi que la fréquence et l'importance des variations du terme. Dans les fragments posthumes, la fréquence est plus élevée tant pour *Ethik* que pour ses variations. C'est au début de la décennie de 1870 que Nietzsche utilise le plus ce mot, choisi pour nommer quelque chose qui manque à l'enseignement philosophique : « Il nous manque la meilleure matière de la conversation, l'éthique la plus fine »[2]. Il est possible que ce raffinement ou cette finesse soit la « vénération du naturalisme éthique »[3], comme l'écrit Nietzsche dans une note contemporaine. D'ailleurs, dans ce même fragment, quand il rencontre la morale du christianisme, il se réfère nostalgiquement à la « vigueur des Anciens ». Si l'hypothèse est correcte, l'éthique raffinée qui fait défaut dans la culture européenne du XIXe siècle est alors la vigoureuse éthique naturaliste de l'Antiquité, l'antipode de la morale chrétienne qui a dominé la culture européenne. Ce n'est pas une simple coïncidence ou un caprice stylistique, semble-t-il, si Nietzsche a utilisé les termes *Ethik* et *Moral* dans le même texte quoiqu'avec des connotations aussi distinctes. En effet, le naturalisme, refusé par la morale chrétienne, y est qualifié comme éthique et non pas comme morale. De manière très semblable, Nietzsche a écrit à la même époque que « les systèmes moraux de l'Antiquité » perdent leur importance par rapport à l'« éthique immédiate » (*handgreifliche Ethik*)[4] qui se tourne vers la nature.

---

[1] Dans les passages que nous considérons insignifiants le mot *Ethik* est (i) utilisé superficiellement ou ; (ii) ce sont des citations d'autres penseurs ou ; (iii) il est l'équivalent de morale, moralité, etc., ou ; (iv) *Ethik* est utilisé pour nommer la discipline philosophique traditionnelle, sans que Nietzsche fasse directement ou indirectement une analyse de son sens.

[2] FP 30[18] de l'automne 1873 – hiver 1873-74.

[3] FP 29[230] de l'été – automne 1873.

[4] FP 30[35] de l'automne 1873 – hiver 1873-74.

Le naturalisme fait que l'éthique se tourne vers ce qui peut être immédiatement capturé, touché, expérimenté et non pas vers des abstractions morales vides. Dans ce cas, l'éthique refuserait l'*intelligibilis* des anciens systèmes moraux en faveur du *sensibilis* et elle refuserait pareillement le *meta* en faveur du *physis*. C'est pourquoi Nietzsche a écrit en 1876 : « Aucune *éthique* ne peut se fonder sur la connaissance pure des choses : là, il faut être comme la nature, ni bon, ni mauvais »[5]. L'éthique devrait alors se fonder sur la reconnaissance de l'« innocence du devenir »[6] dont Nietzsche a beaucoup parlé postérieurement.

À côté de termes tels qu'« aristocratie », « État grec », « Romains », entre autres, le nom d'Apollon – dieu de l'unité et de l'individuation – accompagne le terme *Individual-Ethik*, à son tour suivi d'un point d'exclamation[7]. L'éthique « individuelle » serait celle qui valorise l'individu et qui pourrait même être considérée comme une « éthique individualisante » (*individualiserende Ethik*)[8], tout comme le symbole d'Apollon et de la culture aristocratique des Grecs et des Romains. Il est très probable que ce soit l'une des caractéristiques centrales de la « vigueur des Anciens » si étrangère à la morale, puisque contrairement à l'éthique, la moralité exige le bien commun, au point qu'il est incohérent de considérer comme « morale » l'action qui naît des intentions de l'individu[9].

Nous savons maintenant que Nietzsche utilise le mot *Ethik* plusieurs fois pour nommer un champ de savoir « naturaliste » qui reconnaît la neutralité axiologique du réel et qui se limite à la physis et à rien d'autre. Nous savons aussi que, distinct de la morale, ce domaine de savoir valorise l'individualité. Nous pouvons comprendre donc ce que signifie l'expression « éthique physiologique »[10]. Avec elle nous pourrons concevoir pourquoi Nietzsche écrit que « les besoins éthiques doivent être adaptés à notre corps »[11]. Cette éthique naturelle ou physique doit refuser la surévaluation de l'âme par rapport au corps. Cette surestimation s'appuie sur la distinction entre un corps mortel et un esprit immortel, entre le *sensibilis* et l'*intelligibilis*, séparation qui est la base de la métaphysique. Ainsi, l'éthique est nécessairement physique et physiologique. C'est pourquoi Nietzsche a écrit dans le premier volume d'*Humain, trop humain* : « Il se peut que le plus grand pianiste n'ait guère réfléchi aux conditions techniques, aux vertus, aux vices, aux

---

[5] FP 17[100] de l'été 1876. Voir aussi le FP 18[58] de septembre 1876.
[6] CI, Les quatre grandes erreurs, §7 et §8.
[7] FP 8[115] de l'hiver 1870-71 – automne 1872.
[8] Voir le FP 19[20] de l'été 1872 – début 1873.
[9] Voir le FP 23[109] de la fin 1876 – été 1877.
[10] L'expression *physiologische Ethik* est dans le FP 6[123] de l'automne 1880.
[11] FP 7[155] de la fin 1880.

possibilités d'utilisation et d'éducation propres à chaque doigt (éthique dactylique), et commette de grossières erreurs lorsqu'il vient à parler de ces choses »[12]. L'éthique semble être le domaine de savoir qui pense à l'utilisation du corps. D'ailleurs, elle doit être comprise comme un mécanisme qui intensifie l'amour de la vie : « L'éthique aussi comme une *mēkhanē* [mécanisme élévateur] de la volonté de vivre : non de la négation de cette volonté »[13]. En conséquence, l'éthique devrait créer les conditions d'intensification du désir de vivre et donc aussi créer les conditions pour éviter l'affaiblissement vital.

Le contenu des fragments des années 1880 est très proche de ceux que nous avons étudiés jusqu'à présent. Cependant, les définitions plus tardives de l'*Ethik* sont plus étendues, précises et riches. Dans un texte court sur le « Problème fondamental de "l'éthique" » par exemple, il élabore une analyse physiologique des concepts d'« utile » et de « nuisible », en montrant qu'ils naissent des relations entre les organes : « La *hiérarchie* est le premier résultat de l'évaluation : dans la relation des organes entre eux toutes les *vertus* doivent déjà s'exercer – obéissance, zèle, venue-au-secours, vigilance – le caractère de machine est absolument *absent* dans tout organisme »[14]. Nietzsche explique que cette hiérarchie des organes est aussi une hiérarchie des pulsions et il conclut que l'éthique devrait définir les rapports entre les hiérarchies pulsionnelles et axiologiques : « Tâche de l'éthique : les différences de valeur comme hiérarchie *psychologique* selon "le supérieur" et "l'inférieur" »[15].

Quand il établit de cette manière la tâche de l'éthique, Nietzsche semble prendre en charge sa réalisation. En fait, il décrit des projets pour ce qui serait une nouvelle éthique et énumère certains points théoriques qui doivent être réfutés en vue de sa réalisation. Dans ces projets, Nietzsche maintient ses idées de la décennie précédente, comme celle d'un « naturalisme éthique » ou la conception de l'éthique comme une pratique pédagogique. Corrélativement, il se soucie de connaître les lois de la nature afin d'établir un projet éducatif pour créer les conditions nécessaires à l'émergence du « grand homme ». Ce travail, dit-il, ne peut être fait que dans un second temps, après la constatation destructrice des erreurs de la morale :

> Principe : être comme la nature : pouvoir sacrifier d'innombrables êtres pour obtenir quelque chose à partir de l'humanité. Il faut étudier **la façon** dont effectivement un grand homme quelconque a été produit. *Toute* éthique jusqu'ici

[12] HH, §196.
[13] FP 8[78] de l'hiver 1870-71 – automne 1872.
[14] FP 25[426] du printemps 1884.
[15] FP 25[411] du printemps 1884.

s'est montrée infiniment bornée et locale ; aveugle et de mauvaise foi à l'égard des lois réelles, par-dessus le marché. Elle était là non pas pour expliquer [*Erklärung*], mais pour **empêcher** certaines actions : ne parlons pas de les *produire*[16].

La métaphore de l'aveuglement y apparaît encore une fois et il est même nommé peu après « tartufferie morale ». Nietzsche choisit le mot « morale » pour désigner la tartufferie, c'est-à-dire la lâcheté de la malhonnêteté et il conclut à partir de son amour de la vérité : « Je veux mettre un terme à cela ». D'ailleurs, il semble considérer comme équivalentes tartufferie morale et éthique. Mais il faut faire attention à un détail important : Nietzsche écrit « l'éthique jusqu'ici [*bisherige*] ». Le mot *Ethik* est choisi pour définir tout le passé, comme si Nietzsche était prédisposé à une réflexion sur une éthique future. L'éthique antérieure visait uniquement à empêcher certaines actions. L'expression nommerait quelque chose de semblable à *Moral* à cause de son aveuglement et sa tartufferie. En fait, la morale n'a jamais cherché l'éclaircissement. Aveugle ou hypocrite, elle s'est toujours appuyée sur de fausses suppositions, telles que Dieu, valeurs absolues, vérité absolue, altruisme, compassion entre autres. Une éthique future tout au contraire, éclairée et éclairante, nie et réfute ces suppositions et c'est ainsi qu'elle est en mesure de produire le « grand » homme.

En tout cas, dans d'autres fragments de la même époque, nous pouvons trouver des informations ou des tentatives plus précises pour établir une distinction terminologique. Quand Nietzsche essaye d'analyser la raison pour laquelle l'éthique « antérieure » n'avait pas progressé au point de réfuter les suppositions morales énumérées ci-dessus, il écrit :

> *Pourquoi* est-ce l'éthique qui est restée le plus en arrière ? Car enfin, les plus récents systèmes célèbres sont encore des naïvetés ! De même les Grecs ! Les positions du christianisme sur le péché sont devenues caduques en raison de la caducité de Dieu.
>
> – nos actions mesurées à notre modèle ! Mais *le fait* que nous ayons un modèle, tel ou tel modèle, est déjà la conséquence d'une morale[17].

Il existe une différence substantielle entre ce fragment plus tardif et d'autres que nous avons déjà lus, ceux des années 1870. Désormais Nietzsche refuse même les Grecs, dont il avait auparavant considéré l'éthique comme un idéal à suivre. Pourquoi ? D'après Nietzsche, l'éthique est le champ de savoir qui mesure les actions humaines. Toutefois, pour que cette évaluation puisse être

---

[16] FP 25[309] du printemps 1884.
[17] FP 25[441] du printemps 1884.

faite, elle doit posséder un modèle comparatif ou de référence. Le fait que ce modèle soit définitif et incontestable vient de la morale et de sa croyance en l'existence de valeurs absolues, autrement dit de valeurs métaphysiquement soutenues. C'est de cette manière que nous devons lire le fragment suivant :

> Les éthiciens [*Ethiker*][18] jusqu'ici n'imaginent pas *à quel point* ils sont soumis à des préjugés bien définis de la morale : ils croient tous savoir déjà *ce que c'est* que bon et méchant. [...] A-t-on déjà réfléchi au *critère* qui permet la mesure ici ? Et d'un autre côté : peut-être n'en savons-nous absolument pas *assez* **pour** pouvoir estimer la valeur de nos actes ! C'est bien assez que nous étendions à de longues périodes l'*essai* d'une morale ![19]

L'utilisation d'un modèle achevé et accompli comme une référence pour les évaluations éthiques est un résultat de la moralité, puisque la morale conceptualise le bien et le mal, sans remettre en question les valeurs : elle ignore comment les processus d'évaluation se développent et ignore la neutralité axiologique du réel. Nous verrons que Nietzsche proposera cette investigation sous le nom de « généalogie » et il élaborera justement une généalogie de la morale. Mais, pour l'instant, il sera suffisant que nous comprenions la distinction lexicale que Nietzsche opère, distinction qui, quoique timide, est consistante. Cela sera confirmé par l'analyse étymologique des mots *ethos* et *pathos*, analyse que nous mettrons en œuvre dans le prochain chapitre. C'est grâce à elle que nous pourrons comprendre qu'une éthique se différencie d'une morale, à condition de s'assimiler à une éthique des affects.

---

[18] Le traducteur a utilisé « moralistes », ce qui supprime la distinction entre éthique et morale dont nous voulons montrer l'existence.

[19] FP 25[443] du printemps 1884.

2.

Sur l'*Ethos*

Les variations de Ηθικά (*Ethica*) dans les langues occidentales modernes sont très proches de l'original grec qui, pour sa part, vient directement de ἦθος. Il n'est pas facile de donner une signification précise à ce mot qui est très proche de ἔθος[1], qui signifie précisément « habitude ». Schopenhauer affirme : « Les Grecs appelaient le caractère ἦθος ; et les mœurs, ces manifestations du caractère, ηθη ; or ce mot vient de ἔθος, habitude ; ce qui le leur avait fait adopter, c'était la commodité de la métaphore ; ils exprimaient la constance du caractère par la constance de l'habitude[2] ». Donc, ἔθος (*éthos*) peut être traduit par « habitude » ou au pluriel par « mœurs » et ἦθος (*êthos*) par « caractère ». Ce qui confirme cette hypothèse, c'est l'emploi de ces termes par Platon dans *Les lois*[3]. Rappelons que, chez Aristote, *êthos* peut signifier « caractère »[4]. Le caractère ou la façon d'être est ce qui fait que l'action de l'individu se déroule en fonction de ce qui lui est propre. Les actes de l'individu sont conditionnés par son *êthos* particulier. Cette hypothèse interprétative, si elle est correcte, confirme la subsomption historique du terme *éthos* dans *êthos* : l'habitude particulière d'un individu est la répétition de ses actions qui naissent de son caractère.

Sur la définition d'*êthos*, la position du philologue Nietzsche est assez différente de celle d'Aristote, par exemple. D'après ce dernier, l'*êthos* pourrait être défini par de nombreuses variables, parmi lesquelles les passions (πάθη)

---

[1] Avec epsilon "Ε / ε" et non pas êta "Η / η". Rappelons que la translittération *ethos* englobe confusément les deux mots et leurs sens. Des auteurs plus attentifs emploient des accents différents pour les deux cas : *éthos* et *êthos*, respectivement.

[2] Schopenhauer, A. *Le monde comme volonté et comme représentation.* Trad. A. Burdeau. Deuxième édition. Paris : PUF, 2009, Livre quatrième, §55, p. 372.

[3] Voir Platon, *Les lois,* Trad. Luc Brisson et Jean-François Pradeau. *Œuvres complètes.* Paris, Flammarion, 2008, livre VII, 792e, où est dit qu'à l'âge du nouveau-né « sous l'effet de l'habitude [ἔθος], s'implante en tous, de manière décisive, la totalité du caractère [ἦθος] ».

[4] Voir, par exemple, *Éthique à Nicomaque*, I 103a 5-10 ou *Rhétorique*, I 389b, première phrase du chapitre XIII.

telles que la colère et le désir[5]. Pour Nietzsche, comme nous le verrons, le concept de πάθος (*pathos*) ne peut pas se subsumer dans celui d'*êthos*. Or, Nietzsche fait rarement usage des mots *éthos* et *êthos* dans ses écrits. Dans les ouvrages publiés, le terme apparaît toujours translitéré sans accent de sorte qu'il est impossible de différencier avec certitude ces deux termes. En caractères grecs, la version ἦθος ne peut être trouvée que dans certains fragments posthumes et le terme ἔθος n'est jamais utilisé. Dans le fragment 15 [27] du printemps 1876, bien qu'il n'existe aucune définition précise des mots, Nietzsche distingue l'*êthos* du *pathos*. Ainsi, *êthos* est lié au « style de l'intellect » ou « style dépourvu de sentiments » et *pathos* est lié au « style de la volonté » ou « style de la pensée impure ». Dans ce fragment, Nietzsche réfléchit sur les différences de style entre la langue écrite et la langue parlée. De cette réflexion, il conclut que la passion (*Leidenschaft*) de la langue est présente dans l'intonation de la voix et il se demande comment faire pour communiquer la même passion à travers la langue écrite. Nous pouvons nous risquer à conclure que l'*êthos* serait présent dans la langue écrite, tandis que le *pathos* serait présent dans la langue orale. Dans le fragment 7[307] de la fin de 1880, l'*êthos* est défini par des « humeurs durables » (*dauernde Stimmungen*), en tenant donc compte de la « constance » dont parlait Schopenhauer. Il est très probable que, dans les textes publiés, la translittération *ethos*, sans accent, se réfère toujours à ἦθος et jamais à ἔθος et c'est ainsi que nous le considérerons dorénavant. Comme dans le fragment de 1876, dans les textes publiés le mot est toujours opposé au mot *pathos* et/ou au mot passion, *Leidenschaft*. De même que dans le fragment de 1880, l'*êthos* est considéré comme un état (*Zustand*) permanent, comme une humeur ordinaire et durable. Le *pathos* ou la passion, en revanche, est considéré comme un processus (*Vorgang*), une humeur transitoire et renouvelable. Voyons un premier exemple :

> Avant Wagner, la musique avait dans l'ensemble d'étroites limites ; elle se rapportait aux états durables [*bleibende Zustände*] de l'homme, à ce que les Grecs appellent l'*ethos*, et n'avait commencé qu'avec Beethoven à découvrir la langue du *pathos*, du vouloir passionné [*des leidenschaftlichen Wollens*], des drames qui se déroulent [*dramatische Vorgänge*] à l'intérieur de l'homme[6].

Dans ce passage, Nietzsche analyse la musique antérieure à Wagner et il conclut qu'elle était un genre d'expression artistique éthique, c'est-à-dire une expression de l'*êthos*. Comme le style « dépourvu de sentiments » dont il

---

[5] Voir la *Rhétorique*, I 388b - I 390b.

[6] WB, §9, septième paragraphe.

parlait dans le fragment de 1876, la musique pré-wagnérienne n'avait pas le « style de la volonté ». Ce n'est qu'avec Beethoven que celui-ci serait apparu : tel est le sens de l'expression « *pathos* beethovénien » :

> Mais après avoir exposé des centaines de fois les mêmes états d'âme et les mêmes humeurs habituelles [*gewöhnliche Zustände und Stimmungen*], l'art de l'*ethos* finit par s'épuiser, malgré l'admirable inventivité dont ses maîtres avaient fait preuve. Beethoven, le premier, fit parler à la musique une langue nouvelle, la langue jusqu'alors prohibée de la passion [*Leidenschaft*] [...] Il semble parfois que Beethoven s'est fixé pour tâche celle, éminemment contradictoire, de laisser s'exprimer le *pathos* avec les moyens de l'*ethos*[7].

Le paradoxe de Beethoven est celui de vouloir exprimer en musique un « processus » par un « état ». Le compositeur vivait à un moment de l'histoire où les conventions et les règles de l'art de l'*êthos* étaient les seules disponibles. Toutefois, il voulait communiquer une passion, mais cette communication n'est devenue possible qu'à travers les techniques « éthiques » déjà existantes. Le texte mentionné n'est pas le seul où Nietzsche démontre que la durabilité de l'*êthos* doit être opposée à la volatilité du *pathos*. Dans un autre passage, il affirme que la science s'est développée pendant des siècles, en s'installant définitivement dans la culture, parce qu'elle a été vécue comme un *êthos* :

> Même *sans* cette nouvelle passion [*Leidenschaft*] – j'entends la passion de la connaissance – le progrès de la science serait favorisé. [...] La bonne croyance en la science, le préjugé favorable dont elle bénéficie, et dont nos États sont maintenant dominés (et qui auparavant dominait même l'Église) repose dans le fond sur le fait que cette tendance absolue et irrésistible s'est si rarement révélée dans la science et que la science ne passe *précisément pas* pour être une passion, mais un état [*Zustand*], un « *ethos* »[8].

Cela signifie que l'*êthos* est très durable ; il est une humeur qui, comme état, peut rester inaltérable pendant des siècles et à travers différentes civilisations. Si la passion de la connaissance est nouvelle, la science continue à se développer, car différentes humeurs, c'est-à-dire différentes formes d'*êthos* tels que la curiosité ou l'« impulsion scientifique » sont restés longtemps invulnérables. Néanmoins, il est possible de comprendre la croyance en l'*êthos* comme une croyance illusoire en la stabilité de notre expérience singulière. Puisque nous ne sommes conscients que des parties d'un processus plus long de nos expériences, nous ne les connaissons pas en tant que *pathos*,

---

[7] WB, §9, septième paragraphe.

[8] GS, §123.

mais uniquement comme des coupes statiques du processus, c'est-à-dire comme un *êthos* :

> Nous ne prenons que rarement conscience du *pathos* propre à chaque période de vie, tant que nous y sommes plongés, et nous pensons au contraire qu'il s'agirait là de l'état [*Zustand*] désormais le seul possible pour nous, le seul raisonnable, le seul qui soit totalement *ethos*, non *pathos* – pour parler et distinguer avec les Grecs[9].

Dans tous les cas, comme nous pouvons le constater, Nietzsche utilise les mots *êthos* et *pathos* pour désigner des humeurs ou des expériences *intérieures*. En recherchant tous les passages où Nietzsche utilise le mot *êthos*, nous avons compris le sens qu'il donnait à ce terme. Nous allons maintenant chercher à définir le sens de ce mot qui est très proche d'*ethos*, à savoir, le *pathos*.

[9] GS, §317.

3.

Sur le *pathos*

La forme en caractères grecs πάθος est utilisée uniquement dans trois passages. La forme translittérée *pathos* est employée régulièrement, et bien plus fréquemment que le mot *êthos*. Généralement rapproché du terme « passion », en allemand *Leidenschaft*, le *pathos* apparaît cependant presque toujours sous sa forme grecque, comme si Nietzsche voulait s'en tenir à une seule signification qu'aucune traduction ne pourrait rendre. À l'époque où il fait encore référence à l'*êthos* – jusqu'à la rédaction de la première édition du *Gai Savoir* en 1882 – le *pathos* est défini comme un vouloir passionné[1] ou comme une humeur, *Stimmung*[2]. À partir de 1882, le mot *êthos* disparaît des écrits nietzschéens alors que *pathos* reste largement utilisé. Dans le §3 de « Ce qui abandonne les Allemands » du *Crépuscule des idoles*, autant *pathos* que *Leidenschaft* sont utilisés pour définir la façon d'être allemand. De même, dans le §8 de la « Lettre de Turin » dans *Le cas Wagner*, Nietzsche utilise le mot *pathos* pour décrire le caractère de Wagner, ou plutôt celui de sa musique[3]. Le mot *êthos* pourrait avoir été choisi pour cette occasion, mais il n'apparaît pas. Il est probable que cette omission ne soit pas une simple absence, mais la conséquence d'une réorganisation lexicale qui auparavant n'avait été recherchée que très superficiellement[4]. Comment cette nouvelle systématisation sémantique est-elle possible ? Pour répondre à cette question, il est nécessaire de connaître quel sens ou quels sens Nietzsche donne au signifiant *pathos* au cours de sa vie productive et surtout après 1882.

Dans un texte où Nietzsche parle du *pathos* de la distance, il le définit comme étant « cette aspiration [*Verlangen*] à un incessant accroissement de

---

[1] WB, §9, déjà cité.

[2] Voir, par exemple, HH, §194.

[3] Voir aussi l'expression *das Wagnerische Pathos* dans le §5 du FP 15[6] du printemps 1888.

[4] En fait, avant 1882 est rédigée la première des cinq préfaces qui a comme titre « Le *pathos* de la vérité » où le terme pourrait donc être bien remplacé par *êthos*.

distance au sein de l'âme elle-même »[5]. Ailleurs, Nietzsche définit ce même *pathos* comme « la volonté [*Wille*] d'être soi-même »[6] Dans un autre passage très important, Nietzsche utilise l'expression « *pathos* réactif », ce qui semble désigner l'ensemble des « sentiments [*Gefühle*] réactifs » contre lesquels historiquement les puissances actives et agressives luttent. Le texte commence par une référence à « l'esprit même du ressentiment » qui engloberait les « affects [*Affekte*] réactifs »[7]. Dans ce cas, nous pouvons envisager l'hypothèse selon laquelle le concept de *pathos* pourrait être compris comme « configuration vitale » (*Lebensgebilde*), car la vie est « structure fondamentale d'affects »[8]. En bref, le *pathos* est lié à l'esprit ou à la configuration vitale, dans le sens d'une multiplicité constituée par le désir, par la volonté, par le sentiment, par l'affect.

Revenons aux définitions de *pathos* implicites dans les fragments des années 1870. L'emploi fréquent à cette époque-là de l'expression « *pathos* de la vérité » peut nous donner des indices importants pour comprendre le terme, en considérant sa relation à la notion d'affect. En ce temps-là, le *pathos* de la vérité était parfois défini comme « le *pathos* de la pulsion de vérité » (*das Pathos des Wahrheitstriebes*)[9] et prise en ce sens, la vérité devenait une « couverture de mouvements et de pulsions [*Regungen und Triebe*] »[10]. Par conséquent, quand Nietzsche conçoit le *pathos* de la vérité comme « sentiment d'obligation » (*Pflichtgefühl*)[11] ou la vérité même « comme devoir », il propose une « analyse de la pulsion de *vérité* [*Wahrheitstriebes*] – *Pathos* »[12]. Les pulsions sont donc conçues comme des parties intégrantes de l'univers sémantique du mot *pathos*. L'inclusion du mot *Trieb* n'épuise pas l'ensemble des termes liés au *pathos*. Si la célèbre expression « volonté de vérité » est choisie dans quelques publications plus récentes[13] au lieu de l'ancienne formule « *pathos* de la vérité », dans un fragment posthume de 1888 Nietzsche la modifie encore une fois au profit de « l'instinct de la vérité » (*der Instinkt der Wahrheit*)[14]. La modification ne signifie pas nécessairement une nouvelle réorganisation lexicale, étant donné que dans quelques textes contemporains,

---

[5] BM, §257.
[6] CI, Incursions d'un inactuel, §37.
[7] GM, Second traité, §11.
[8] BM, §258.
[9] FP 19[228] de l'été 1872 – début 1873. Le traducteur a préféré « la passion de l'instinct de vérité ».
[10] FP 29[20] de l'été-automne 1873. Le traducteur a préféré « instincts » et non « pulsions ».
[11] FP 29[8] de l'été-automne 1873.
[12] FP 29[4] de l'été-automne 1873, §1. Comme toujours, le traducteur a préféré « instinct » et a traduit le terme *pathos* alors que Nietzsche lui-même l'a écrit en grec.
[13] Voir, par exemple, GS, Préface, §4.
[14] FP 14[159] du printemps 1888.

il utilise encore le mot *pathos* dans la même expression. Il s'agit d'abord d'une inclusion évidente du terme *Instinkt* dans le même ensemble sémantique de *pathos*, comme d'autres écrits de la fin des années 1880 le prouvent :

> À cet instinct de théologien [*Diesem Theologen-Instinkte*], moi je fais la guerre : j'ai trouvé son empreinte partout. Qui possède du sang de théologien se tient de prime abord en porte-à-faux et d'une manière déloyale par rapport à la vérité. Le *pathos* qui en découle s'appelle la *foi*[15].

C'est par ces mots que commence le paragraphe qui prend la suite directe de la caractérisation du théologien[16]. Par conséquent, le pronom *diesem* lie directement l'instinct de théologien à sa caractérisation. En définissant le théologien, Nietzsche n'utilise pas le terme *Charakter* ou *êthos*, mais il fait référence à son instinct ; posséder du « sang »[17] de théologien, c'est avoir l'instinct de théologien. L'instinct, alors, ne serait pas quelque chose d'a-pathétique qui, paradoxalement, produirait le *pathos*. Comme le *pathos* est une volonté, rappelons que « de la "volonté" ne peut naturellement exercer des effets que sur de la "volonté" »[18]. Ainsi qu'avec les affects, la relation avec les instincts est très claire :

> Je suis par nature [*Art*] belliqueux. Attaquer, c'est dans mes instincts [*Instinkten*]. Être *capable* d'être un ennemi, être l'ennemi – cela implique peut-être une nature [*Natur*] forte, mais en tout cas c'est inhérent à toute nature [*Natur*] forte. Celle-ci a besoin de résistances, par conséquent elle *recherche* des résistances : le *pathos* agressif ressortit aussi nécessairement à la force que le sentiment de vengeance et de rancune [*Nachgefühl*] à la faiblesse[19].

Nous sommes confrontés à un concept très complexe. Le *pathos* a été jusqu'ici présenté comme affect (*Affekt*), passion (*Leidenschaft*), humeur (*Stimmung*), désir (*Verlangen*), volonté (*Wille*), sentiment (*Gefühl*), pulsion ou impulsion (*Trieb*) et instinct (*Instinkt*), enfin « toute la vie pulsionnelle, le

---

[15] AC, §9.
[16] Voir AC, §8.
[17] D'autres textes sont utiles pour comprendre la métaphore du sang, qui semble devoir être liée au concept d'affect. « Toute convoitise, tout ce qui suscite l'affect, le sang » ; FP 10[190] de l'automne 1887. Ou le célèbre passage de *Zarathoustra* : « De tout ce qui est écrit, je ne lis que ce que quelqu'un écrit avec son sang. Écris avec ton sang : et tu verras que le sang est esprit » (ZA, I, Lire et écrire) et aussi son esquisse : « De tout ce qui est écrit, je n'aime que ce qu'on écrit de son sang. C'est en cela que j'aime un livre. On n'a pas à rougir de ses affects, ils sont trop irrationnels pour cela ; FP 5[1] de novembre 1882 – février 1883, §15.
[18] BM, §36.
[19] EH, Pourquoi je suis si sage, §7.

jeu des sentiments, sensations, affects, actes de volonté »[20]. Désormais, nous pouvons constater que le *pathos* est également lié à la nature (*Natur*), dans le sens très spécifique de type ou de caractère (*Art*). Dans cet extrait, Nietzsche subsume explicitement le concept d'*êthos* dans le concept de *pathos* : il y dit que le *pathos* agressif est quelque chose comme ce que le mot *êthos* désigne, c'est-à-dire le caractère ou la nature, dans ce cas-ci, belliqueuse. En conséquence, en 1888 après être resté cinq ans sans jamais écrire le mot *êthos*, Nietzsche semble considérer comme équivalents ces deux concepts qu'il présentait, dès les années 1870, comme des concepts antonymes.

Alors, qu'est-ce que signifie le *pathos-êthos* ? Avec les mots instinct, sentiment, émotion, pulsion, passion, humeur, désir et volonté, Nietzsche nomme toujours un processus physio-psychologique qui met le corps en mouvement, c'est-à-dire qui le pousse vers l'action. Ce n'est pas par hasard si le terme auparavant utilisé pour ne définir que l'*êthos*, à savoir *Zustand*, compris jusqu'à 1882 comme un état durable, est désormais utilisé aussi pour nommer la « tension intérieure propre à un *pathos* »[21]. Le refus tardif du mot *êthos*, contemporain de la transformation sémantique du *pathos*, est probablement dû à la nouvelle opinion de Nietzsche sur la possibilité de « caractérisation » d'une « nature » ou d'une « chose ». Il rejette tout rapprochement entre *êthos* et *ousía* : il n'y a pas une *essentia* pour définir un caractère stable. C'est pourquoi Nietzsche a écrit : « Dans l'affect, ce n'est pas l'homme qui se révèle, mais l'affect »[22]. L'unité et la stabilité illusoires inhérentes à la notion d'*êthos* ne sont qu'un masque pour une multitude d'affects qu'à son tour le concept de *pathos* englobe.

[20] FP 12[1] du printemps 1871.

[21] EH, Pourquoi j'écris de si bons livres, §4. Dans le FP 3[1] de l'été – automne 1882, §399, Nietzsche écrit : « Lorsqu'on est plongé dans un état [*Zustand*] morbide précis, on ne peut pas se comporter autrement qu'en avare. L'avarice est une passion [*Affekt*] ».

[22] FP 3[1] de l'été – automne 1882, §415. Le traducteur a choisi « passion » les deux fois pour l'allemand *Affekt*.

4.

La physio-psychologie

À partir de cette recherche philologique qui vise à comprendre son sens étymologique, le mot « éthique » désignerait le discours sur *l'éthos-êthos*, mais, par-delà l'étymologie, chez Nietzsche, le terme désignerait aussi le discours sur le *pathos*. *Ethos* non pas seulement dans le sens compris d'abord par Nietzsche et subsumé ensuite en *pathos*, mais aussi dans le sens multiforme de coutume, d'un côté, et de caractère comme principe individuel d'action, de l'autre. Ainsi, il existe une relation entre ces différents sens : une éthique qui parle des affects peut parler des coutumes, celles qui sont tantôt la cause tantôt l'effet des caractères. D'ailleurs, elle peut aussi parler des dispositions ou principes pour l'action, car les affects sont eux-mêmes ces dispositions. Pour résumer, les affects déterminent l'action[1] et vice-versa :

> Nos actions *nous modifient* : dans chaque action, certains forces s'exercent, d'autres *ne* le font *pas*, parfois sont négligées : un affect s'affirme toujours aux dépens des autres qu'il prive de leur force. [...] C'est la **première conséquence de toute action** : *elle ne cesse de construire quelque chose chez nous* – naturellement aussi sur le plan *corporel*[2].

Quand un corps agit, un affect s'affirme et d'autres sont écartés. Par exemple, quand quelqu'un agit courageusement, l'affect courage est confirmé et renforcé. Dans le même temps, son contraire, l'affect lâcheté, est affaibli. Cela crée un cercle : un affect, en tant que pulsion, est cette force qui pousse le corps vers une action ; l'action elle-même « contribue à élaborer son système d'affects » en établissant une hiérarchie pulsionnelle ; cette hiérarchie accompagne une hiérarchie axiologique analogue et « l'évaluation liée à toute action y contribue aussi et devient à son tour la cause des actions ultérieures »[3].

---

[1] Voir le FP 27[34] de l'été – automne 1884.

[2] FP 7[120] du printemps – été 1883.

[3] FP 7[121] du printemps – été 1883.

Les changements du corps et de l'esprit que nous pouvons nommer *ethos-pathos* seraient à la fois les causes et les effets des actions ; c'est chez eux qu'on peut trouver l'explication des mœurs. En revanche, c'est à partir des mœurs que peut être expliqué l'*ethos-pathos*, car ces modifications physio-psychologiques sont alors les façons d'être que la tradition a nommés « caractères ».

En concevant une éthique future, Nietzsche privilégie le sens d'une éthique physiologique pour refuser l'exclusivité accordée par la tradition à l'esprit. Ainsi, Nietzsche nie la séparation métaphysique entre un corps mortel et une âme immortelle et il conçoit l'individu comme une unité physio-psychologique. Selon lui, les affects sont des « faits physiologiques » qui n'ont « rien à voir avec des concepts » lesquels, à leur tour, ne sont que des symboles[4]. Nous pourrions penser d'abord à une opposition entre le physiologique non-conceptuel et le psychologique conceptuel. Nous pourrions penser aussi à une exclusivité de la physiologie par rapport aux affects. Mais Nietzsche écrit dans un autre passage : « Les affects sont une construction de l'intelligence, l'*invention de causes* qui n'existent pas »[5]. Dans la première citation, le mot « affect » définit un fait physiologique alors que, dans la seconde, il définit une construction de l'intelligence, donc psychologique. Ce qui est appelé « affect » est un processus physiologique qui, cependant, quand il est nommé – c'est-à-dire conceptualisé, intellectualisé, spiritualisé – reçoit une signification *a posteriori* elle-même d'un autre genre, à savoir psychologique. Il s'agit de ne pas confondre l'esprit et la conscience. Pour avoir recours à une métaphore spatiale, affirmons avec Nietzsche que la conscience n'est qu'une surface[6] qui recouvre ce mélange affectif. La conscience n'est pas équivalente à la totalité du psychisme : « ce que nous nommons conscience, *loin d'être notre monde spirituel et psychique même*, n'en constitue qu'un état »[7]. Même ce qui est désigné comme « la pensée » n'est qu'un processus incessant qui se développe au-dessous de cette surface-là – comme Nietzsche l'explique, l'homme « pense sans cesse, mais il l'ignore ; la pensée qui devient *consciente* n'est qu'une infime partie, disons : la plus superficielle, la plus médiocre ». Par conséquent, la venue à la conscience de l'affect le corrompt, car « toute prise de conscience revient à une opération de généralisation, de superficialisation, de falsification, donc à une opération foncièrement corruptrice »[8]. Cette prise en charge opère une

[4] FP 7[87] du printemps – été 1883.
[5] FP 24[20] de l'hiver 1883-1884.
[6] Voir EH, Pourquoi je suis si avisé, §9.
[7] GS, §357.
[8] GS, §354.

simplification des affects et cette corruption est plus forte à mesure que l'affect se rapproche du concept. C'est pourquoi Nietzsche écrit « à propos de la psychologie » que « tout sentiment "éthique" dont nous prenons conscience est *simplifié,* à mesure que nous en devenons plus conscients, c'est-à-dire qu'il se rapproche du concept »[9]. La prise de conscience des affects est une signification intellectuelle ou une symbolisation spirituelle inexistante quand on les considère uniquement du point de vue physiologique.

Mais adopter ce seul point de vue est une abstraction illusoire. Bien qu'il y ait une certaine distinction entre le domaine psychique et le physiologique qui permet que le discours les sépare abstraitement en « corps » et « esprit », en vérité les modifications du corps causent forcément des changements de l'« esprit ». Compris comme « des interprétations élaborées de l'intellect » des mouvements physiologiques[10], les affects sont à la fois des significations des processus physiologiques récurrents et ces processus eux-mêmes. Si d'une part le mot « affect » désigne ce contrecoup spirituel des « groupes physiologiques qui ont une sorte d'unité de devenir »[11], d'autre part ce même mot nomme aussi quelque chose « comme identique à l'organique »[12]. Les concepts, les jugements et les valeurs aussi ne sont que les résultats de modifications corporelles : « Nos appréciations et nos jugements de valeur moraux ne sont également que des images et des variations fantaisistes sur un processus physiologique qui nous est inconnu, une sorte de langage convenu pour désigner certaines excitations nerveuses »[13]. En même temps et inversement, les valeurs influencent les affects. Comme Nietzsche l'explique : « je dénie l'existence de pulsions morales, mais *tous* nos affects et *toutes* nos pulsions sont *imprégnés* de nos *évaluations* »[14]. Partant, l'affect est d'ordre psychologique et physiologique, spirituel et corporel. C'est pourquoi Nietzsche propose une physio-psychologie, authentique et originale, par opposition à toute psychologie antérieure, qui est « demeurée tributaire de préjugés et de craintes de nature morale » et qui « ne s'est pas risquée dans les profondeurs ». Pour parler des « profondeurs » – c'est-à-dire des affects, des pulsions, des instincts – Nietzsche ne rejette pas la psychologie, mais il y ajoute plutôt la physiologie. La physio-psychologie alors est la « morphologie

---

9 FP 25[336] du printemps 1884.

10 FP 11[128] du printemps – automne 1881.

11 FP 25[185] du printemps 1884.

12 FP 25[93] du printemps 1884. Voir aussi le FP 25[356] du printemps 1884 : « Ce qui généralement est attribué à l'*esprit me paraît constituer l'essence de l'organique* : et dans les plus hautes fonctions de l'esprit, je ne trouve qu'une variété sublime de la fonction organique ».

13 AA, §119. Voir aussi le BM, §268.

14 FP 4[142] de novembre 1882 – février 1883. Voir aussi le FP 5[1] de novembre 1882 – février 1883, §181.

et *doctrine de l'évolution* de la volonté de puissance »[15] : en d'autres termes, elle est la théorie de l'évolution et la morphologie de la « forme primitive d'affect »[16].

Si l'éthique plus qu'une physiologie est aussi une « psychologie des affects »[17], elle pourrait être considérée comme un discours rationnel, un *logos* sur le corps et sur la *psiqué*. Un sérieux problème se pose alors : comment une éthique, en tant que physio-psychologie, peut-elle parler des affects et comment cette parole peut-elle agir sur les affects et les guider ? En d'autres termes, comment proposer un *logos* agissant sur le *pathos* ? L'acte de nommer un affect est une tentative de l'intellect pour trouver les motifs du processus physiologique[18]. Et tant qu'est pris en charge par la conscience, cet acte est déjà un discours sur les affects, un premier pas de la démarche de l'éthique, telle que nous la comprenons. Pour qu'une théorie des affects qui les nomme et les classe puisse être une éthique qui veuille guider les affects, il faut que le *logos* soit compris comme une sorte de *pathos*, car la volonté ne peut « exercer des effets que sur de la volonté »[19]. En effet, Nietzsche projette de repenser la pulsion intellectuelle (*intellektuelle Trieb*) comme étant un affect[20] et il écrit que les « pensées sont *signes* d'un jeu et d'un combat des affects : elles restent toujours liées à leurs racines cachées »[21]. Comme telles, les pensées sont un processus, de sorte qu'au lieu de parler de la raison ou de l'intelligence ou de l'entendement, conçus comme des unités mentales, nous devons parler de *la pensée* ; par conséquent, conclut Nietzsche, « pas d'"atomes animés" ! ». Au contraire, il faut parler de l'âme « comme pluralité des affects »[22]. Le fait de penser, considéré comme un processus ou comme un jeu, « n'est qu'un rapport de ces pulsions les unes avec les autres »[23]. Tout comme la volonté et l'action, la pensée est aussi un affect alors que l'intellect « n'est qu'un *instrument* » qui

[15] BM, §23. Le début de cet extrait est très semblable à la fin du BM, §47. Sur les considérations d'une « psychologie jusqu'ici », nous devons nous rappeler la description analogue de l'« éthique jusqu'ici » et, dans les deux cas, la référence aux préjugés moraux. À ce sujet, voir de nouveau le FP 25[443] du printemps 1884. Observons que le livre *Par-delà bien et mal* a été édité seulement deux ans après ce fragment, en 1886. La relation entre ce fragment posthume et ces textes publiés semble corroborer l'hypothèse du lien intime entre éthique et physio-psychologie.

[16] FP 14[121] du printemps 1888.

[17] Voir le FP 13[4] du début 1888 – printemps 1888 : *1. Physiologie: die organischen Funktionen 2. Psychologie der Affekte.*

[18] Voir le FP 11[128] du printemps – automne 1881.

[19] Voir de nouveau le BM, §36.

[20] FP 4[140] de novembre 1882 – février 1883.

[21] FP 1[75] de l'automne 1885 – printemps 1886.

[22] FP 25[96] du printemps 1884.

[23] BM, §36.

se trouve entre les mains des affects et qui ne doit pas être compris comme une unité, mais comme « une sorte de régence »[24]. En conséquence, le *logos* en tant que discours rationnel est aussi un processus, un affect, un *pathos*.

En ce sens, la possibilité de séparer l'esprit des affects n'existe pas et cette séparation est elle-même une contradiction. Concevoir l'intellect comme séparé du corps et des affects serait le concevoir comme inactif : « suspendre les affects tous autant qu'ils sont, à supposer que nous en soyons capables : comment ? Cela ne signifierait-il par *castrer* l'intellect ?... » [25]. Nietzsche montre alors que c'est une erreur que de concevoir la « raison » comme une faculté mentale, comme une unité psychique, et non comme un processus physio-psychologique. Parce qu'il désigne un affect, le mot « raison » ne devrait servir que pour nommer un processus dont la démarche n'est pas isolée des autres affects, mais qui, tout au contraire, est dépendante d'eux et se réalise précisément dans cette relation. La connaissance est ce qui permet à l'individu d'être maître de ses affects. L'individu, en tant que multitude d'affects, est guidé par ce processus physio-psychologique que la tradition nomme « raison ». Les affects sont digérés par l'« estomac des affects », l'intellect[26] et cela nous permet de comprendre le passage suivant : « Avoir et ne pas avoir, à sa guise, ses affects, son pour et son contre, daigner s'y laisser aller, pour quelques heures ; les *monter*, comme des chevaux, souvent comme des ânes »[27]. Si l'intellect est l'estomac des affects, nous pouvons interpréter cette métaphore en considérant que pour monter les affects comme un cheval ou un âne il faut utiliser l'intellect. Dans ce cas-là, une éthique serait une physio-psychologie qui enseignerait à avoir recours à l'intellect afin de contrôler les affects.

[24] FP 40[38] d'août – septembre 1885. Voir aussi le FP 6[130] de l'automne 1880.
[25] GM, Troisième traité, §12.
[26] FP 25[93] du printemps 1884. Voir aussi le FP 26[141] de l'été – automne 1884 et le FP 25[185] du printemps 1884.
[27] BM, §284.

5.

Le corps et le moi

Nous avons vu que l'idée d'unité présente dans le concept d'*êthos* en tant que caractère ne fait que masquer une multitude d'affects, multiplicité présente dans le concept de *pathos*. La nouvelle signification donnée par Nietzsche au terme *pathos* engloberait à la fois l'idée d'habitude ou de coutume et l'idée de disposition à l'action, puisque les affects déterminent l'action et l'action détermine les affects. Or, la croyance en l'existence d'un caractère, c'est la croyance en l'existence d'une unité constante qui, précisément à cause de cela, est identificatrice ; chaque homme serait identifiable par ses actions qui seraient toujours réglementées de la même manière par cette unité, c'est-à-dire le caractère. C'est pourquoi nous pouvons parler de l'habitude, cette action régulière, et de la constance du caractère. Bien que Nietzsche refuse le mot *êthos*, refus du concept de caractère comme une unité inaltérable, il utilise cependant des termes tels que type, nature ou même caractère en relation étroite avec les affects. Qu'est-ce que cela pourrait signifier ?

Pour tenter de répondre à cette question, commençons par l'analyse de ce conseil qui prend forme dans l'histoire de la philosophie par l'utilisation socratique de la phrase delphique « Connais-toi toi-même ». D'après nos observations, ce n'est que dans le cas où la connaissance du *pathos* est postérieure à l'action que nous pourrions concevoir la possibilité qu'une telle exigence soit satisfaite. En effet, le *pathos* n'a qu'une constance relative, car contrairement au concept traditionnel de caractère, le *pathos* non seulement conditionne l'action, mais il est lui-même modifié par l'action. Et si, comme Nietzsche dit, « il n'y a, ni peut y avoir jamais d'actions identiques » et « chaque action accomplie le fut d'une manière tout à fait unique et irretrouvable »[1], donc, l'auto connaissance devrait toujours être refondée par un effort continu. La connaissance de soi n'est possible que lorsque nous

[1] GS, §335.

comprenons que le « soi-même » n'est pas un *êthos*, mais un ou plusieurs *pathos* : le « soi-même » se modifie régulièrement et il ne peut être connu que par la manifestation de ses actions, toujours distinctes, uniques et singulières. Le « Connais-toi toi-même » est donc une exigence paradoxale. Ce n'est pas par hasard que Nietzsche ait besoin de citer aussi le « Deviens qui tu es » de Pindare. Le « soi-même » de la sentence de Delphes ou le « qui on est » pindarique n'existe pas définitivement a priori, mais s'est construit dans l'action au fil du temps ; cela « devient » de façon continue. En effet, le vers de Pindare dit : « Sois tel que tu as appris à te connaître » ou « Puisses-tu devenir qui tu es par savoir »[2]. La seconde moitié du vers, qui n'est pas citée par Nietzsche et qui est peu connue, apporte des éléments importants pour notre réflexion car elle permet d'interpréter le passage en relation directe avec la sentence de Delphes : « Connais-toi toi-même et deviens qui tu es ». Nous pouvons le reformuler ainsi : si la connaissance de soi-même se renouvelle sans cesse, car le *pathos* se modifie continûment, nous avons besoin de compléter le passage avec l'ajout d'un autre vers : « Connais-toi toi-même et deviens qui tu es. Et en devenant qui tu es reconnais-toi toi-même ». Ce n'est que de cette façon que nous pouvons comprendre que la relation entre la devise delphique et le fragment DK 101 d'Héraclite – « Je me suis cherché moi-même » – a été établie par Nietzsche après la référence symptomatique au « jeu de ce grand enfant qu'est le monde, Zeus, et sur cette sempiternelle facétie : construire un monde, détruire un monde »[3]. Si la vie est un jeu éternel de destruction et de création, l'existence d'un caractère statique et cristallisé est impossible. Seul le concept nietzschéen de *pathos* peut dire le « soi-même » qui est en devenir perpétuel et qui ne peut être connu qu'à chaque instant nouveau. L'auto connaissance est donc le résultat d'une observation rare :

> Combien d'hommes y a-t-il qui sachent seulement observer ! Et parmi les quelques rares qui en sont capables – en est-il qui puissent s'observer eux-mêmes ? « Chacun est à soi-même le plus lointain » – c'est là ce que savent tous les

---

[2] *Pythiques*, II, vers 72. La première traduction est d'Aimé Puech. La seconde traduction est de Jean-Paul Savignac. La traduction exacte de la première moitié du vers pour l'allemand *Werde der du bist* n'est utilisée qu'une fois par Nietzsche, dans ZA, IV, L'offrande de miel. Dans d'autres écrits, le passage est modifié, l'exemple le plus connu étant le sous-titre de EH, à savoir : « Comme on devient ce qu'on est » ou, autre exemple, dans GS, §270 : « *Que dit ta conscience ?* "Tu dois devenir qui tu es"».

[3] *Cinq préfaces à cinq livres qui n'ont pas été écrits*, « Le *pathos* de la vérité », cinquième paragraphe. C'est ainsi que Nietzsche interprète le fragment héraclitéen DK 52 qui dit : « La vie est un enfant qui joue au trictrac : c'est à un enfant que revient la royauté ». Toutes les traductions d'Héraclite que nous utiliserons sont de Jean-François Pradeau. Paris, Flammarion, 2004.

> examinateurs des reins[4], pour leur grand malaise ; et la sentence : « connais-toi toi-même », dans la bouche d'un dieu, adressée aux hommes, est presque une méchanceté.

Peu sont capables d'une auto connaissance continue et d'une connaissance du réel dans sa totalité comme jeu de changement éternel. Pour cette raison, l'homme commun croit que ses actions peuvent être identiques à celles des autres hommes et que l'existence de lois universelles de l'action serait alors possible. Mais, comme Nietzsche continue à l'expliquer dans le même paragraphe, la croyance en l'universalité d'un jugement moral n'est fondamentalement qu'égoïsme, qui plus est un égoïsme aveugle qui, incapable de se reconnaître comme tel, ne peut pas atteindre l'objectif créatif implicite dans le « Deviens qui tu es » :

> C'est de l'égoïsme, en effet, que d'éprouver *son* jugement *propre* comme une loi universelle : et c'est un égoïsme aveugle, mesquin et sans exigence, parce qu'il trahit que vous ne vous êtes point encore trouvés vous-mêmes, que vous ne vous êtes point encore créé un idéal proprement personnel : – celui-ci ne saurait jamais être l'idéal d'un autre, pour ne point parler de tous, de tous les autres !...

Pour qu'on puisse devenir qui l'on est, l'on devrait d'abord découvrir le soi-même. Quand on le découvre, il devient possible de créer un idéal personnel, c'est-à-dire un modèle singulier à suivre. Avec la connaissance de soi, l'engagement d'un idéal de soi devient possible, de sorte que le « soi » devient qui il est par l'auto création. C'est pourquoi Nietzsche déclare dans le même passage : « Quant à nous autres, *nous voulons devenir ceux que nous sommes* – les nouveaux, les uniques, les incomparables, ceux qui sont leurs propres législateurs, ceux qui sont leurs propres créateurs ! »[5]. Cette auto création s'opère parce que l'individu s'impose à lui-même ses propres lois, ce qui entraîne une auto discipline, un auto contrôle qui vise à atteindre l'idéal de soi. Voici ce que dit Zarathoustra : « C'est ce que je suis, en effet, par nature et depuis l'origine, tirant, attirant à moi, tirant vers le haut, attirant, un tireur, un dresseur, un éducateur qui attire, qui jadis ne s'est pas dit en vain à lui-même : "Deviens qui tu es !" »[6]. C'est le « moi » qui doit créer et se discipliner

---

[4] Le traducteur a choisi l'expression « sondeurs de l'âme » pour remplacer le néologisme *Nierenprüfer*, choix qui peut troubler le lecteur par rapport à la perspective physio-psychologique nietzschéenne. Patrick Wotling, dans sa traduction du *Gai Savoir* a correctement choisi « ceux qui sondent les reins ». Éric Blondel rappelle l'origine biblique (Psaume 7 :10 et Jérémie 17 :10) de cette expression (voir EH, Le cas Wagner, §4, note 344).
[5] GS, §335.
[6] ZA, IV, L'offrande de miel.

soi-même : tel est le sens de la interprétation nietzschéenne de la devise de Pindare.

Toutefois, Nietzsche semble s'opposer à cette lecture quand il affirme : « Que l'on devienne ce qu'on est suppose que l'on ne doute pas le moins du monde de *ce qu'*on est »[7]. Il est possible de résoudre cette contradiction apparente. Pour comprendre le sens de la phrase, nous ne pouvons ignorer le contexte dans lequel elle s'insère. Dans le texte précédent, Nietzsche analyse l'importance de l'instinct de conservation « lequel s'exprime de la façon la moins équivoque comme instinct d'*autodéfense* »[8]. Dans le texte que nous sommes en train de lire, Nietzsche poursuit son analyse et cette nouvelle étape commence par la référence au « chef-d'œuvre dans l'art de la conservation de soi – l'*égoïsme* », référence qui aboutit à la conclusion qu'il n'est plus possible d'éluder la question « comment on devient ce qu'on est ». Pour y répondre, Nietzsche rappelle la devise de Delphes : « Là peut se manifester une grande intelligence, voire l'intelligence suprême : là [*wo*] où le *nosce te ipsum* serait [*wäre*] une recette pour se perdre, l'oubli de soi, la *méprise* sur soi, le rapetissement, le rétrécissement, la médiocrisation de soi deviennent la raison même ». Notre hypothèse est que cette apparente contradiction n'existe pas, car Nietzsche n'aurait pas universalisé toute la connaissance de soi comme un obstacle au fait de devenir qui l'on est. Il se réfère uniquement au cas particulier où l'auto connaissance peut apparaitre comme destructrice. Le pronom *wo* et le temps du verbe *sein* confirment ce qui est énoncé quelques lignes plus loin par Nietzsche, à savoir qu'il s'agit d'un « cas d'exception ». L'instinct présent dans l'égoïsme se défend uniquement, dans ce cas, contre le danger « que l'instinct "se comprenne" trop tôt ». Le danger est que la connaissance de soi, si elle ne se produit pas au bon moment, empêche que l'idéal de soi soit atteint. Ainsi, la phrase qui semblait contredire notre interprétation – « Que l'on devienne ce qu'on est suppose que l'on ne doute pas le moins du monde de *ce qu'*on est » – ne peut pas être lue comme une loi universelle de sorte que le sujet de la phrase est très convenablement indéterminé. Nietzsche écrit celle-ci à un moment très spécifique de son autobiographie où, pour se décrire comme un grand penseur, le premier peut-être, capable d'assumer la tâche de la réévaluation des valeurs, il se rappelle que dans son cas particulier il ne savait pas à l'avance qu'un jour il accomplirait une telle tâche, comme il l'explique :

> Hiérarchie des facultés ; distance ; l'art de séparer, sans amener d'hostilités ; ne rien mélanger, ne rien « concilier » ; une multiplicité prodigieuse, qui malgré tout

[7] EH, Pourquoi je suis si avisé, §9.
[8] EH, Pourquoi je suis si avisé, §8.

> est l'antithèse du chaos – voilà la condition préalable, le long travail secret et la maîtrise artiste de mon instinct. Sa *tutelle supérieure* s'est montrée forte en ce que je ne me suis en aucun cas douté si peu que ce soit de ce qui grandissait en moi[9].

Nietzsche révèle que ce n'était pas lui-même qui avait fait de lui ce qu'il est devenu, mais la tutelle de son instinct. Celle-ci a évité le chaos en organisant et hiérarchisant la « multiplicité prodigieuse » de ses facultés, de telle sorte que Nietzsche est devenu qui il est : ici il se sépare comme un « moi » de la multiplicité qui le constitue en tant que lui-même. C'est pourquoi Zarathoustra a dit : « "Moi", dis-tu, et tu es fier de ce mot. Mais ce qui est bien plus grand, en quoi tu ne veux pas croire – ton corps et sa grande raison : il ne dit pas "moi", mais il le fait »[10]. Le moi est fait, produit, créé par le corps. Le moi est quelque chose de soumis qui est placé au-dessous d'autre chose. Le moi est un *subjectus*, mis sous (*sub-jacere*) le corps. En un mot, le moi est sujet d'un autre.

La critique du sujet faite par Nietzsche vise à attaquer la conception traditionnelle d'un collage présumé entre l'unité corporelle et une unité illusoire de l'*ego*. Nous disons « présumé », car le moi « ne s'identifie *pas* à la régie unitaire de notre être » et n'est « qu'une synthèse conceptuelle »[11]. Dans la conception traditionnelle, en revanche, le moi est compris comme l'unité psychique par excellence et le mot « sujet » est utilisé pour le désigner. Nietzsche crée l'expression « atomisme de l'âme »[12] pour nommer cette position théorique. Comme il l'explique, ce préjugé psychologique qui consiste à croire à l'existence d'un psychisme en tant qu'unité fait naître le concept d'atome, car « nous avons emprunté notre concept d'unité à notre concept du "moi" – notre plus ancien article de foi »[13]. En d'autres termes, c'est d'abord la croyance illusoire en l'unité du moi qui surgit, puis de cette dernière naît la croyance illusoire en l'unité des choses extérieures.

La tradition philosophique ignore donc que le sujet « n'est en effet qu'une fiction »[14] et par conséquent le sens étymologique du mot « sujet » est inversé pour indiquer le moi non pas comme le *subjectus* ou ce qui est soumis au corps, mais comme ce qui le soumet et qui produit à travers le corps des actions sur le réel ; c'est-à-dire comme cet endroit psychique de l'activité sur

---

[9] EH, Pourquoi je suis si avisé, §9.
[10] ZA, I, Des contempteurs du corps.
[11] FP 1[87] de l'automne 1885 – printemps 1886.
[12] BM, §12.
[13] FP 14[79] du printemps 1888.
[14] FP 9[108] de l'automne 1887. Voir aussi la définition de l'ego comme une « escroquerie suprême » dans EH, Pourquoi j'écris de si bons livres, §5 et du moi comme « tourné à la fable, à la fiction, au jeu de mots » dans CI, Les quatre grandes erreurs, §3.

l'extérieur : le « moi ("sujet") » et « un agent (un "sujet") »[15]. Le psychisme est alors nommé « subjectivité » ; unité active, indépendante et maître du corps, statique et cristallisé sous la forme d'un caractère ou d'un *êthos*. Ainsi d'après Nietzsche le sujet est « la terminologie de notre croyance à une *unité* parmi tous les différents moments du suprême sentiment de réalité » et il est une « fiction au gré de laquelle nombre d'états *égaux* en nous seraient l'effet d'un substrat unique »[16]. L'idée imaginaire et illusoire d'une unité psychique qui agit sur le réel est exactement l'idée du moi, d'un *ego*, c'est-à-dire non pas d'un *subjectus*, mais d'un sujet-agent. Pour Nietzsche, le moi est une illusion créée par le langage, par « l'habitude grammaticale » selon laquelle toute action implique un agent et par conséquent la pensée implique un agent de la pensée[17]. Le moi est donc le résultat des erreurs de la raison qui sont « pétrifiées » dans le langage[18], car ce dernier « *projette* la croyance au moi-substance sur toutes les choses »[19].

Il n'y a pas une unité psychique, mais le psychisme est plutôt une « pluralité *laquelle s'est imaginée être une unité* »[20]. Pour cette raison, Nietzsche signale que « l'hypothèse d'un *sujet unique* n'est peut-être pas nécessaire ; sans doute est-il tout autant permis de supposer qu'il existe une pluralité de sujets ». Nous pourrions alors parler de sujets divers qui coexistent dans un même individu ou d'un seul « sujet en tant que pluralité »[21]. Nous en déduisons d'abord que le concept traditionnel de caractère ou d'*êthos* qui dirait la subjectivité doit être remplacé par le concept de *pathos* ; puis que la notion d'âme éternelle, unifiée autour du moi, du sujet, de l'agent, de la conscience doit être remplacée par les concepts tels qu'« âme mortelle », « âme-multiplicité du sujet » ou encore « âme-structure sociale des pulsions et des affects »[22]. De même, la notion traditionnelle du moi qui disait le sujet doit être repensé à la lumière de la notion du « soi » (*Selbst*). Comme Zarathoustra l'explique :

> Toujours le soi écoute et cherche : il compare, soumet, conquiert, détruit. Il règne et il est aussi le maître qui règne sur l'esprit.

---

[15] CI, Les quatre grandes erreurs, §3.
[16] FP 10[19] de l'automne 1887.
[17] BM, §17.
[18] GM, Premier traité, §13.
[19] CI, La « raison » en philosophie, §5.
[20] FP 12[35] de l'automne 1881.
[21] FP 40[42] d'août – septembre 1885.
[22] BM, §12.

> Derrière tes pensées et tes sentiments, mon frère, se tient un maître impérieux, un sage inconnu – il s'appelle soi. Il habite ton corps, il est ton corps[23].

Le soi est le corps et il contrôle le moi. Le moi est *subjectus*, il est subjugué, dominé et conquis par le corps. Encore une fois, Nietzsche réaffirme la relation nécessaire entre psychologie et physiologie, quand il s'oppose à la distinction entre corps et âme, une distinction qui, en plus de les séparer, privilégie celle-ci au détriment de celui-là. C'est pourquoi Nietzsche nomme ce chapitre « des contempteurs du corps ». C'est avec eux que Zarathoustra dialogue, en se positionnant contre cette théorie qui privilégie l'esprit et méprise le corps. En conséquence, Zarathoustra rappelle que c'est le corps qui guide les pensées, dans la mesure où elles ne cherchent que des objectifs que le corps leur impose. Le soi est le corps et ce n'est qu'en lui que toute la multiplicité affective s'unifie. Mais même cette unité corporelle n'est que momentanée ; elle ne peut être considérée comme telle que par une coupe temporelle, car elle est le résultat partiel de la tension des affects qui, en tant que tension, en tant que lutte constante, est une transformation éternelle. Le soi est donc défini par la « hiérarchie selon laquelle les instincts sont disposés »[24], mais cette hiérarchie n'acquiert que momentanément une stabilité relative.

Nietzsche dit aussi que le sujet est instable, car le moi est une « pluralité de forces personnalisées ». Ces forces et pulsions qui le constituent se cacheraient de lui et chaque fois une pulsion différente passerait au premier plan et se ferait reconnaître comme l'*ego*. Lorsqu'un affect maîtrise les autres, il fait semblant d'être le moi. Le moi, à son tour, est une sorte de masque qui travestirait l'affect momentanément plus puissant. Selon Nietzsche, « le sentiment du moi est toujours le plus fort du côté où penche la balance ». L'affect le plus proche ou le plus fort est alors appelé le « moi » et celui qui est le plus éloigné ou le plus affaibli est appelé « toi » et est donc considéré comme l'autre :

> L'élément le plus rapproché, nous l'appelons « moi » de préférence à ce qui est plus lointain, et accoutumés à la désignation imprécise « moi et tout le reste, *tu* », nous faisons instinctivement, de l'*élément dominant* momentanément, *tout l'ego*, nous repoussons l'ensemble des tendances plus faibles dans une perspective *plus lointaine* et nous en faisons *un* « Tu » ou « Ça » complet[25].

---

[23] ZA, I, Des contempteurs du corps.

[24] Phrase retirée du contexte du BM, §6.

[25] FP 6[70] de l'automne 1880.

Ainsi, le moi est un sentiment, un affect, un processus. Nous pouvons conclure que le moi est un processus qui résulte de la tension des affects. Les différents processus affectifs sont dans une tension constante, en relation directe les uns avec les autres, et dans cette relation, ils établissent des hiérarchies et des configurations en fonction du rapport de forces entre eux. L'affect le plus fort (ou les affects les plus forts) qui, à un moment précis, surmonte les autres par la force, prend la tête de cette hiérarchie et fait semblant d'être l'*ego*. Nous en déduisons que la pulsion dominante, parce qu'elle est la plus forte, devient la plus « proche » de la conscience et sa force se concentre sur celle-ci, en causant sa propre reconnaissance. Comme « de la “volonté” ne peut naturellement exercer des effets que sur de la “volonté” »[26], nous devons aussi conclure que la « conscience » n'est qu'un autre affect, un autre processus, une autre pulsion. La conscience, dans ce cas, serait une pulsion d'auto reconnaissance qui est responsable de la détermination provisoire du moi. Si notre réflexion est juste, il en résulte que les autres affects peuvent surmonter par la force l'affect d'auto reconnaissance qui est la conscience et, par conséquent, ils peuvent la troubler sans jouer le rôle de masque de l'*ego*. C'est le cas lorsque certains affects restent complètement inconscients mais tout en dominant le moi. C'est aussi le cas lorsque les affects ne sont que partiellement reconnus par la conscience qui entre dans un état de confusion totale, incapable de reconnaître clairement un *ego*, c'est-à-dire dans un état où l'individu est incapable d'avoir un sentiment du moi bien différencié de l'autre.

Ainsi, nous abordons encore une fois le problème de l'exigence delphique. Si la reconnaissance d'un affect momentanément le plus fort est faite très imparfaitement par la conscience, la connaissance de soi-même sera toujours momentanée et provisoire. Nous répétons que le « connais-toi toi-même » ne peut être conçu que comme un mouvement ininterrompu. Nous redisons donc, en relation avec le vers de Pindare, que nous ne pouvons penser qu'au « connais-toi toi-même » suivi par le « deviens qui tu es », suivi à son tour par le « reconnais-toi toi-même », et ce dans un mouvement circulaire infini. Et surtout, le mot « connaître » n'exprime qu'une relation pulsionnelle entre l'affect le plus fort de l'individu et l'affect de la reconnaissance que nous appelons « conscience » : celle-ci ne peut donc qu'illusoirement définir un « moi » provisoire en éliminant une immense multiplicité affective qui reste cachée.

Il est facile d'observer la parenté de notre réflexion à partir de la théorie nietzschéenne avec la psychanalyse. En fait, nous pourrions parler d'un avant-gardisme de Nietzsche par rapport au freudisme et même par rapport à la

---

[26] Revoir BM, §36.

relecture qu'en a fait Lacan. Peu d'original quand Freud nomme la structure « Ça » et Lacan la nomme « Autre » ou « Grand Autre ». Mais il existe entre eux des différences abyssales qui ne peuvent passer inaperçues. Des idées telles que les deux topiques de Freud ou la « structure » proposée par Lacan sont complètement en désaccord avec ce que l'on peut conclure à partir du texte nietzschéen. L'utilisation très appropriée du mot *Vorgang* ou « processus » contredit a priori la topique structurelle de la psychanalyse, quelle qu'elle soit. Nous pourrions nous risquer à conclure que la psychanalyse serait aussi un symptôme de « l'atomisme de l'âme » dont parle Nietzsche. Avec l'emploi du mot *Vorgang*, Nietzsche dit le *pathos* et refuse catégoriquement l'idée d'une unité atomique qui était traditionnellement connue comme caractère ou *êthos*. Partant, Nietzsche échappe à l'atomisme, piège dans lequel tombera encore la psychanalyse un siècle plus tard, dans la mesure où certains courants de la psychanalyse ne perdurent qu'en multipliant l'idée d'unité. Pour eux, il n'y a plus seulement la conscience, mais aussi l'inconscient[27], non pas seulement le moi, mais aussi le ça[28], non pas seulement le sujet, mais aussi l'Autre[29]. C'est dans cette optique que nous devons lire ce texte nietzschéen très important :

> Ça pense : mais que ce « ça » soit précisément le fameux vieux « je », c'est, pour parler avec modération, simplement une supposition, une affirmation, surtout pas une « certitude immédiate ». En fin de compte, il y a déjà trop dans ce « ça pense » : ce « ça » enferme déjà une *interprétation* du processus [*Vorgangs*] et ne fait pas partie du processus lui-même.

Il est étonnant comme Nietzsche semble anticiper le structuralisme psychanalytique et argumenter contre lui à l'avance. Nous pourrions dire que

---

[27] La première topique freudienne divise le psychisme en conscience, préconscient et inconscient. Voir Freud, S. *L'interprétation du rêve*. Trad. Janine Altounian, Pierre Cotet, Réné Laine, Alain Rauzy et François Robert. Œuvres complètes, Vol. IV. Paris, PUF, 2003, Chapitre 7, notamment l'item B « La régression » où Freud écrit des termes tels que « localité psychique », « appareil animique », bien qu'il utilise souvent le mot « processus » (p.589). En fait, parfois, Freud semble un peu gêné de la possibilité d'établir une topique, quand il renforce le caractère dynamique du psychisme, mais même ainsi il insiste sur la schématisation par des « instances psychiques » (p.593).

[28] La deuxième topique divise le psychisme en ça, moi et surmoi. Voir Freud, S. *Le moi et le ça*, Trad. C. Baliteau, A. Bloch, J.-M. Rondeau, Œuvres complètes, Vol. XVI. Paris : PUF, 1991, notamment le chapitre 1 où Freud fait l'effort de décrire « spatialement » le « système » psychique. Dans ce texte plus récent, Freud renforce encore plus le caractère dynamique du psychisme, de telle sorte qu'il décrit le moi comme l'« organisation cohérente des processus animiques » (p.261), mais il est encore tenté par la schématisation atomique.

[29] Voir par exemple le curieux schéma Z de Lacan dans le Séminaire livre II : *Le moi dans la théorie de Freud et dans la technique de la psychanalyse*, Paris, Editions du Seuil, 1978, p.334.

le moi est un ça ou que le moi est un autre, mais ainsi nous ne sortirions jamais de la logique unitaire de l'atomisme résultant de cette habitude grammaticale illusoire. Le moi n'est rien de plus qu'un processus. C'est pourquoi Nietzsche termine ce passage important en prédisant que « peut-être un jour s'habituera-t-on encore, chez les logiciens aussi, à se passer de ce petit "ça" (forme sous laquelle s'est sublimé l'honnête et antique je) »[30].

Si Nietzsche identifie dans la relation pulsionnelle d'un seul individu le processus de reconnaissance qui sépare le « moi » de l'« autre », cela signifie que dans un seul « soi », c'est-à-dire dans un seul corps, l'altérité est présente. Mais le modèle logique de la séparation de l'altérité qui guide le processus affectif identificatoire est un modèle copié de l'altérité externalisée. L'autre externalisé, qui est en dehors du corps, hors du « soi », cet autre est aussi important pour que le moi soit identifié à soi-même. D'après Nietzsche, ce sont les autres « qui fournissent l'*image de nous-mêmes* ». L'individu établit une image de soi qui n'est qu'« un *prolongement*, une combinaison de jugements étrangers ». C'est à partir de ce que l'autre externalisé nous montre de ce que nous pourrions être que même nos affects se révèlent et peuvent feindre d'être le moi : « Nos propres pulsions nous apparaissent à la lumière des interprétations d'autrui »[31].

De toute façon, il reste à comprendre cet usage que Nietzsche fait encore de termes qui pourraient signifier le moi comme une unité psychique. Or, la démarche par laquelle Nietzsche conclut qu'il n'existe aucune unité psychologique est établie par le corps : « Avec le corps pour fil conducteur, une prodigieuse *diversité* se révèle »[32], dit-il. Mais qu'est-ce que le corps ? Nous pouvons tout d'abord affirmer que Nietzsche conçoit le corps comme l'antithèse de l'esprit et c'est pourquoi afin de soutenir le corps comme fil conducteur qui autorise des observations du psychisme, Nietzsche se voit obligé d'affirmer que « le corps est un phénomène beaucoup plus riche et qui autorise des observations plus claires » et que « la croyance dans le corps est bien mieux établie que la croyance dans l'esprit »[33]. Bien sûr, au sein de la physio-psychologie nietzschéenne, l'opposition entre corps et esprit est davantage le moyen de s'opposer à la tradition qu'une insistance sur cette logique qu'il s'agit d'abolir. En travaillant avec cette distinction, Nietzsche veut subvertir cette tradition qui, comme il le dit, envoie le corps au diable, lorsque ce mot désigne la sensibilité[34].

---

30 BM, §17.
31 FP 6[70] de l'automne 1880.
32 FP 2[91] de l'automne 1885 – automne 1886. Voir aussi le FP 36[35] de juin-juillet 1885.
33 FP 40[15] d'août – septembre 1885.
34 Voir le CI, La « raison » en philosophie, §1.

Par ailleurs, Nietzsche cherche parfois à déterminer le statut du corps. Un fragment posthume de 1885 est peut-être le plus important à ce sujet. Nietzsche y définit le corps comme une « collectivité inouïe d'êtres vivants » ou comme une « splendide cohésion des vivants les plus multiples ». Il parle alors de « coopération » entre ces êtres, lesquels « ne sont pas pour nous des atomes spirituels, mais des êtres qui croissent, luttent, s'augmentent ou dépérissent ». Il dit finalement que le nombre de ces êtres change « perpétuellement »[35]. Donc, le corps y est compris selon le sens étymologique du mot latin, à savoir *corpus*, c'est-à-dire un ensemble. Les parties de cet ensemble sont en cohésion et en coopération ; elles s'ajustent et s'intègrent les unes aux autres en fonction d'une relation d'obéissance. C'est pourquoi Nietzsche parle d'aristocratie[36] et ailleurs, mais à la même époque, de hiérarchie[37]. C'est aussi à la même époque que surgit son projet de traduire les fonctions organiques en termes de volonté de puissance : « Obéissance et maîtrise : le corps – la volonté plus forte commande à la volonté plus faible »[38]. Les parties dynamiques du corps, ces parties qui croissent, luttent, s'accroissent ou dépérissent, sont comme des volontés ; ce qui veut dire que les parties du corps sont des pulsions, des instincts ou des affects. Cette hiérarchie affective qui se dessine en fonction des rapports de force existant dans cette multiplicité pulsionnelle qui est le soi ou le corps, arrive à s'établir momentanément avec un certain degré de stabilité. Cela n'est possible que lorsqu'il y a une cohésion qui, à son tour, n'est que l'équilibre des forces résultant de la supériorité d'un affect dominant par rapport aux autres (ou de plusieurs affects de force équivalente). Cette stabilité disparaît lorsqu'un autre affect reçoit un peu plus de force et s'impose face à celui qui dominait jusqu'alors. Dans ce cas, la hiérarchie se modifie jusqu'à atteindre un nouveau degré d'équilibre :

> Ma conception est que tout corps spécifique tend à se rendre maître de tout l'espace et à étendre sa force (– sa volonté de puissance :) et à repousser tout ce qui s'oppose à cette extension. Mais il se heurte constamment à des efforts similaires d'autres corps et finit par « s'arranger » (« s'unir ») avec ceux qui lui sont le plus proches : – *alors ils conspirent ensemble pour prendre le pouvoir*. Et le processus continue…[39]

[35] FP 37[4] de juin – juillet 1885.
[36] Voir aussi le FP 2[76] de l'automne 1885 – automne 1886.
[37] Voir, par exemple, le FP 40[21] d'août – septembre 1885.
[38] FP 35[15] de mai – juillet 1885.
[39] FP 14[186] du printemps 1888.

Si le corps est un ensemble, comment peut-on encore parler de caractère, de nature, de type, d'individu ? On le peut car certaines configurations pulsionnelles sont récurrentes, c'est-à-dire que certains des rapports de force entre les pulsions se répètent dans le temps. C'est pourquoi Nietzsche parle de la structure de l'âme[40], expression qui doit être lue très attentivement. Nietzsche souligne qu'en nous existe une « diversité des caractères »[41] et que « l'individu contient beaucoup *plus* de personnes qu'il ne croit »[42]. Pour nommer cette récurrence des configurations affectives similaires, Nietzsche continue à utiliser des mots tels que « type », « nature » ou « caractère » et d'autres, sans distinction[43]. Mais avec eux, il désigne seulement le personnage, la *persona*, le masque, le rôle que joue un acteur qui peut représenter d'autres personnages et porter d'autres masques : « Considérer notre façon de vivre et d'agir comme un *rôle* – y compris les maximes et principes – – – *nous cherchons à représenter un* **type**, instinctivement – nous opérons une sélection dans notre mémoire, nous relions et combinons les *facta* de la mémoire »[44]. À travers une mémoire qui n'est pas consciente, l'homme représente instinctivement un type ; autrement dit, l'homme répète des configurations affectives similaires. Le corps n'est pas une unité substantielle, il n'est pas une structure qui ne peut pas se modifier. Plusieurs systèmes affectifs sont possibles dans un même individu à des moments différents.

Étant modifiable, le type représenté par l'individu se constitue non seulement au cours de sa vie, mais aussi pendant les siècles qui ont précédé son existence. Le corps est une « structure sociale composée de nombreuses âmes »[45]. C'est pourquoi Nietzsche croit à l'atavisme comme forme d'hérédité dans le sens d'une transmission historique de valeurs et de pulsions : pour lui, le corps en est le dépositaire. Les pulsions similaires deviennent récurrentes

---

40 Voir BM, §268.

41 FP 25[21] du printemps 1884.

42 FP 25[363] du printemps 1884. Voir aussi, par exemple, le FP 26[370] de l'été – automne 1884.

43 Voir en particulier CI, Incursions d'un inactuel, §45, où la plupart des signifiants qui sont analysés par nous s'y retrouvent ensemble. Il est intéressant, et cela confirme notre hypothèse, de retrouver dans ce texte si court l'ensemble des mots : *Typus, Natur, Daseinsform, Instinkt, Trieb, Gefühl, Psychologen, Charakter, Geist, Art*. Il convient de noter l'importance de l'expression *Daseinsform* très proche de *Lebensgebilde* que nous avons rencontrée auparavant : ces deux expressions disent la récurrence de configurations affectives, mais sans avoir la charge sémantique traditionnelle de l'atomisme de l'âme. Il est curieux que Nietzsche n'ait pas privilégié ces expressions, ce qui montre qu'il n'a pas pris la peine de marquer la rupture de sa pensée avec la tradition en différenciant le vocabulaire. Voir aussi HH, §224.

44 FP 25[362] du printemps 1884.

45 BM, §19.

dans une culture qui conserve ses habitudes et ses critères de valeur[46]. Des croyances comme la croyance en l'existence de causes et d'effets sont incorporées instinctivement et transmises aux générations futures[47]. Les valeurs comme le bien et le mal sont également des idéaux hérités[48] et nous pourrions parler aussi d'un « atavisme du sentiment »[49]. L'histoire du langage humain montrerait que la croyance en une vérité immuable et universellement valable s'appuie sur l'équivalence imaginaire entre l'objet et l'épithète et cette croyance serait aussi un atavisme[50]. Enfin, le corps et l'âme d'un homme se construisent à travers plusieurs siècles, d'où Nietzsche utiliser le terme très problématique de « race » pour exprimer cette continuité de pulsions et valeurs de différentes époques – mais non au sens génétique et biologique Avec ce mot, Nietzsche semble souligner le caractère corporel de l'atavisme de valeurs, mais non nécessairement entre individus liés par une hérédité biologique directe[51].. Par conséquent, pour Nietzsche, le « soi » est le résultat d'une longue chaîne d'événements historiques :

> L'observation directe de soi-même ne suffit pas pour se connaître : nous avons besoin de l'histoire, car le courant aux cent vagues du passé nous traverse ; et nous-mêmes ne sommes rien que ce que nous éprouvons de cette coulée à chaque instant. Même là où nous voulons plonger dans le flot de notre être apparemment le plus singulier et le plus personnel, la proposition d'Héraclite reste applicable : on ne descend pas deux fois dans le même fleuve[52].

Le corps a une histoire de développement qui explique la constitution affective d'un individu. La façon dont nos instincts se rapportent les uns aux autres, le fait que certains d'entre eux aient plus ou moins de force et soient donc dominés ou dominants, tout cela est défini par une histoire qui précède notre existence en tant qu'individu. La connaissance de soi devient alors « connaissance universelle des temps révolus » et ce n'est que par l'histoire que nous pouvons découvrir les aventures vagabondes de l'ego en devenir et métamorphosé[53]. L'atavisme est possible parce qu'il y a une relation entre le

---

46 Voir GS, §10.

47 Voir GS, §127, FP 16[16] de décembre 1881 – janvier 1882 et le FP 12[74] de l'automne 1881.

48 « Ce qu'une époque ressent comme du mal est d'ordinaire une résonance inactuelle de ce que l'on a autrefois ressenti comme du bien, – l'atavisme d'un idéal plus ancien » ; BM, §149. Voir aussi le FP 3[1] de l'été – automne 1882, §76.

49 FP 11[279] du printemps – automne 1881.

50 FP 38[14] de juin – juillet 1885.

51 Voir BM, §264.

52 OS, §223.

53 OS, §223.

corps et la culture. Les affects qui constituent un corps sont des fruits des mœurs : « Les *pulsions* sont les *effets postérieurs de jugements de valeur longtemps pratiqués,* qui à présent fonctionnent instinctivement comme le ferait un *système* de jugements de plaisir et de douleur. Tout d'abord contrainte, puis habitude, puis besoin, puis penchant naturel (pulsion) »[54]. Autrement dit, l'*éthos* devient *êthos-pathos*.

En ce sens, quand Nietzsche parle d'un « individu », il veut dire un corps qui unit avec un certain degré de stabilité des affects différents en tension. Par rapport à la signification traditionnelle du mot, nous pouvons dire avec Nietzsche que « le concept d' "individu" est faux ». Mais quand il l'utilise, ce n'est que pour nommer cette pluralité de pulsions qui sont directement liées entre elles et qui s'organisent dans un *corpus*. En fait, l'homme « est une pluralité de forces qui se situent dans une hiérarchie ». Ces forces n'existent pas de façon isolée, elles sont en relation les unes avec les autres et elles ne peuvent pas être pensées par notre « arithmétique » grossière, car celle-ci travaille toujours avec l'idée d'unité[55]. Dans les textes où Nietzsche ne critique pas le concept traditionnel de l'individu, il désigne par le mot « individu » non pas une unité finie et immuable, mais un ensemble de rapports de force qui ne présentent qu'un faible degré de stabilité et de durabilité. Que celles-ci existent et qu'elles puissent nous faire croire faussement à l'existence d'unités immuables, cela est fort bien expliqué par Nietzsche :

> Les concepts d'« individu » et d'« espèce » également faux et purement apparents. L'« espèce » n'exprime que le fait qu'une foule d'êtres semblables surgissent dans le même temps et que le rythme d'une croissance continue et d'une modification de soi se trouve ralenti pendant un long intervalle : en sorte que les développements en surcroît sont trop faibles pour entrer en ligne de compte [...].

La forme d'un corps ne serait aussi qu'une fausse impression qui fait croire qu'une chose est durable, puisque la forme n'est qu'une invention humaine. Lorsque l'homme voit un élément nouveau surgir dans le développement d'un réseau de forces, il tend à le considérer comme égal à l'ancien et, par conséquent, à l'intégrer à « l'ensemble de l'unité et de la "forme" »[56]. En d'autres termes, dans un ensemble d'affects en tension, le rapport de forces peut s'effectuer momentanément de sorte qu'un stade d'équilibre relatif est atteint, ce qui fait qu'une « même » configuration pulsionnelle demeure pour une période de temps suffisante pour qu'un homme perçoive cette

---

[54] FP 25[460] du printemps 1884.
[55] FP 34[123] d'avril – juin 1885.
[56] FP 9[144] de l'automne 1887.

configuration comme étant accomplie et stable. Mais ce n'est qu'une apparence, car il existe toujours des forces qui causent de petits changements. Étant donné que nombre d'entre eux sont imperceptibles pour l'homme, ce dernier a alors la fausse impression d'immuabilité du corps.

Nous sommes devant une théorie du corps et, donc, il est très difficile de ne pas revenir une fois encore à Héraclite et á son fragment DK 125, qui dit que « Le *cycéon*[57] aussi se décompose s'il n'est pas remué ». Nous pouvons interpréter ce passage mystérieux à la lumière de ce que nous disions jusqu'ici. Un corps est toujours formé comme un réseau de parties qui établissent une cohésion, car le réseau est un rapport de forces. Comme le *cycéon*, tout corps doit être remué pour ne pas se décomposer, c'est-à-dire que tout corps a besoin d'un rapport de forces qui maintienne les parties liées les unes aux autres. Mais ce petit fragment héraclitéen est encore insuffisant pour résoudre le problème que nous trouvons chez Nietzsche. Nous ne pouvons pas oublier Spinoza, car il existe plusieurs similitudes entre ce que Nietzsche et ce que Spinoza disent à ce propos. L'idée de la cohésion des pulsions est présentée par Spinoza à travers l'image du degré de solidité d'un corps[58]. Et si Spinoza parle encore de la « nature », il s'oppose explicitement à l'atomisme qui pourrait se cacher derrière ce mot, en considérant le corps comme étant toujours composé d'autres organismes et ainsi jusqu'à l'infini[59]. Par ailleurs, la récurrence des configurations affectives est traduite par l'image de la conservation du corps d'un individu[60]. En effet, Spinoza explique que « si d'un corps, autrement dit d'un Individu, composé de plusieurs corps, certains corps se séparent, et qu'en même temps d'autres corps de même nature et en nombre égal viennent prendre leur place, l'Individu gardera sa nature d'avant, sans changement de forme »[61]. Spinoza affirme, tout comme Nietzsche donc, que la forme persiste uniquement parce qu'un nouvel élément, similaire à l'ancien, est intégré au corps. En revanche, nous pourrions conclure que Spinoza ne donne pas au concept de « forme » le statut d'illusion, comme le fait Nietzsche, car, pour celui-ci, le nouvel élément sera toujours différent et « il n'y a rien d'identique »[62] dans le réel. De toute façon, Spinoza déclare :

---

[57] D'après le traducteur d'Héraclite que nous lisons, Pradeau, il s'agit d'un « breuvage mixte composé le plus souvent de farine et d'un liquide ».

[58] Spinoza, B. *Éthique*, Traduit par Bernard Pautrat, Paris, Éditions du Seuil, 2010, deuxième partie, axiome 3 du lemme 3.

[59] Deuxième partie, postulat 1.

[60] Deuxième partie, postulat 4.

[61] Deuxième partie, proposition 13, axiome 3, lemme 4.

[62] HH, §19.

> Quand un certain nombre de corps, [...] sont pressés par les autres de telle sorte qu'ils s'appliquent les uns sur les autres ou bien, s'ils sont en mouvement [...], de telle sorte qu'ils se communiquent les uns aux autres leurs mouvements selon un certain rapport précis, ces corps, nous les dirons unis entre eux, et nous dirons qu'ils composent tous ensemble un seul corps, autrement dit un Individu, qui se distingue de tous les autres par cette union de corps[63].

L'individu est, selon Spinoza, un corps qui n'est qu'un ensemble d'autres corps réunis par l'intercommunication de leurs mouvements. La théorie du corps spinoziste est influencée par la physique de l'époque et donc Spinoza ne peut travailler qu'avec des concepts restreints tels que ceux de mouvement et de vitesse[64]. Pour Nietzsche, les idées d'identité et de chose reposeraient sur la fausse idée d'unité. La croyance en la possibilité qu'une chose reçoive le mouvement d'une autre et la séparation que nous croyons exister entre quelque chose qui se meut et quelque chose qui est mue reposeraient quant à elles sur les fausses perceptions de temps et d'espace[65], ainsi que d'agent et de causalité[66]. Ainsi, Nietzsche n'utilise pas, comme le fait Spinoza, l'image du mouvement et de la vitesse des parties qui forment un réseau comme un corps, mais le concept de force. Or, Spinoza a écrit : « Par choses singulières, j'entends les choses qui sont finies et ont une existence déterminée. Que si plusieurs Individus concourent à un même effet, je les considère tous, en cela, comme une seule chose singulière »[67]. Donc, chez Spinoza, la singularité et l'unité qui constituent un corps se définissent par l'effet qu'il produit. Mais il ne s'agit pas d'y voir une naïveté de Spinoza qui serait surmontée par Nietzsche. Spinoza rappelle[68] que les corps se distinguent par la relation de mouvement et repos, mais non pas par la relation de substance. Comme il l'explique en détail ailleurs, puisque la substance est unique et infinie, elle est aussi indivisible. L'illusion de la forme à laquelle Nietzsche se réfère est expliquée par Spinoza par le fait qu'on conçoive la quantité abstraitement, superficiellement et de façon imaginaire, tandis que l'intellect peut reconnaître l'infinitude de la substance[69]. Ainsi, par la voie des images du mouvement et de la vitesse, Spinoza exprime une idée très proche de celle que Nietzsche exprime par la voie du concept de force. Avec l'image grossière du mouvement des parties, Spinoza ne nommerait pas une séparation d'unités

---

[63] *Éthique*, deuxième partie, proposition 13, lemme 3, axiome 2, définition.
[64] Voir aussi le lemme 1 de la même proposition.
[65] HH, §19.
[66] Voir le FP 2[139] de l'automne 1885 – automne 1886.
[67] *Éthique*, deuxième partie, définition 7.
[68] Dans le lemme 1 de la proposition 13 de la même partie.
[69] Voir le scolie de la proposition 15 de la première partie de son *Éthique*.

dans la substance, mais le rapport des forces, des pulsions qui se poussent et s'influencent mutuellement, tel que le mouvement (c'est-à-dire l'imposition d'une force) nécessaire à la cohésion du *cyceon*.

Nietzsche a voulu utiliser le concept de force, mais il est indéfinissable et ne peut être conçu qu'immédiatement. Il considère la force comme un « victorieux concept » de la physique, mais lui-même sent le besoin d'expliquer sa « dimension intérieure » par un autre concept : la volonté de puissance. Cela pour deux raisons : premièrement, parce que Nietzsche perçoit l'insuffisance du concept de force tel qu'il est expliqué par les physiciens, explication selon laquelle la force serait comme un atome, un agent, une cause[70]. Deuxièmement, parce qu'il se permet d'utiliser l'analogie de la vie instinctive animale et de toute vie organique pour expliquer la dimension intérieure de toute force. Ainsi, lorsqu'il considère que toute vie est volonté de puissance, cet « appétit insatiable de démonstration de puissance », Nietzsche veut expliquer le concept général de force par ce concept-là[71]. Il serait le « vouloir-devenir-plus-fort »[72], le « vouloir-subjuguer », le « vouloir-se-rendre-maître »[73], la « forme plus primitive du monde des affects »[74], donc un affect[75]. En tant qu'affect, pulsion, instinct, la force est présentée par Nietzsche comme volonté de puissance, mais cette représentation n'est qu'une supposition :

> À supposer que rien d'autre ne soit « donné » comme réel que notre monde de désirs et de passions, que nous ne puissions descendre ou monter vers aucune autre « réalité » que celle, précisément, de nos pulsions [...] : n'est-il pas licite de faire la tentative et de poser la question suivantes : est-ce que ce donné ne *suffit* pas à comprendre aussi, à partir de son semblable, le monde que l'on appelle mécanique (ou « matériel ») ?[76].

La supposition faite par Nietzsche est que nous pourrions expliquer l'ensemble de notre vie pulsionnelle et tout le réel comme le développement d'une forme unique d'affect qui serait la volonté de puissance. Ce nouveau concept, cependant, semble être encore aussi problématique que celui de force (ou de pulsion, affect, volonté, etc.). La tentative de Nietzsche est de

---

[70] Voir GM, Premier traité, §13.
[71] Voir FP 36[31] de juin – juillet 1885.
[72] FP 14[81] du printemps 1888.
[73] GM, Premier traité, §13.
[74] BM, §36.
[75] GM, Premier traité, §13 : « Un quantum de force est un quantum identique de pulsion, de volonté, de production d'effets ».
[76] BM, §36.

fragmenter le concept de force, mais quand il le définit comme volonté de puissance, il ne progresse guère. Avec ce concept, Nietzsche réaffirme l'illusion de la notion de chose qui consiste à ne pas comprendre celle-ci comme cohésion des pulsions. En plus, il explique le *modus operandi* de ces forces, à savoir un « effectuer » ou un « agir sur » :

> Éliminons ces ajouts : il ne reste alors pas de « choses », mais de quanta dynamiques, dans un rapport[77] de tensions avec tous les autres quanta dynamiques : dont l'essence réside dans leur relation avec tous les autres quanta, dans leur « action » sur ceux-ci – la volonté de puissance, non un être, non un devenir, mais un *pathos* est le fait le plus élémentaire, d'où ne fera que résulter un devenir, un « agir sur »... [78]

Nietzsche reste dans un cercle fermé de définitions conceptuelles. La force est affect, pulsion, *pathos*, ce qui est fondamentalement volonté de puissance, c'est-à-dire « agir sur », produire des effets. Les notions dont il dit qu'elles sont illusoires, telles que le temps, l'espace et la causalité, sont prises de nouveau en considération. Désormais, Nietzsche utilise le terme *quanta* en latin, qui ne signifie que la quantité, ce qui présuppose l'idée d'espace. Les *quanta* sont adjectivés comme « dynamiques » (*dynamischen*), ce qui présuppose la notion de mouvement, donc d'espace et de temps. D'ailleurs, le mot « dynamisme » prend sa racine étymologique dans le grec *dunamikos* qui, à son tour, signifie la force. L'idée d'un « agir sur » qui produit un devenir reconduit la notion de mouvement et de relation causale. Selon Nietzsche, « un *quantum* de puissance se définit par l'effet qu'il produit et auquel il résiste ». Tout son effort dans ce fragment consiste à percevoir les limites de ces notions mécaniques de causalité et d'agent, mais il n'arrive pas à les surmonter complètement, comme lui-même le reconnaît : « C'est pourquoi, je l'appelle un *quantum* de volonté de puissance : cela exprime un caractère qu'on ne peut abstraire de l'ordre mécanique sans faire abstraction de l'ordre lui-même »[79]. Nous en concluons que l'image grossière de mouvement utilisée par Spinoza est remplacée par une image tout aussi grossière chez Nietzsche. Ils ont tous deux atteint la limite du langage et de l'imagination, de sorte qu'il serait

[77] À mon avis en plus de la « force » (*Kraft*) et du pur « agir » (*das Thun* – Nietzsche écrit que « l'agir est tout » dans GM, Premier traité, §13), le mot qui exprime le mieux ce qui échappe au langage est le « rapport » (*Verhältnis*). Ce mot peut être expliqué par l'image de l'« agir sur » (*ein Wirken ergiebt*), mais ainsi nous nous rapporterons de nouveau à l'image du mouvement. Malheureusement, ainsi que « force », le concept de « rapport » ne se dévoile qu'immédiatement à l'esprit.

[78] FP 14[79] du printemps 1888.

[79] FP 14[79] du printemps 1888. Voir aussi le FP 14[81] du printemps 1888 et GM, Premier traité, §13.

impossible de fractionner davantage ces concepts basiques que sont la force, le *pathos* ou l'affect, sans tomber dans un cercle sémantique fermé. Cette barrière de l'imagination et du langage est insurmontable. Cependant, tant Nietzsche que Spinoza savent qu'elle existe et, bien qu'elle leur impose des limites, ils peuvent montrer qu'il existe quelque chose par-delà le langage et qu'il ne faut pas confondre les mots et les choses. Bien qu'ils aient besoin de l'utiliser pour expliquer le réel qui nous échappe, Nietzsche et Spinoza parviennent à nous montrer, par le langage, ce paradoxe.

En tout cas, tant le fragment d'Héraclite que ces passages de Spinoza nous aident à comprendre ce que Nietzsche dit sur l'individu. Quand il en parle, il se réfère au corps, au « soi » qui est la pluralité d'affects qui forment un réseau. Ce corps a un certain degré de stabilité et de durabilité apparente, car les changements pulsionnels sont souvent insignifiants du point de vue de la perception humaine ; par conséquent, l'homme est incapable de les percevoir et c'est alors que naît l'illusion que le corps est une unité accomplie. En bref, dans la bouche de Nietzsche, le mot « individu » désigne le corps comme le soi qui est la multiplicité ; le mot « caractère » exprime la récurrence qui soutient une constance relative des configurations affectives ; et le mot « moi » traduit le fait de masquer un processus affectif. Enfin, quand Nietzsche utilise des termes traditionnels pour nommer l'*êthos*, il les utilise pour exprimer cet autre phénomène, le *pathos.*

6.

L'impératif et l'autre

Cette multiplicité qu'on appelle l'individu s'oppose à l'« extérieur », à savoir à ce qu'on appelle l'« autre ». Le problème de la définition de l'autre n'est pas suffisamment abordé par Nietzsche. Si l'individu est ce corps qui s'établit comme une cohésion d'affects, nous pouvons conclure tout simplement que l'autre est tout ce qui n'interagit pas directement avec ce réseau de forces-là. Mais le corps étant toujours en relation avec d'autres corps, nous en concluons que la marque de l'altérité est donnée par le moi, en tant que processus récurrent de reconnaissance d'un affect plus fort par son rapport aux autres affects d'un même réseau de forces. Un ensemble pulsionnel serait « individualisé » par l'*ego*, celui-ci étant toujours compris comme un processus.

En nous référant à cette possible définition, nous en arrivons malheureusement à utiliser le mot traditionnel qu'il faut éviter, c'est-à-dire le « même ». Il ne s'agit pas de faire revivre la distinction classique entre l'autre et le même, car elle s'appuie sur la croyance métaphysique traditionnelle selon laquelle l'être est une unité. En fait, l'idée du « même » présuppose l'idée de l'être en tant qu'unité éternelle. Or, Nietzsche est opposé à cette métaphysique de l'atomisme et à ce qu'il nomme le « péché originel des philosophes », à savoir le manque de sens historique[1] ou l'« égypticisme », cette « haine de l'idée même de devenir »[2]. En réalité, l'être serait ce qui est identique à lui-même dans le changement du temps. En revanche, l'idée de devenir est l'affirmation du changement perpétuel et de l'impossibilité qu'une chose reste identique à elle-même : « le monde "étant" est une *fabulation* – il n'y a qu'un monde devenant », affirme Nietzsche. Par conséquent, la notion de l'« identique à soi » n'est que l'incapacité de l'homme à appréhender la mutabilité des choses : « *poser* une image, l'*achever,* sur le fondement de peu

---

[1] HH, §2.
[2] CI, La « raison » en philosophie, §1.

d'indices, poser quelque chose comme *demeurant*, parce qu'on ne *voit* pas le changement »[3]. Cette incapacité humaine à percevoir le devenir incessant est aussi l'incapacité à percevoir la différence entre deux corps semblables : « La tendance prédominante à considérer le semblable comme l'identique – tendance illogique, car il n'y a rien qui fût en soi identique – cette tendance a créé le fondement même de la logique »[4]. Le réel est une multiplicité de forces singulières et différentes, mais les corps qui se constituent par des forces peuvent avoir des similitudes. Le « semblable » est aussi (ainsi que l'« autre ») très difficile à expliquer sans le relier à l'atomisme. D'ailleurs, Nietzsche ne demande pas sa signification précise[5], mais il refuse de façon péremptoire la notion d'identique, en privilégiant la notion de semblable, comme si celle-ci était la manière d'éviter l'atomisme qui croit à l'existence d'une chose, d'une essence ou d'une substance. En ce sens, il est possible de considérer que le mot « récurrence » que nous utilisions pour désigner la répétition d'une « même » multiplicité pulsionnelle est aussi très problématique, car ce terme pourrait nous induire en erreur et nous faire croire à l'identification d'un corps avec lui-même. Quand un corps (une multiplicité affective) reste semblable à lui-même, l'on parle alors de « constance »[6]. Aucun mot n'est capable de dire le devenir incessant, mais en même temps nous ne pouvons le dire qu'à travers le langage. Tout comme « les mots sont des signes sonores désignant des concepts »[7], les concepts sont eux aussi incapables de définir le devenir. Cette incapacité vient de l'oubli des différences entre les corps :

> Tout concept surgit de la postulation de l'identité du non-identique. De même qu'il est évident qu'une feuille n'est jamais tout à fait identique à une autre, il est tout aussi évident que le concept feuille a été formé à partir de l'abandon de ces caractéristiques particulières arbitraires, et de l'oubli de ce qui différencie un objet d'un autre[8].

Ainsi, nous comprenons que l'altérité n'est pas niée par Nietzsche et qu'elle renforce la multiplicité fondamentale du réel : rien n'est identique à quelque chose d'autre, tout est singulier. Le mot « autre » alors semble ne pas signifier exactement ce qui s'oppose au « même » (qui n'existe effectivement pas, car rien n'est identique ni à un autre ni à soi-même), mais ce mot-là

---

[3] FP 25[116] du printemps 1884.
[4] GS, §111.
[5] Cependant, voir par exemple le FP 25[231] du printemps 1884 où Nietzsche montre les erreurs « commises sur le pareil au même ».
[6] Comme Nietzsche le fait, par exemple dans le HH, §19.
[7] BM, §268.
[8] *Vérité et mensonge au sens extra-moral*, §1, septième paragraphe.

semble signifier la singularité *per se*. De plus, la « singularité » ne signifie pas l'unité mais la différence. Nous atteignons encore une fois la limite du langage. À la rigueur, la différence présuppose la relation entre le « même » et l'« autre », ainsi que la notion de singularité. Les mots « différence » et « singularité » viennent du latin *differentia* et *singularis* qui expriment exactement la particularité, ce qui présuppose la notion d'unité. Le mot « multiplicité », qui vient aussi du latin (*multiplicitas*) présuppose aussi l'unité. Comme l'explique Nietzsche, « admettre une pluralité, c'est toujours postuler qu'il y a *quelque chose* qui se présente plusieurs fois : mais c'est là justement que l'erreur est déjà maîtresse, là que nous feignons déjà entités et unités qui n'existent pas »[9]. Le statut de l'autre est d'abord dépendant du concept de « même » et d'« être », mais il est le seul à pouvoir révolutionner la logique classique d'identification. Il est évident que Nietzsche ne parvient pas à établir un statut précis du concept d'« autre ». Mais une fois faites ces observations préliminaires, nous pouvons travailler assez bien en nous appuyant sur la distinction entre un corps nommé l'individu et un autre corps nommé l'autre.

Pour Nietzsche, la morale se définit par l'expression « tu dois »,[10] car « le caractère essentiel et inappréciable de toute morale est d'être une longue contrainte »[11]. Cette expression est un impératif tyrannique qui ne peut être comprise que par la relation d'altérité. Le « tu dois » signifie qu'une exigence est imposée par un individu à un autre individu, par un réseau d'affects à une autre cohésion de forces, enfin par un corps à un autre corps, le premier demandant au second la réalisation d'un devoir : « Des *commandements* comme "voilà comme **vous devez** juger !", sont à l'origine de tous les jugements moraux – un esprit plus haut, plus fort impose et proclame *son* sentiment comme étant *la loi* pour d'autres »[12]. Dans ce cas-là, nous disons qu'un autre externalisé exige quelque chose. Mais ce même « tu dois » peut guider la relation entre affects[13] ou entre organes[14] ou guider enfin tout le fonctionnement du corps[15]. Ainsi, l'autre est intériorisé et fait partie du réseau

---

[9] HH, §19.
[10] Voir, par exemple, AA, Avant-propos, §4.
[11] BM, §188.
[12] FP 25[452] du printemps 1884.
[13] C'est le sens de la phrase : « Tout instinct est tyrannique » ; BM, §6.
[14] « Nous pouvons considérer tout ce *qu'il faut faire* pour **conserver** l'*organisme* comme une "exigence *morale*" : il y a un "tu dois" pour chacun des organes qui leur est intimé par l'organe qui commande » ; FP 25[432] du printemps 1884.
[15] « La moralité *effective* de l'homme dans la vie de son corps est cent fois plus grande et plus fine que toute moralisation relevant du concept ne l'a jamais été. Le nombre de "tu dois" qui travaillent continuellement en nous ! » ; FP 25[437] du printemps 1884.

d'affects qui constitue le corps. Rappelons-nous aussi que le moi peut être maîtrisé par des forces qui ne se reconnaissent pas comme le moi. L'affect appartenant à un corps impose le « tu dois » au moi appartenant à ce même corps. Que ce soit par rapport à un autre externalisé ou par rapport à un autre intériorisé, dans les deux cas l'exigence s'appuie sur la relation d'altérité et, selon Nietzsche, les deux définissent la morale.

Comme un ordre donné par un autre, le « tu dois » est une loi, une prescription : « Qui est le plus moral ? *Tout d'abord* celui qui agit le plus fréquemment selon la loi ». La morale est alors toujours une « morale de l'obéissance » qui repose soit sur la punition au sein de la communauté (l'autre externalisé), soit sur l'autopunition de la mauvaise conscience[16] (l'autre intériorisé). Il est aisé de comprendre comment le « tu dois » se développe par l'altérité externalisée, comme le montrent tous les exemples historiques de tyrannie politique. La morale religieuse en est aussi une bonne illustration : dans le christianisme et le judaïsme, le « tu dois » est dans les dix commandements. Toutefois, après la critique kantienne à la métaphysique, ce genre de morale se retrouve en échec.

Kant lui-même se voit dans un contexte historique très précis où il devient difficile de soutenir métaphysiquement les valeurs ou n'importe quel autre modèle absolu d'action : la mort de Dieu, « le plus grand événement récent » en Europe[17]. Ici, Nietzsche utilise le mot « Dieu » comme une métaphore pour signifier cette « conjecture » qui permet à l'homme « la transformation de toutes choses en choses pensables, visibles et sensibles »[18]. En effet, la mort de Dieu signifie l'incrédulité de l'homme moderne face à la moralisation et à l'anthropomorphisme du réel. Cet événement européen se développe historiquement et c'est peut-être à cause de cela que Nietzsche utilise la première personne du pluriel dans le passage suivant : « Nous avons été aiguisés, nous sommes devenus froids et durs à force de reconnaître que rien ici-bas ne se passait de façon divine, pas même selon les critères humains, de façon raisonnable, miséricordieuse ou équitable »[19]. La croyance en Dieu est la croyance en un monde humain et surtout en un ordre moral du monde[20]. La mort de Dieu est l'incrédulité face aux valeurs morales absolues, cette incrédulité notamment moderne, mais qui n'est pas encore aboutie, même aujourd'hui[21].

---

[16] Voir, par exemple, AA, §9.
[17] GS, §343.
[18] ZA, II, Sur les îles bienheureuses.
[19] GS, §346.
[20] Voir AC, §26.
[21] Voir GS, §108, §109 et §125.

Dans ce moment historique qui est donc encore le nôtre, la philosophie est obligée de penser au statut du devoir moral non pas dans une relation d'altérité externalisée, mais dans une relation de l'individu avec lui-même, puisque l'autre absolu, à savoir l'image d'un « Dieu » qui prônait des valeurs absolues et éternelles, a disparu. Il s'agit maintenant de reconnaître les valeurs morales comme humaines et non plus comme divines : « En vérité, les hommes se sont donné tout leur bien et leur mal. En vérité, ils ne le prirent pas, ils ne le trouvèrent pas, ils ne le reçurent pas comme une voix tombée du ciel »[22], dit Zarathoustra. Le « tu dois » perd alors sa force et son fondement métaphysique. Par ailleurs, les valeurs étant humaines, cela signifie que le bien et le mal, le juste et l'injuste, le beau et le laid, enfin tous les critères d'évaluation du réel, qu'ils soient moraux ou esthétiques, ne sont pas éternels, car ils changent dans le temps et en fonction de chaque civilisation, ils sont créés et aussi oubliés, acceptés et refusés. Grâce à cette malléabilité ontologique, la dimension religieuse de la loi est remplacée par la dimension très stricte de la politique. Comme les hommes sont les créateurs des valeurs, ils ont à tort ou à raison la possibilité de changer la loi – ce qui serait forcément impossible avec une loi divine – et ils ne sont pas nécessairement obligés de la suivre, sauf par peur des punitions prévues.

Pourtant, Kant lui-même ne comprend pas complètement la mort de Dieu. Il est certainement l'exemple le plus significatif dans l'histoire de la philosophie de cet effort, nouveau après l'empire du christianisme, qui consiste à penser à la morale sans la métaphysique. De toute façon, le « tu dois » qui caractérise la morale est non seulement maintenu mais aussi renforcé par sa doctrine. Comment cela est-il possible ? Grâce à l'inversion théorique de l'autre extériorisé par l'autre intériorisé. Chez Kant, l'altérité de la loi morale appartient à l'individualité du sujet de la connaissance. Pour établir les fondements de ce qu'il appelle la métaphysique des mœurs, Kant construit tout un système conceptuel que nous allons analyser. D'abord, il définit le concept de « devoir » en l'associant au concept de « loi » : le devoir serait donc la « nécessité d'accomplir une action par respect pour la loi »[23]. Le devoir est cette nécessité de respecter la loi qui est, à son tour, le principe rationnel que tous les êtres raisonnables peuvent accepter et qui implique alors la possibilité d'universalisation. La maxime, tout au contraire, est le principe du vouloir et ainsi varie selon les vicissitudes singulières de chaque individu. Or, d'après Kant, le devoir moral oblige l'individu à vouloir que sa maxime

[22] ZA, I, Des mille et un buts. Voir aussi le FP 25[505] du printemps 1884 et le GS, §301.

[23] Kant, I. *Fondements de la métaphysique des mœurs*, Traduit par Victor Delbos, Paris, Le livre de poche, 1993, Première section, p.66.

« devienne une loi universelle »[24]. En d'autres termes, le principe subjectif, volontaire et individuel doit suivre le principe objectif, rationnel et universel. La raison est alors l'autre plus fort qui énonce l'exigence, qui donne l'ordre sous la forme d'un impératif[25] qui est à son tour la formule par laquelle l'action est déterminée[26].

La loi morale universelle (l'impératif catégorique) est uniquement rationnelle de telle sorte que tout élément empirique est « impropre à servir d'auxiliaire au principe de la moralité, mais est encore au plus haut degré préjudiciable à la pureté des mœurs »[27]. L'individu doit oublier les manifestations particulières de sa volonté et considérer ces maximes du point de vue de « tout être raisonnable conçu comme législateur »[28]. Sa volonté est ainsi soumise à la raison universelle. La loi qui s'exprime à travers le « tu dois » apparaît comme l'exigence catégorique de la raison en tant que cet autre qui est à la fois externalisé (puisque universel et objectif) et intériorisé (puisque faculté de l'esprit). Mieux encore, dans une situation moralement parfaite pour Kant, le « tu dois » est accepté par la volonté de telle manière que l'impératif devient aussi volontaire :

> La volonté n'est donc pas simplement soumise à la loi ; mais elle y est soumise de telle sorte qu'elle doit être regardée également comme *instituant elle-même la loi,* et comme n'y étant avant tout soumise (elle peut s'en considérer elle-même comme l'auteur) que pour cette raison[29].

Bien que la volonté soit soumise à la raison, elle reste législatrice et en conséquence elle engage le « tu dois ». La loi est intériorisée, car elle devient identique à la maxime, ce qui veut dire que la loi universelle et objective devient en même temps « subjective » ou, en d'autres termes, elle devient propriété du moi. Kant parle alors d'autonomie de la volonté comme « cette propriété qu'a la volonté d'être à elle-même sa loi »[30] et également de volonté libre comme étant celle « soumise à des lois morales »[31]. La volonté est autonome et libre quand elle suit la loi, mais la loi n'est jamais égoïste, car elle est toujours objective et universelle. Le processus de l'inversion de l'autre extériorisé par l'autre intériorisé est accompli. Mais en croyant en une raison

---

[24] Première section, p.69.
[25] Voir Deuxième section, p.83.
[26] Voir Deuxième section, p.85.
[27] Deuxième section, p.101.
[28] Deuxième section, p.118.
[29] Deuxième section, p.108.
[30] Deuxième section, p.121.
[31] Troisième section, p.128.

universelle, Kant continue à croire en un autre extérieur qui reste le « même » malgré la différence entre les individus et la mutabilité du devenir. Cela révèle que Kant reste aussi métaphysicien non seulement dans le sens que lui-même a donné à ce mot, mais aussi dans son sens étymologique dont Nietzsche fait usage, en tant que théorie sur tout ce qui serait par-delà la *physis* changeante, c'est-à-dire en tant qu'atomisme et qu'égypticisme. Et c'est pourquoi Nietzsche a écrit : « L'impératif catégorique, un ordre inconditionnel. *Là-dessus* Kant a fondé une métaphysique : car s'il existe une fin inconditionnelle, elle ne peut être que le bien parfait ou infini »[32].

Ce n'est pas par hasard si Kant, à la fin de son traité moral, se voit obligé de reprendre la division métaphysique entre monde sensible et monde intelligible pour essayer de défendre l'existence possible du système conceptuel qu'il a présenté antérieurement. L'autonomie et la liberté de la volonté ne sont assurées que par le monde intelligible. En fait, Kant est un peu embarrassé quand il s'agit d'expliquer comment la nécessité supposée de l'impératif catégorique peut être garantie. À cause de cela, il est contraint de reconnaître l'impossibilité de le faire : « Ici j'abandonne le principe d'explication philosophique, et je n'en ai pas d'autre »[33], écrit-il de manière très surprenante. La stratégie kantienne de réactiver la distinction classique entre le monde intelligible et le monde sensible lui permet de se débarrasser de la dure responsabilité d'établir rigoureusement ses concepts à travers l'explication philosophique et à travers la raison. C'est pourquoi il écrit que la raison bat « vainement des ailes, sans changer de place, dans cet espace de concepts transcendants, vide pour elle, qui s'appelle le monde intelligible »[34]. En d'autres termes, en utilisant l'image du monde intelligible où la raison ne peut avoir de succès, il refuse tout simplement la faculté qui sert de fondement à sa théorie de la liberté et de l'autonomie en vue de soutenir cette même théorie :

> Donc à la question : comment un impératif catégorique est-il possible ? on peut assurément répondre dans cette mesure, que l'on peut indiquer la seule supposition dont dépend sa possibilité, à savoir l'idée de la liberté, [...] mais comment cette supposition même est possible, c'est ce qui ne se laissera jamais apercevoir d'aucune raison humaine[35].

---

[32] FP 6[135] de l'automne 1880. Voir aussi la fin du AA, §142.
[33] Troisième section, p.148.
[34] Troisième section, p.149.
[35] Troisième section, p.147. La difficulté est ici si grande que Kant arrive à affirmer que l'idée d'un monde intelligible est une supposition d'utilisation possible pour une « une croyance rationnelle » (*vernünftigen Glaubens*) ; voir la Troisième section, p.149.

Nietzsche fait dûment attention à cette faiblesse argumentative kantienne. Le passage où il écrit que Kant a fait la critique de la métaphysique pour y retourner subrepticement est bien connu. À travers la métaphore du renard qui se fourvoie à nouveau dans la cage que lui-même a antérieurement brisée, Nietzsche exprime ce qu'il pense à ce sujet : Kant aurait été « épié et surpris par l'impératif catégorique » et celui-ci, ajoute Nietzsche « chatouille mon oreille, il me faut rire, en dépit de votre si grave présence ». Dans le même passage, il rappelle que le fait de vouloir que son jugement propre soit une loi universelle n'est qu'égoïsme, voire un égoïsme aveugle, car il ne se reconnaît pas comme ce qu'il est effectivement. Encore une fois, Nietzsche dénonce l'atomisme en parlant de l'erreur qui consiste à croire qu'une action peut être identique à une autre. Puis il conclut : « Oui, mes amis, à l'heure qu'il est, nous voici dégoûtés de tout bavardage moral des uns par rapport aux autres ! Prononcer des jugements au nom de la morale doit enfin répugner à notre bon goût ! »[36]. Si une action est toujours singulière, il est impossible d'avoir une loi universelle. Le discours sur l'impératif catégorique est une défense du « tu dois », ordre tyrannique par lequel un individu impose à un autre des valeurs singulières. Mais ce discours ne le reconnaît pas. Nietzsche critique la morale pour sa prétention à être universelle. Chez Kant, bien que législatrice, la volonté n'est pas créatrice, car elle ne fait que suivre la raison universelle. Pour Nietzsche, cela est le contraire de tout ce que « réclament les plus profondes lois de la conservation et de la croissance », puisque la vie veut « que chacun s'invente *sa* vertu, *son* impératif catégorique ». Dans ce sens-là, la croyance en un impératif catégorique universel est « dangereux pour la vie » et est la « recette de la décadence, voire de l'idiotie »[37].

La théorie morale kantienne inverse l'altérité en maintenant le « tu dois » intériorisé. L'essentiel du caractère de toute morale est donc préservé. Kant ne fait que renforcer la morale parce qu'il maintient le « tu dois » en l'élevant au degré de concept comme « impératif catégorique »[38]. Kant se laisserait guider par l'instinct grégaire, cette « exigence du troupeau de se soumettre entièrement à une autorité »[39]. D'après Nietzsche, l'instinct grégaire est lui aussi un composant de la morale : « Par la morale l'individu se voit amené à être fonction du troupeau et à ne s'attribuer de valeur qu'à titre de fonction »[40]. En fait, le « tu dois » implique l'altérité qui s'établit toujours entre deux pôles :

---

[36] GS, §335. Voir aussi le BM, §187 et la fin du §188 ; et la référence à Kant dans AC, §55.

[37] AC, §11.

[38] « "Tu dois" – obéissance inconditionnelle chez les Stoïciens, dans les Ordres du Christianisme et des Arabes, dans la philosophie de Kant (peu importe si elle est due à un Supérieur ou à un concept) » ; FP 25[351] du printemps 1884.

[39] FP 34[85] d'avril – juin 1885.

[40] GS, §116.

ce qui commande et ce qui obéit. Si toute morale se définit par le « tu dois », cela signifie que toute morale se définit par l'obéissance à un autre plus fort qui, souvent, n'est pas un autre individu, mais la collectivité. En obéissant, l'individu s'efface derrière la communauté, sa force s'épuise et cet effacement de l'individu est l'acte premier de la moralité : « L'*apprivoisement* de l'homme a été faussement compris jusqu'ici comme "morale" »[41]. En suivant l'instinct grégaire et en renforçant le « tu dois » par le concept d'impératif catégorique, Kant ne fait plus que respecter une tradition ancienne qui, à son tour, suit le même instinct. C'est dans cette optique que Nietzsche a dit de la naïveté de Platon et du christianisme : « ils ont cru savoir ce qui est bon. Ils avaient trouvé l'homme de *troupeau,* – mais *non* l'artiste créateur »[42]. Pour Nietzsche, ce qui s'oppose fondamentalement à la morale, c'est la création. Au contraire de l'homme qui obéit à un autre en raison de la loi (soit celle de Dieu, soit celle du « troupeau » ou de son représentant politique, soit à cause de l'impératif catégorique, etc.), l'homme immoral est celui qui évite la tyrannie de l'altérité (externalisée ou intériorisée) pour s'engager dans un mouvement créatif pur à travers l'affirmation du moi. C'est pourquoi Nietzche écrit : « Pour m'affirmer, j'ai détruit la morale : j'ai montré qu'il y a toujours eu *simultanément* le *créateur* et le *tyran* »[43]. D'une part, le tyran est celui qui consolide et veut consolider le « tu dois » avec celui qui, animé par l'instinct grégaire, lui obéit. D'autre part, le créateur échappe à l'altérité tyrannique et, bien qu'il puisse être suivi par le « troupeau », il ne veut ni obéir ni commander : « Tels que nous sommes – nous serions rebelles à un "tu dois". Notre morale doit dire "je veux" »[44]. La relation duale de tyrannie est remplacée par la créativité toujours singulière : si le « je dois » implique nécessairement le « tu dois », par contre le « je veux » élimine toujours le « tu ».

Cette « nouvelle morale » qui dit « je veux » est précisément ce que nous appelons éthique. En revanche, nous réserverons le terme de « morale » pour exprimer uniquement le « tu dois ». Cette dernière expression est la marque par excellence de l'impératif, de la tyrannie oppressante de la loi d'autrui. L'éthique que nous proposons à partir de Nietzsche s'oppose à cette formule

[41] FP 25[236] du printemps 1884.

[42] FP 26[354] de l'été – automne 1884.

[43] FP 4[136] de novembre 1882 – février 1883.

[44] FP 7[1] du printemps 1883. Le traducteur a écrit « tu veux », mais en allemand nous lisons *ich will.* L'erreur ici est très curieuse ; l'engagement du « je veux » est précisément un engagement du « moi ». Parfois Nietzsche joue avec d'autres possibilités d'exprimer l'impératif non plus tyrannique, mais créatif et singulier, sans jamais utiliser le pronom « tu ». Voir, par exemple : « Mais d'*où* prenons-nous notre impératif ? Ce n'est pas un "tu dois", mais le "il faut que je" de l'hyperpuissant, créateur » ; FP 25[307] du printemps 1884.

dans la mesure où elle affirme péremptoirement « je veux ». Désormais, nous pouvons comprendre avec un peu plus de précision ce que cette petite phrase si énigmatique et si riche peut signifier. Dans le chapitre précédent, nous avons observé que le moi est un processus et non pas une unité psychique ; en outre, nous avons constaté que le moi n'est qu'un affect dans l'ensemble pulsionnel que nous désignons par le terme de « corps ». Nous savons maintenant que le corps se libère de l'autre par l'affirmation de sa propre volonté. Dorénavant, il nous faut nous demander si ce qu'on appelle le moi, le corps ou l'individu peut vraiment être libre.

7.

Volonté, sagesse et destin

La question de savoir si la volonté est libre ou non est quelque peu compliquée chez Nietzsche, car il travaille en donnant des sens différents au mot « liberté » : parfois, la liberté semble être niée, parfois elle semble être affirmée. En général, comme nous le verrons, la pensée nietzschéenne peut être considérée comme étant « fataliste ». Pourtant, il n'hésite pas à dire que le « je veux » serait libérateur et il n'hésite pas non plus à parler des « esprits libres ». Nous devons étudier ce paradoxe, car il est au centre de notre travail. En fait, pour qu'une éthique devienne utile, il faut que l'individu puisse se servir d'elle afin de guider ses propres affects. Serait-elle stérile, improductive et inutile dans le cas où la liberté serait complètement niée ?

Nous savons que, selon Nietzsche, il n'existe pas une volonté en tant que faculté de l'esprit. En effet, le corps est une pluralité d'affects, c'est-à-dire une pluralité de volontés, si bien que « "Volonté" est un concept destiné à unifier toutes nos passions »[1]. Mais quand l'individu affirme « je veux », c'est l'un de ses affects qui prend le dessus en se reconnaissant comme le moi. Cette affirmation est le mouvement par lequel le corps se domine lui-même et la prise de conscience de ce mouvement est ce que nous appelons « la volonté » :

> La domination de soi est l'équilibre d'un *grand nombre* de souvenirs et de motifs accumulés – une sorte de paix entre des forces ennemies.
>
> *Voluntas* est un supplément de poids qui intervient en dernier lieu d'une façon mécanique et absolue, une victoire dont on prend conscience[2].

Comme une victoire, donc un processus, la *voluntas* n'a qu'une unité illusoire : « Le vouloir me semble avant tout quelque chose de *compliqué,* quelque chose qui n'a d'unité que verbale », dit Nietzsche avant d'ajouter :

---

[1] FP 9[39] de mai – juin 1883. Cette critique de la volonté est très fréquente. Voir, par exemple, le FP 1[62] de l'automne 1885 – printemps 1886.

[2] FP 25[360] du printemps 1884.

« dans tout vouloir, il y a d'abord une pluralité de sentiments ». Cette unité illusoire est donnée par un affect qui prend place comme le maître des autres affects et qui se reconnaît comme leur maître. C'est cette reconnaissance qui donne le sentiment de liberté :

> La volonté n'est pas seulement un complexe de sentir et de penser, mais encore et surtout un *affect* ; et plus précisément cet affect qu'est celui du commandement. Ce que l'on appelle « liberté de la volonté » est essentiellement l'affect de supériorité à l'égard de celui qui doit obéir[3].

En tant qu'ensemble d'affects, le corps englobe toute cette multiplicité affective qui comprend des affects dominants et des affects dominés. Quand nous disons « je » nous nommons cette organisation complexe : « nous sommes simultanément ceux qui ordonnent et ceux qui obéissent ». La liberté n'est que le sentiment que nous éprouvons quand l'affect qui domine les autres devient le moi et s'identifie au corps ou à celui qui agit : « "Liberté de la volonté" – voilà le mot dont on désigne cet état de plaisir multiple de celui qui veut, qui ordonne et simultanément se pose comme identique à celui qui exécute »[4]. L'identification d'un affect victorieux avec le corps est l'assomption du moi. L'affect victorieux pousse le corps vers l'action, le corps agit et, grâce à ce succès, nous confondons l'affect qui veut et qui ordonne avec la globalité du corps qui exécute ce qui a été exigé de lui. Quand Nietzsche parle de volonté sans critiquer le sens classique donné au mot, il exprime exactement cette résultante d'une « multitude d'excitations » et non une faculté[5].

De toute façon, chez Nietzsche, le mot « liberté » peut aussi signifier la condition de pouvoir « créer sans être tyrannisé par des idéaux étrangers »[6]. C'est grâce à la domination de soi que l'individu conquiert sa liberté et c'est ainsi que nous pouvons comprendre ce que Zarathoustra dit à propos de la vertu, quand il adresse à ses disciples le conseil suivant : « Que votre vertu soit votre vous-même et non pas étrangère ». L'affect qui s'affirme comme le moi et qui grâce à cela échappe à la relation d'altérité tyrannique est le soi-même. Le corps alors agit selon ce que veut le moi : « Ah ! Mes amis que votre moi tout entier soit dans l'action comme la mère est dans l'enfant : cela doit être, à mon sens, *votre* mot de la vertu », poursuit Zarathoustra en s'opposant donc totalement à la logique de l'altérité selon laquelle le moi reste

---

[3] BM, §19.
[4] BM, §19.
[5] AC, §14.
[6] FP 16[10] de l'automne 1883.

toujours fixé à un autre[7]. Si la liberté est la possibilité de créer sans être tyrannisé par autrui, le « je veux » est la formule qui donne à l'action la marque de la singularité du moi et est aussi par conséquent la formule de la création. Quand Nietzsche se situe contre la morale, il met en scène l'importance de la créativité. Au contraire de Kant qui, au moment historique où la mort de Dieu se réalise, remplace le « tu dois » divin par l'impératif catégorique sans sortir de la logique morale d'altérité, Nietzsche assume la tâche de vaincre l'ombre de ce « Dieu mort »[8] ou, en d'autres termes, de vaincre la morale. Ce dépassement de l'altérité par l'affirmation totale du moi créateur serait le symptôme de ce genre de vie qu'il appelle la *vis creativa.* À cette époque qui est la nôtre, cette vie n'est possible que comme résultat de la reconnaissance de la mort de Dieu, cette dernière signifiant que « tout ce qui a quelque *valeur* dans le monde actuel, ne l'a pas en soi, ne l'a pas de sa nature ». À partir de ce savoir, l'homme constate que la nature « a reçu un jour de la valeur, tel un don, et *nous autres* nous en étions les donateurs ! »[9]. Le fait de découvrir qu'il est le seul créateur des valeurs donne à l'homme actuel le pouvoir de créer de nouvelles valeurs à partir de l'affirmation égoïste « je veux ». C'est pourquoi Nietzsche affirme que la connaissance de soi peut permettre à l'homme de devenir ce qu'il est – un créateur ; et c'est dans ce sens-là qu'il dit à la première personne du pluriel : « *nous voulons devenir ceux que nous sommes* – les nouveaux, les uniques, les incomparables, ceux qui sont leurs propres législateurs, ceux qui sont leurs propres créateurs »[10].

Le « je veux » est l'affirmation pure du moi par la création qui à son tour est un mouvement incessant pour produire « quelque chose qui n'existe pas encore »[11] ou « un premier mouvement », selon Zarathoustra, « une roue roulant par elle-même ». Le « je veux » est la conquête de la condition de législateur de soi-même, au contraire du « tu dois » exigé par un autre. D'où la question très dure de Zarathoustra : « Peux-tu te donner à toi-même ton bien et ton mal et suspendre ta volonté au-dessus de toi comme une loi ? »[12]. Pour donner ses propres valeurs à soi-même, l'individu doit être capable d'avoir une volonté véritablement législatrice, hors de toute relation d'altérité, supérieure au moi et qui, grâce à cela, peut guider celui-ci. Nietzsche choisit le terme « au-dessus » pour marquer la relation entre la volonté et le moi en donnant une image cartographique verticale de ces processus dynamiques. Par

---

[7] ZA, II, Des vertueux.
[8] Voir le GS, §108.
[9] Voir le GS, §301.
[10] GS, §335.
[11] GS, §301.
[12] ZA, I, De la voie du créateur.

le biais d'une autre image qui marque aussi une hiérarchie de forces, mais cette fois-ci horizontalement, l'avenir apparaît comme ce qui est le plus important, comme un but, comme une cible : « C'est l'avenir que nous devons prendre comme *mesure* de tous nos jugements de valeur – et non pas chercher **derrière** nous les lois de notre action » [13]. Par la volonté qui guide le moi, la création abandonne la loi d'autrui et s'élance vers la nouveauté. Tout au contraire de Kant, la *vis creativa* est cette nouvelle aurore qui naît de l'annonce que le « vieux dieu est mort » :

> Voici l'horizon à nouveau dégagé, encore qu'il ne soit point clair, voici nos vaisseaux libres de reprendre leur course, de reprendre leur course à tout risque, voici permise à nouveau toute audace de la connaissance, et la mer, *notre* mer, la voici à nouveau ouverte, peut-être n'y eut-il jamais “mer” semblablement “ouverte”[14].

Cette conquête de la liberté par l'affirmation de la volonté est ce qui reste après la victoire contre la morale qui n'est possible qu'à ce moment historique précis ; tel est le sens des italiques dans le passage suivant : « La morale *est* anéantie : présenter le fait ! Ce qui demeure : “je veux” ». Tandis que Dieu meurt, la morale est anéantie. Une « nouvelle hiérarchie » devient alors possible contre le troupeau ou « contre l'égalité ». Cette nouvelle hiérarchie met celui qui crée « au lieu du juge et de celui qui punit » et elle a comme principe premier la tâche d'« élever le corps »[15]. La morale jusqu'ici, au contraire, était et est encore soutenue par l'instinct grégaire, car, « pour la plupart, “tu dois” sonne plus agréablement que “je veux” »[16]. Or, Zarathoustra dit aussi que le créateur doit ramener « la vertu envolée à la terre – au corps et à la vie »[17]. Donc, pour remplacer la morale, Nietzsche fait référence à la valorisation du corps, de la *physis* et de l'individu, tout comme le projet d'une éthique que nous avons déjà étudié.

La liberté du moi grâce à l'indépendance de la volonté créatrice est un des points les plus importants de l'enseignement de Zarathoustra. En fait, nous n'avons jusqu'ici parlé que du très connu passage des trois métamorphoses de l'esprit. La morale et sa formule « tu dois » y sont représentées par l'image du dragon. Le type d'esprit qui ne fait que supporter passivement l'impératif d'un autre est ici symbolisé par le chameau. La victoire sur la morale par l'assomption du « je veux » est conquise par le lion qui avec sa puissance peut

[13] FP 26[256] de l'été – automne 1884.
[14] GS, §343. Voir aussi le FP 25[13] du printemps 1884.
[15] FP 26[353] de l'été – automne 1884.
[16] FP 3[1] de l'été – automne 1882, §398.
[17] ZA, I, De la vertu qui prodigue, §2.

« conquérir la liberté pour des créations nouvelles ». Enfin, l'enfant est l'image de la création, c'est-à-dire « innocence et oubli, un recommencement, un jeu, une roue roulant d'elle-même, un premier mouvement, un "oui" sacré », car, dit Zarathoustra, pour le jeu de la création c'est sa propre volonté « que l'esprit veut à présent »[18].

Toutefois, Nietzsche propose parfois « l'élimination du concept de "volonté" »[19]. En fait, croire qu'un individu puisse vouloir une chose librement signifie à la fois croire au moi comme un sujet-atome et croire que ce sujet peut, comme un atome isolé, décider de comment il agira sans être contraint par un autre individu. Néanmoins, le moi n'est pas indépendant des pulsions qui constituent le corps et l'individu n'est pas indépendant des autres corps. Étant une partie du devenir, l'individu ne peut pas choisir sans l'influence de l'histoire pulsionnelle qui le précède ni sans celle des événements présents. Donc, « il n'y a pas de refuge contre la pensée de la nécessité » dans la mesure où tout arbitre individuel est lié à la nécessité du devenir : « il n'y a là aucun arbitraire, tout est absolument nécessaire : et le sort de l'humanité est depuis fort longtemps décidé parce qu'*il est là* depuis toujours »[20]. En même temps, Nietzsche affirme qu'il n'y a pas non plus de déterminisme ni de « nécessité mécanique », car cette théorie s'appuie aussi sur la croyance dans la causalité, dans le sujet et l'atomisme. Tout comme la croyance dans la volonté libre, le déterminisme croit aux « atomes agissants », c'est-à-dire qu'une chose agit ou qu'un sujet agit. Le contraire de la liberté serait la contrainte, mais les deux présupposent une chose agissant sur une autre,[21] ce qui est faux. Bref, quand Nietzsche déclare que tout est absolument nécessaire, il refuse la possibilité d'une volonté libre conçue comme un *fiat* isolé du réel, c'est-à-dire comme *causa sui*, mais en même temps il rejette l'idée qu'un Dieu ou qu'une finalité métaphysique (une « ombre » de Dieu) force un sujet à agir de telle ou telle manière.

D'après Nietzsche, la volonté libre n'est qu'un « concept monstrueux »[22] qui aurait été inventé pour que les hommes puissent être jugés et châtiés[23]. La croyance en une volonté libre s'accompagnait toujours de la croyance dans la responsabilité. Mais, comme le souligne Nietzsche, « *nul* n'est responsable d'exister de manière générale, d'être comme ceci ou comme cela, de se trouver

[18] ZA, I, Des trois métamorphoses.
[19] FP 25[214] du printemps 1884.
[20] FP 26[82] de l'été – automne 1884.
[21] FP 9[91] de l'automne 1887.
[22] BM, §21.
[23] Il existe de nombreux textes autour de ce sujet dans l'œuvre nietzschéenne. Voir, par exemple, dans les derniers textes, le CI, Les quatre grands erreurs, §7 ou, dans les premiers, le VO, §23.

dans ces conditions, dans cet environnement ». Nous n'avons pas le choix d'être autrement. Ce que nous sommes est le résultat d'un devenir, car nous sommes une partie du réel : « On ne peut démêler la fatalité de son essence de la fatalité de tout ce qui fut et sera », affirme-t-il. Le réel à son tour ne peut pas se réaliser différemment. Il est un seul et son devenir se déroule d'une manière unique et nécessaire, comme un *fatum*, c'est-à-dire comme un destin inévitable. C'est pourquoi Nietzsche a écrit : « On est nécessaire, on est un pan de fatalité, on appartient au tout, on *est* dans le tout, – il n'y a rien qui puisse juger, mesurer, comparer, condamner notre être car cela signifierait juger, mesurer, comparer, condamner le tout... *Mais il n'y a rien en dehors du tout !* ». En tant que réalité sans un Dieu métaphysique et sans valeurs absolues, le tout est un fatum immoral où il n'y a aucune responsabilité morale. Quand on comprend cela, on vit la « grande libération » grâce à laquelle est restaurée « l'*innocence* du devenir »[24]. Le devenir est innocent, car il est une chaîne indivisible d'événements qui ne peuvent être jugés séparément de la chaîne. La responsabilité de l'individu disparaît face à l'innocence cosmologique dont il fait partie : « L'individu est un pan de *fatum*, intégralement, une loi de plus, une nécessité de plus pour tout ce qui arrive et sera. Lui dire “change” signifie exiger que tout change, même en arrière »[25]. C'est en ce sens que Nietzsche valorise quelquefois ce qu'il appelle le « fatalisme russe », cette résignation ou acceptation sans révolte du destin, cette « sorte de volonté d'hibernation »[26]. N'étant qu'une simple partie du tout, l'individu qui le reconnaît perçoit l'incohérence qu'il y a à souffrir pour être ce qu'on est. Mais, plus que supporter le destin avec résignation, Nietzsche dit que l'individu peut même se réjouir de sa condition en éprouvant le « bonheur de *l'irresponsabilité* »[27]. Or, pour Nietzsche, la liberté ne consiste pas à s'émanciper du destin – ce qui serait impossible –, mais à s'émanciper de Dieu et de son ombre, c'est-à-dire de la croyance dans la morale, dans les valeurs absolues, dans les finalités du devenir, enfin dans la métaphysique et l'idée de responsabilité morale :

> La nécessité absolue de *s'affranchir entièrement des finalités* ; autrement, nous n'aurions pas non plus le loisir de chercher, de nous sacrifier et de laisser aller les choses ! C'est seulement l'innocence du devenir qui nous donne le *plus grand courage* et la *plus grande liberté*[28].

---

[24] CI, Les quatre grandes erreurs, §8.
[25] CI, La morale comme contre-nature, §6.
[26] EH, Pourquoi je suis si sage, §6. Voir aussi GM, Second traité, §15.
[27] FP 26[181] de l'été – automne 1884.
[28] FP 8[19] de l'été 1883.

La plus grande liberté et le plus grand courage autorisent l'acte de « laisser aller » – qui semble être la même chose que le fatalisme russe – et naissent de l'émancipation de l'idée morale de responsabilité. Ce courage est celui de l'individu qui, comme le lion de Zarathoustra, dit « je veux » et cette liberté est sa conquête qui lui donne la possibilité de créer innocemment, comme l'enfant de Zarathoustra. C'est sous cet angle que nous devons comprendre l'« innocence » de l'enfant qui joue le jeu de la création et porte le « oui » sacré. Dire « oui » signifie affirmer la vie avec toutes ses vicissitudes : « le dire-oui à la vie y compris dans ses problèmes les plus étranges et les plus rudes », écrit Nietzsche, c'est « le vouloir-vivre *sacrifiant* gaiement ses types les plus élevés à son caractère inépuisable ». Cette affirmation surprenante de la totalité de la vie, ce joyeux vouloir-vivre qui surmonte les souffrances et les douleurs de l'existence, Nietzsche l'appelle « sagesse tragique », ce qui serait la transposition du dionysiaque en *pathos*[29].

Pour saisir le sens de l'expression « sagesse tragique », interrogeons-nous sur le sens des mots qui la composent, car Nietzsche ne dit pas grand chose à propos d'elle. L'idée fondamentale d'une affirmation joyeuse de la vie malgré ses douleurs est toujours reprise comme définition du tragique, comme par exemple dans le passage suivant : « Je promets une époque *tragique* : l'art suprême du dire-oui à la vie, la tragédie, renaîtra quand l'humanité aura derrière elle la conscience des guerres les plus dures mais les plus nécessaires, *sans en souffrir*… »[30]. Cette idée fondamentale n'est pas du tout différente du fatalisme russe lié au bonheur de l'irresponsabilité. Et, ainsi, le tragique consiste à « *être soi-même* le plaisir éternel du devenir, ce plaisir qui englobe encore le *plaisir pris à détruire* »[31].

Serait-il possible de dévoiler un peu plus le sens du tragique à partir de l'étude des grandes tragédies mentionnées par Nietzsche ? L'élément que nous retrouvons tant chez Eschyle que chez Sophocle – qui représentent l'excellence de la tragédie en opposition à Euripide – est le problème du destin qui, cependant, n'est pas du tout analysé par Nietzsche[32]. Le paradoxe de la liberté humaine confrontée au destin inévitable est toujours présent dans les tragédies grecques. Lisons d'abord Eschyle. Il semble que la longue délibération du roi d'Argos sur ce qu'il doit faire avec les suppliantes serait un exemple d'une défense eschyléenne de la liberté humaine. Abandonnées et remises comme esclaves aux étrangers, un groupe de femmes grecques le supplient de les aider tout en éprouvant de la crainte, car elles ne savent pas

[29] EH, La naissance de la tragédie, §3 où Nietzsche cite le CI, Ce que je dois aux anciens, §5.
[30] EH, La naissance de la tragédie, §4.
[31] CI, Ce que je dois aux anciens, §5.
[32] Voir, cependant, le NT, §24.

quelle destinée les attend. Sans savoir non plus quel sera son destin, le roi d'Argos se voit obligé de prendre la décision d'aider ou non les suppliantes. À cause de cette incertitude, il ressent, lui aussi, de la crainte : « Je ne sais à quoi me résoudre et j'ai peur également d'agir et de ne pas agir, de tenter la fortune »[33]. Comme la plupart des Grecs de cette époque, il croit à l'inévitabilité du destin, mais lui-même est contraint de prendre une décision sans en connaître les conséquences. Cette ignorance lui donne une impression de liberté et nous pourrions même conclure que son ignorance est sa liberté. Comme celui qui doit décider de quelque chose sans connaître les répercussions de son choix, le roi ressent cette peur qui naît de l'engagement de sa responsabilité.

Ce thème est repris dans la tragédie eschyléenne la plus connue car il est présent dans le nom de son personnage central : le Titan Prométhée ou le prévoyant. À l'inverse des mortels comme les suppliantes et le roi d'Argos, Prométhée est un dieu qui connaît le futur : « L'avenir, je le connais exactement d'avance et tout entier : il ne m'arrivera aucun malheur que je n'aie prévu », dit-il. Ce savoir, cependant, n'est pas suffisant pour modifier l'avenir, mais seulement pour supporter la destinée : « Il faut supporter aussi bien que possible le lot que la destinée nous assigne et savoir qu'on ne peut lutter contre la force de la nécessité »[34]. Or, Prométhée démontre qu'il sait comment se libérer de ses chaînes, précisément parce qu'il connaît son destin. On ne sait pas si Prométhée a effectivement échappé à celui-ci, car la séquence de la trilogie eschyléenne a été perdue. Toutefois, qu'il ait réussi ou non, il n'a fait que suivre l'ordre de son sort. De plus, si sa prévoyance l'a aidé à réussir, celle-ci ne serait qu'une étape de sa marche vers son fatum. La seule différence par rapport à l'ignorance du roi d'Argos est qu'il ne ressent pas d'angoisse, mais supporte calmement les souffrances que la vie lui inflige. Prométhée sait qu'il n'est pas libre et donc qu'il ne peut suivre qu'un seul chemin.

L'exemple le plus connu de l'inévitabilité du destin chez Sophocle est sans doute l'histoire d'Œdipe, ce « jouet du sort »[35]. La prise de conscience de Jocaste, sa mère et épouse, lorsqu'elle déclare que « l'homme est l'esclave du hasard ; il ne peut rien prévoir à coup sûr »[36] est postérieure au moment où, ignorante, elle pensait être libre de modifier son destin en tuant son fils Œdipe quand il était un petit enfant. Mais il vit et la prophétie se réalise : il tue son

---

[33] Eschyle, *Les suppliantes*, Théâtre complet, Traduit par Émile Chambry, Flammarion, Paris, 1964, p.25.
[34] Eschyle, *Prométhée Enchainé*, Op. Cit., p.105.
[35] Sophocle, *Œdipe à Colone,* Théâtre Complete. Trad. Fr. Robert Pignarre, Paris, Flammarion, 1964, p.266.
[36] Sophocle, *Œdipe Roi,* Op. Cit., p.129.

père Laïos et épouse sa mère. L'ignorance de Jocaste n'est pas du tout différente de celle d'Œdipe, car lui aussi connaissait son destin et, c'est pourquoi, se croyant libre, il a essayé d'y échapper en quittant la ville de ses parents adoptifs. Toutefois, une fois accomplie la prophétie, le vieillard Œdipe reconnaît que le destin est inexorable et en accepte la conséquence la plus importante, à savoir l'innocence de l'irresponsabilité : « Si un oracle a prédit à mon père qu'il mourrait de la main de ses enfants, par quel biais, dis-moi, pourrais-tu me le reprocher, puisque mon père, dans ce temps-là, ne m'avait pas engendré, puisque ma mère ne m'avait pas enfanté, puisque je n'avais pas encore été conçu ? », demande-t-il[37]. Courageux et calme comme Prométhée, conscient qu'il n'est pas coupable de ses actes, le sage vieillard Œdipe accepte son destin et réalise le rite de sa mort.

Si Nietzsche a écrit que « plus haut que "tu dois" se tient "je veux" (les Héros) ; plus haut que "je veux" se tient "je suis" (les Dieux des Grecs) »[38], nous devons conclure que dans les tragédies ni les simples mortels, ni les héros, ni les dieux ne sont capables de surmonter la nécessité. Tous les mortels se croient libres, car ils ignorent l'inévitabilité du fatum et contre cette ignorance, même les prophéties ne peuvent rien. Créon, Jocaste et le jeune Œdipe luttent anxieusement contre le destin qu'ils connaissent déjà, mais ils succombent. Même un Titan comme Prométhée – qui, par-delà sa force divine, a aussi le savoir absolu d'un prévoyant – ne peut rien faire pour modifier la séquence nécessaire du devenir. Mais tout comme le vieillard Œdipe à Colone, Prométhée malgré sa punition, reste calme et tranquille. Tel est peut-être le sens du « je suis » que Nietzsche associe aux dieux grecs. En connaissant à la fois sa force divine et sa prévoyance, Prométhée peut devenir ce qu'il est, accepter intégralement son chemin et affirmer enfin avec joie et orgueil : « je suis ». Cependant, les mortels ne semblent presque jamais aimer leur destin, au mieux ils s'y résignent. Au contraire, pour Nietzsche, le dionysiaque ou sagesse tragique s'appuie sur ce « oui » sacré de l'enfant de Zarathoustra qui aime la vie. Ce « oui » que l'individu prononce pour affirmer la nécessité est le fruit de l'identification de l'individu avec le tout, comme le « je suis » des dieux grecs tels que Prométhée ou Œdipe à la fin de sa vie : c'est le « oui » qui affirme l'innocence du devenir et donc de l'individu.

C'est pourquoi, selon Nietzsche, le fatum est « une idée exaltante pour celui qui comprend qu'il *en fait partie* »[39]. Pour lui, la réalité est un « *continuum* dont nous isolons quelques fractions »[40]. La croyance dans la

[37] Sophocle, *Œdipe à Colone,* Op. Cit., p.288.
[38] FP 25[351] du printemps 1884.
[39] FP 26[442] de l'été – automne 1884.
[40] GS, §112.

liberté se fonde sur la séparation illusoire du *continuum* en fractions, comme individus ou atomes. L'idée de liberté dépend de l'atomisme et de la causalité, car elle est la présupposition qu'une chose peut se séparer de la continuité du devenir. En tant que simple partie du *continuum*, l'individu peut avoir le plaisir de s'identifier avec le tout en éliminant toute altérité. Plus que le « je veux » du lion de Zarathoustra et des héros, ce « je suis » est la marque de l'innocence créatrice de l'enfant. Mais il ne peut point être confondu avec un effacement mythique du moi devant la nature. Comme le « je veux » qui élimine l'altérité du « tu », le « je suis » titanesque est une formule de l'affirmation du moi. Néanmoins, le « je suis » englobe ce paradoxe de devenir ce qu'on est, c'est-à-dire d'affirmer sa condition d'individu, malgré la totalité du *continuum*. Par-delà le fatalisme russe, le « je suis » serait comme ce que Nietzsche appelle le « fatalisme turc » qui comprend que la résignation à la fatalité est, elle aussi, une partie du destin[41]. En affirmant « je suis », le moi se réjouit, mais cette jouissance n'est possible que si la volonté accepte le destin et lorsque celle-ci veut le nécessaire, elle n'accepte pas seulement l'avenir, mais tout le devenir, y compris le passé : « Tout "c'était" est un fragment, une énigme, un horrible hasard, – jusqu'à ce que la volonté créatrice dise à ce propos : "Mais je l'ai voulu ainsi !" – Jusqu'à ce que la volonté créatrice dise à ce propos : "Mais je le veux ainsi ! Je le voudrai ainsi !" »[42]. En acceptant tout le continuum, la volonté s'affirme soi-même. La multiplicité affective qui se cache derrière le moi se renforce, malgré son incapacité à modifier le *fatum*. L'individu sait qu'il est le résultat d'une histoire qui le précède et qui le construit encore dans le présent. Tout comme le « je veux », cette formule qui élimine l'altérité et donne la liberté au vouloir, le « je suis » est aussi l'engagement amoureux du moi, mais cette fois-ci grâce à la connaissance joyeuse de l'inévitabilité de la destinée.

Comment serait alors possible ce projet éducatif qui est une éthique des affects ? Un fragment écrit par le jeune Nietzsche pose presque exactement la même question et y apporte cette réponse : « À cela on peut objecter qu'il y a une éducation au même sens qu'une liberté de la volonté – à savoir comme fantasme nécessaire »[43]. Comme les tragédies grecques nous le montrent, la liberté est une illusion qui naît de l'ignorance : l'homme croit être libre puisqu'il ignore qu'il fait partie du *fatum*. Toutefois, il faut souligner, avec Nietzsche, que le fantasme de la liberté est *nécessaire*. Pourquoi ? Parce que l'avenir ne s'est pas encore réalisé. Le destin étant inévitable, nous ne pouvons pas en conclure qu'il est déjà établi. Le futur est ouvert et il ne sera qu'un et

---

[41] Voir VO, §61.

[42] ZA, II, De la rédemption.

[43] FP 6[3] de la fin 1870.

nécessairement un. Mais nous ne le connaissons pas et personne ne peut le connaître par avance. Il faut donc que nous poursuivions notre chemin vers l'avenir, il nous faut devenir ce que nous sommes. Désormais, nous pouvons comprendre mieux le sens du vers de Pindare : « Deviens qui tu es » signifie réaliser ce qui est nécessaire, mais qui n'est pas encore concrétisé ou qui n'est pas « déterminé ». C'est pourquoi Nietzsche évite le terme de « déterminisme ». Du latin *terminus*, ce mot signifie que nous pourrions connaître les limites du devenir, car elles seraient déjà posées. Selon le sens du mot « déterminisme », la nécessité est donnée préalablement, autrement dit, le futur serait déjà tracé, réalisé, concrétisé. En revanche, le terme de « nécessaire », du latin *necessarius*, ne signifie que l'inévitabilité. C'est dans cette optique que nous devons lire le passage suivant :

> Le sujet qui agit est quant à lui, sans doute, pris dans l'illusion de son libre arbitre : mais si la roue du monde venait à s'arrêter un instant et qu'il y eût une intelligence omnisciente, calculatrice, pour mettre à profit de telles pauses, elle pourrait à partir de là prédire l'avenir de chacun des êtres jusqu'aux temps les plus éloignés et marquer toutes les traces dans lesquelles cette roue passera encore[44].

Une intelligence omnisciente n'existe pas. Si elle existait, elle reconnaîtrait la nécessité ou l'inévitabilité du destin. Mais, étant donné que Dieu est « mort », il n'y a aucune omniscience capable de prévoir le futur. En fait, l'existence d'un Dieu omniscient entraînerait l'existence de tout le devenir avant sa réalisation effective. Il faudrait alors que Dieu eût existé par-delà le devenir. Pour une pensée qui nie cette transcendance métaphysique, comme celle de Nietzsche, il faut comprendre l'impossibilité d'une telle omniscience. Nous ignorons et ignorerons toujours l'avenir et cette ignorance peut être notre plus grand plaisir. Nous pouvons ressentir aussi l'angoisse du roi d'Argos, la crainte des suppliantes, le désespoir de Jocaste, ainsi que l'assurance et la patience de Prométhée et du vieillard Œdipe, par exemple. Le « je suis », lui aussi, n'est qu'une réaction affective.

Aucun moi ne peut affirmer amoureusement « je suis » sans que l'individu ait auparavant dit « je veux ». Il faut d'abord vouloir aimer tout le réel pour qu'il devienne possible d'aimer son propre destin. Toutefois, personne ne peut choisir « librement » (au sens traditionnel) d'aimer la vie et sa destinée. Tout l'ensemble pulsionnel qui est le corps, lequel a une histoire de développement, doit être *a priori* capable d'aimer. C'est pourquoi Nietzsche dit que la sagesse tragique est le dionysiaque devenu *pathos*. Tout type de sagesse est un affect qu'on peut avoir ou non, en fonction de la configuration affective de chaque

[44] HH, §106.

corps. Cela ne veut pas dire qu'une éthique ne puisse pas être enseignée, mais tout simplement que certaines personnes peuvent apprendre la sagesse tragique et d'autres non. « En fin de compte, personne ne peut entendre dans les choses, y compris les livres, plus qu'il ne sait déjà », écrit Nietzsche et il ajoute : « Ce à quoi on n'a pas accès par l'expérience vécue, on n'a pas d'oreilles pour l'entendre »[45]. Pour partager le *pathos* avec quelqu'un, il faut avoir vécu les mêmes expériences que lui. Il est possible de guider les affects, mais certains sont capables de le faire, d'autres non, même si ceux-ci étudient une éthique qui propose la maîtrise des affects. Une éthique tragique ou dionysiaque, par exemple, est tout à fait possible, mais le fait que quelqu'un la suive ou non dépend de la capacité de chaque corps de vivre le *pathos* dionysiaque, c'est-à-dire d'avoir cette sagesse tragique.

[45] Revoir EH, Pourquoi j'écris de si bons livres, §1.

8.

La généalogie

Une éthique possible à partir de Nietzsche est tout à fait différente d'une morale. Celle-ci peut être définie par la formule « tu dois » qui marque l'altérité tyrannique, soit une altérité que nous pourrions classifier comme « politique » (exercée entre différents corps), soit une altérité « psychologique » (exercée entre différents affects dans un seul corps). Nous choisissons le terme « éthique » pour désigner ce champ de savoir qui échappe à la logique morale d'altérité et qui peut être symbolisé – pour utiliser des formules simples – à la fois par le « je veux » et le « je suis ». Autrement dit, l'éthique propose que nous refusions l'altérité tyrannique et que nous affirmions autant notre volonté que notre destin. Or, le choix du mot « éthique » s'appuie sur quelques textes nietzschéens, mais Nietzsche lui-même n'a guère fait d'effort clair pour établir cette distinction lexicale. Néanmoins, il a proposé une différenciation entre deux genres de morale, celle du maître et celle de l'esclave. Cette proposition a été faite dans un contexte très précis, à savoir à un moment où Nietzsche analysait l'histoire de la morale. Cette analyse historique des valeurs morales il l'appelle « généalogie ». Il nous faut comprendre ce que signifie une généalogie de la morale, surtout dans la mesure où cette compréhension peut nous aider à éclaircir la distinction entre deux genres de moralité mentionnés plus haut.

Le terme de « généalogie » est très peu utilisé par Nietzsche et il n'y a rien qui montre qu'il l'utiliserait différemment de son sens ordinaire. Formé par la combinaison des termes grecs de *logos* et de *genesis*, la généalogie serait donc l'enquête de la naissance ou de l'origine de quelque chose qui s'est développée dans le devenir – la généalogie est une recherche, investigation, examen, une *historia*. Nietzsche aussi parle d'une « histoire de la morale » ainsi que d'une « histoire du développement des concepts moraux » au moment où il propose une généalogie de la morale[1]. Voilà pourquoi en 1884, pour désigner un projet

[1] Voir GM, la note à la fin du premier traité.

de travail, Nietzsche écrit : « À propos de la transformation des affects, de leur généalogie, etc. »[2]. Peut-être le livre *Pour la généalogie de la morale* de 1887 est-il la réalisation de ce projet. Or, le passage très connu où Nietzsche définit le but de ce livre est clair : « Nous avons besoin d'une *critique* des valeurs morales, il faut *remettre une bonne fois en question la valeur de ces valeurs elle-même* »[3]. Remettre en question ou critiquer les valeurs morales, tel est le but d'une généalogie de la morale.

Les valeurs ne sont pas souvent remises en question ou critiquées et nous croyons parfois qu'elles sont éternelles, immuables et indépendantes de l'homme. Néanmoins, comme nous l'avons déjà vu, selon Nietzsche les valeurs sont humaines et modifiables, donc elles ont une histoire. En fait, comme Nietzsche l'affirme dans le passage ci-dessus mentionné : « Il est légitime de considérer les audacieuses folies de la métaphysique et particulièrement les réponses qu'elle donne à la question de la *valeur* de l'existence, tout d'abord comme autant de symptômes de constitutions corporelles propres à certains individus ». Donc, les valeurs sont des signes des affects. Étant humaines les valeurs sont des symptômes, des marques ou des indices précieux « à l'historien et au psychologue »[4]. Ici l'histoire complète la psychologie[5]. Le rapport entre les valeurs et le corps doit être étudié par le psychologue, car le corps est un ensemble d'affects. Il doit également être étudié par l'historien, car la constitution d'un corps se construit pendant des siècles précisément parce que les valeurs sont transmises entre les individus notamment à travers la culture. « Nos appréciations et nos jugements de valeur moraux ne sont également que des images et des variations fantaisistes sur un processus physiologique qui nous est inconnu », dit Nietzsche[6] et c'est le sens de la formule qu'il répète toujours selon laquelle « les morales ne sont aussi qu'un *langage figuré des affects* »[7]. Donc, la généalogie est l'histoire des transformations des affects. Pour que nous nous rapportions au fragment de 1884, il nous faut conclure que, pour connaître l'origine des valeurs, le psychologue-historien a besoin d'étudier les transformations historiques des affects – et cela est donc le travail généalogique. Étant donné que la généalogie de la morale est une description

---

[2] FP 26[391] de l'été – automne 1884.

[3] GM, Préface, §6.

[4] GS, Préface §2.

[5] Par ailleurs, nous observons que Nietzsche propose des études universitaires multidisciplinaires sur l'histoire de la morale, en y incluant la philologie, l'histoire, la philosophie, la physiologie, la médecine et la psychologie ; voir GM, la note à la fin du premier traité.

[6] AA, §119.

[7] BM, §187. Voir aussi, par exemple, le FP 7[58] et [60] du printemps – été 1883.

historique des valeurs morales – et donc aussi une description des affects qui les créent – elle doit définir « une *typologie* de la morale »[8]. Il s'agit de se demander, comme le fait Nietzsche, « de quelle espèce de vie ? »[9], c'est-à-dire de quel genre de vie, de quelle configuration affective, de quel corps naît une valeur ou toute une hiérarchie de valeurs.

À travers la recherche des transformations historiques des valeurs morales, Nietzsche distingue d'abord (c'était déjà le cas dans *Par-delà bien et mal*) une époque préhistorique ou période « prémorale » de l'humanité où les valeurs d'une action dérivaient de ses conséquences. Il affirme que la période morale proprement dite n'est née qu'« au cours des dix derniers millénaires ». Ce n'est qu'à partir de cette période que nous pouvons parler d'une morale, ou mieux, d'une « morale des intentions ». Selon Nietzsche jusqu'à présent toute morale a cru que « la valeur d'une action résidait dans la valeur de l'intention ». Autrement dit, toute morale jusqu'ici a cru en l'atomisme, en la causalité, a cru dans le sujet qui choisit librement d'agir de telle ou telle façon. Contre cette morale des causes Nietzsche veut inaugurer une nouvelle période « extra-morale »[10] qui s'opposerait à la croyance dans l'intentionnalité. Or, la recherche généalogique nous montre aussi que deux types de morale ont surgi dans cette période des dix derniers millénaires, découverte qui apparaît également dans le livre de 1886. C'est pourquoi Nietzsche parle là d'une « morale aristocratique » pour la différencier de l'insurrection d'esclaves[11] et, plus clairement encore, il affirme qu'il y a toujours eu « une morale de maîtres et une morale d'esclaves »[12].

La distinction entre une morale de maîtres et une morale d'esclaves est un des points centraux de la généalogie de la morale, mais l'utilisation des termes de « maître » et « esclave » est très problématique. Nietzsche prend des exemples réels de sorte que plusieurs fois il se réfère effectivement aux personnes qui étaient maîtres ou esclaves. Cependant, rappelons que Nietzsche utilise souvent ces termes de façon plus abstraite. Pour ne donner qu'un exemple, dans le dernier passage que nous venons de citer il ajoute « que dans toutes les cultures supérieures et plus mélangées se font jour aussi des tentatives de médiation des deux morales, plus fréquemment encore leur compénétration et leur mécompréhension mutuelle, voire parfois leur sévère juxtaposition – jusque dans un même homme, au sein d'une seule et unique

---

[8] BM, §186.
[9] CI, La morale comme contre-nature, §5.
[10] BM, §32.
[11] BM, §46.
[12] BM, §260.

âme »[13]. Donc, en considérant que dans n'importe quelle conjecture politique un seul et unique individu ne peut jamais être maître et esclave en même temps, il faut comprendre que les mots « maître » et « esclave » (et aussi « noble », « plébéien », etc.) désignent aussi une typologie. Enfin, un individu qui occupe la fonction politique de maître peut avoir le *pathos* d'un esclave et vice-versa.

L'approfondissement dans la recherche des transformations historiques de ces deux catégories de morale est visible dans le livre de 1887. Nietzsche y montre que les nobles ou les plus puissants ont fixé des valeurs en fonction de leurs propres façons d'agir. En prenant leurs distances avec la plèbe, ils se donnent le droit « de créer des valeurs, de forger le nom des valeurs » et considèrent leur comportement « comme bon, à savoir de premier rang, par opposition à tout ce qui est bas, d'âme basse, commun et plébéien »[14]. Ainsi cette affirmation est très claire : la morale noble naît par opposition à une autre. La fixation de valeurs nobles est dépendante de l'altérité. Mais, de façon surprenante, Nietzsche écrit :

> Alors que toute morale noble procède d'un acquiescement triomphant à soi-même, la morale d'esclaves dit dès le départ non à un « à l'extérieur », à un « autrement », à un « non pas soi-même » : et c'est *ce* non qui est son acte créateur. [...] La morale d'esclaves a toujours besoin en premier lieu, pour émerger, d'un monde opposé et extérieur, elle a besoin, en termes physiologiques, d'excitations extérieures pour simplement agir.

Pour Nietzsche, la morale d'esclaves se définit par opposition à l'altérité. Le type esclave a besoin de recevoir une excitation extérieure pour qu'à partir d'elle il puisse agir. En revanche, le noble ou le maître ne chercherait son opposé que pour s'affirmer, mais lui aussi a besoin de se confronter à l'autre :

> C'est l'inverse dans le cas du mode d'évaluation noble : il agit et croît spontanément, *il ne cherche son opposé* [nous soulignons] que pour se dire oui à lui-même avec encore plus de reconnaissance, plus d'allégresse[15].

Comme nous pouvons l'observer, l'argumentation nietzschéenne semble être contradictoire et il est possible que ses arguments ne soient pas clairs pour lui-même. Essayons de résoudre ce problème. Qu'est-ce qui différencie le type noble du type esclave ? Dans les deux cas, l'altérité est présente et il serait tout à fait inutile de vouloir qu'il en soit autrement. À la rigueur, l'action du

---

[13] BM, §260.
[14] GM, Premier traité, §2.
[15] GM, Premier traité, §10.

noble est une réaction. Pour comprendre ce que nous disons, il faut différencier réaction de ressentiment et par conséquent percevoir qu'au contraire de l'esclave, la réaction du noble n'est pas le fruit de la rancœur.

Malgré Nietzsche et en même temps grâce à lui, nous sommes obligés d'en conclure que tant le type esclave que le type noble partent de l'altérité pour nier les valeurs de l'autre et que leur évaluation n'est qu'une inversion des valeurs d'autrui. Toutefois, il y a une autre différence fondamentale qui, malheureusement, n'a pas bénéficié ici de l'attention qu'elle méritait : alors que le noble, à partir de l'opposition, s'affirme soi-même, l'esclave affirme la collectivité. Autrement dit, la négation réactive d'autrui par le noble engendre une morale individuelle qui affirme « je » et sort *a posteriori* de la logique de l'altérité par une prise de distance. La négation réactive d'autrui par l'esclave engendre une morale de troupeau qui affirme « nous » et reste attachée à l'altérité. La première implique la formule « je veux », alors que la seconde ne fait que subir l'impératif « tu dois » pour valoriser le « nous devons ». C'est le sens de l'expression nietzschéenne « troupeau *autonome* »[16] qui désigne cette collectivité d'individus du type esclave qui peuvent être exemplifiés historiquement par le judaïsme[17], le christianisme[18] et la démocratie[19]. La morale des esclaves est donc la morale de l'animal de troupeau qui a vaincu la morale noble et qui a gagné la force politique nécessaire pour être la morale dominante du monde occidental : « *La morale est aujourd'hui en Europe la morale de l'animal de troupeau* », écrit Nietzsche[20]. La morale noble valorise l'individu par l'affirmation « je veux ». Tout au contraire, la morale des esclaves exige que l'individu se sacrifie. Surgit alors une « autorité supérieure à laquelle on obéit non parce qu'elle ordonne ce qui nous est *utile*, mais parce qu'elle *ordonne* » : la tradition. La morale des esclaves, semble-t-il, pourrait être aussi nommée « morale d'obéissance »[21]. Le « nous devons » reçoit son complément nécessaire : « nous devons obéir » et plus précisément « obéir la tradition ». Ce dernier complément a été souvent remplacé, par exemple, par « la loi », « l'impératif catégorique » entre autres, mais la formule basique « nous devons obéir » reste intouchable comme le fondement de la morale des esclaves.

La difficulté que rencontre Nietzsche par rapport à la distinction entre l'action et la réaction n'est pas seulement liée à la généalogie des évaluations

---

[16] BM, §202.
[17] Voir, par exemple, BM, §195.
[18] Voir, par exemple, BM, §46.
[19] Voir, par exemple, BM, §202.
[20] BM, §202.
[21] AA, §9.

morales noble et plébéienne. En fait, pour comprendre cette difficulté, nous devons revenir au problème du statut de la volonté de puissance. Une fois de plus dans *Pour la généalogie de la morale*, Nietzsche différencie la « véritable *activité* » de « l'adaptation », concept qui est la cible des attaques nietzschéennes contre le darwinisme et l'utilitarisme anglais. L'adaptation serait une « activité de second ordre, une pure et simple réactivité ». Mais l'« essence de la vie », la *volonté de puissance*, serait une force spontanée, agressive, expansive, qui interprète et donne de nouvelles formes au réel[22]. Comme nous l'avons vu, quand il essaie de définir le statut de la volonté de puissance, Nietzsche tombe toujours dans un cercle sémantique fermé très simple : la volonté de puissance serait une force et la force serait une volonté de puissance. Il essaie d'éviter l'image mécanique d'atomes qui agissent sur d'autres atomes par une relation de causalité, mais il s'aperçoit qu'il est impossible d'exprimer le devenir à travers le langage sans les idées de causalité et d'atomisme, car elles sont les fondements nécessaires de tout langage. Nous avons remarqué que le mot « rapport » est le plus adéquat pour exprimer le *continuum* du devenir, et il a été utilisé par Nietzsche dans un fragment qu'il nous faut désormais relire :

> Éliminons ces ajouts : il ne reste alors pas de « choses », mais de quanta dynamiques, dans un rapport de tensions avec tous les autres quanta dynamiques : dont l'essence réside dans leur relation avec tous les autres quanta, dans leur « action » sur ceux-ci – la volonté de puissance, non un être, non un devenir, mais un *pathos* est le fait le plus élémentaire, d'où ne fera que résulter un devenir, un « agir sur »... [23]

Le devenir est un rapport de tensions et son « essence » est la relation pulsionnelle, comme l'explique Nietzsche. Néanmoins, encore une fois ses explications sont insuffisantes. Si le devenir est un continuum, si son essence se définit par la relation entre forces, il faut en conclure qu'il n'existe aucune action pure. Dans un devenir relationnel, toute action est une réaction. Une action « pure » serait un genre de *fiat*, de *causa sui*, ce qui présupposerait des unités capables de causer librement un effet sur une autre unité. Plus encore, une action « pure » présupposerait qu'une unité active serait en dehors du continuum, car elle ne pourrait pas avoir reçu une force d'une autre unité (puisque dans ce cas son action serait nécessairement non-pure, c'est-à-dire réaction). Bref, croire en l'action est la même chose que croire en la métaphysique. Si nous présupposons qu'il n'y a qu'un seul réel ou qu'un seul

---

[22] GM, Second traité, §12.
[23] FP 14[79] du printemps 1888.

devenir, nous sommes obligés d'en conclure que toute action est au fond une réaction. Or, bien que Nietzsche demeure un peu confus à ce sujet, il a écrit dans le même fragment posthume qu'un « *quantum* de puissance se définit par l'effet qu'il produit et auquel il résiste » et il ajoute que ce *quantum* est « essentiellement une volonté d'exercer des violences et de se défendre contre les violences »[24].

L'embarras de Nietzsche à cet égard est évident. Dans ce fragment de 1888, il commence à envisager des possibilités pour résoudre un problème que peut-être lui-même n'a jamais reconnu comme une difficulté. Nous devons souligner ces tentatives de solutions : plus que se définir par l'effet qu'elle produit, une force se définit par l'effet (issu d'une autre force) auquel elle *résiste*. Ou, comme il l'explique encore, plus qu'un exercice de violences, la force est aussi une *défense* contre les violences provenant d'autres forces. Ces solutions timides ne surgissent que dans la dernière année de production intellectuelle de Nietzsche. En conséquence, dans les œuvres publiées il continue à travailler avec le concept très problématique de volonté de puissance. Étant donné ces explications, nous pouvons comprendre ce qui pourrait sembler d'abord un paradoxe, à savoir qu'une création réactive est possible, comme celle du type esclave dont Nietzsche parle : « le *ressentiment* devient lui-même créateur ». Ce n'est pas une coïncidence si Nietzsche évoque dans le même passage « Le *ressentiment* de ces êtres auxquels la véritable réaction [*die eigentliche Reaktion*], celle de l'action [*die der That*], est interdite »[25]. L'action est la réaction « véritable ». Cette phrase si mystérieuse peut être interprétée comme l'indice que Nietzsche savait déjà en 1887 que toute action est au fond une réaction.

Désormais, nous pouvons affirmer que la morale noble n'est pas encore exactement la même chose que ce que nous proposons comme étant une éthique. Et cela parce que la morale noble naît aussi d'une opposition à un autre. Elle a aussi besoin d'un autre pour le nier, bien que Nietzsche ne le reconnaisse pas. Elle n'est pas encore le « je suis » titanesque qui accepte tout le devenir, car elle refuse l'autre parce que bas, commun, plébéien et ce refus, comme nous le verrons ailleurs, peut lui aussi provoquer la haine du devenir contraire à la sagesse tragique. De toute façon, un élément de la morale noble nous intéresse : la valorisation de l'individu. En accord avec les projets nietzschéens des années 1870 pour une éthique future, notre éthique est individualiste et, avant de dire « je suis », elle a besoin d'affirmer « je » et « je veux ».

---

[24] FP 14[79] du printemps 1888.

[25] GM, Premier traité, §10.

9.

L'affectologie comme réflexion pour l'hygiène de vie

Nous avons montré par l'analyse philologique des textes nietzschéens que le terme « éthique » doit désigner ce champ de savoir immédiat qui refuse la métaphysique ; que l'éthique, parce qu'elle individualise, refuse la morale de troupeau ; qu'étant physiologique, elle refuse le dédain traditionnel pour le corps ; qu'enfin, comme *mēkhanē* de la volonté de vivre, elle refuse la haine envers la vie. Notre effort jusqu'ici a consisté à expliquer aussi que cette éthique doit être une physio-psychologie qui comprend le corps comme un ensemble pulsionnel et le moi comme une fonction affective de reconnaissance de l'individualité du corps. En tant qu'un *logos* sur le physio-psycho, cette éthique est ce que nous appelons une affectologie. Ainsi, nous avons montré que cette affectologie refuse l'altérité du « tu dois » et affirme la créativité singulière du « je veux ». Et ce faisant, notre éthique affirme le « je suis » amoureux du destin, dans la mesure où le moi se reconnaît comme une partie de la totalité du devenir. Nous savons maintenant que la généalogie est aussi une recherche propre à l'éthique et que celle-ci par conséquent engage un savoir multidisciplinaire dont l'étendue reste encore indéterminée, si nous n'indiquons pas que la réflexion spéculative éthique-affectologique est une proposition éthique-pratique d'hygiène, de diététique ou de régime de vie.

Le mot d'« hygiène » vient du grec *hygieine techne*, c'est-à-dire l'art de la santé qui, à son tour, vient de *hygies* qui signifie bien vivre. Or, l'ensemble des pratiques qui visent à bien vivre est une des significations historiques les plus enracinées dans le mot « éthique ». Ce sens est également celui du mot « diététique » qui vient aussi du grec : *diaita* nomme une manière de vivre et se rapporte à *diaitasthai* ou guider une vie. Ce n'est pas une coïncidence si ce mot est synonyme de « régime » qui vient du latin *regimen* et désigne l'action de diriger. En allemand, les racines étymologiques sont les mêmes : *Hygiene*, *Diät* et *Regierung*. Ce dernier terme a surtout pris le sens précis de gouvernement politique. En revanche, Nietzsche utilise très souvent le premier pour exprimer exactement la façon de diriger une vie et le deuxième, comme dans la langue française, pour désigner notamment une partie spécifique de ce contrôle majeur : le contrôle de l'alimentation.

Curieusement, un autre terme que nous pourrions utiliser dans le sens d'hygiène, « ascétisme », Nietzsche l'emploie pour nommer son contraire et c'est pourquoi nous l'éviterons et ne l'utiliseront qu'au sens nietzschéen. Cette inversion sémantique n'est pas le fait de Nietzsche, mais il s'agit d'une inversion historique : en fait « ascétisme » exprime aujourd'hui la lutte contre les exigences du corps et c'est pourquoi l'ascétisme est considéré comme une forme de décadence par Nietzsche et mérite de la part de celui-ci une critique et une analyse historique dans le troisième traité de *Pour une généalogie de la morale.* Mais le terme vient du grec *askêtês* qui signifie celui qui s'exerce, terme qui est en rapport avec *askein* dont l'acception est exercer ou s'entraîner pour une compétition athlétique. Donc, le sens originel du mot ne discrédite pas le corps mais tout au contraire le grandit et le valorise. En fait, rares sont les occurrences du terme *Asketismus* dans ce sens-là chez Nietzsche, mais c'est le cas lorsqu'il parle, par exemple, d'un « ascétisme des forts »[1].

Enfin, nous devons souligner que nous utiliserons les mots « hygiène », « diététique » et « régime » comme synonymes pour exprimer l'art d'accroître la puissance du corps sans aucune aide extérieure. Autrement dit, l'éthique propose que l'individu maîtrise son corps grâce à ses propres efforts. Notre compréhension est donc semblable à celle de Kant. D'après lui la diététique « fait donc partie de la *philosophie* » dans le cas où « la puissance de la raison dans l'homme, en dominant ses sens par un principe qu'il se donne à lui-même, détermine sa conduite ». Au contraire, d'après Kant, si la diététique cherche « au dehors » les moyens de maîtriser le corps, comme à travers la pharmacie et la chirurgie, « elle est simplement empirique ou mécanique »[2], c'est-à-dire qu'elle n'appartient donc pas à la philosophie, mais à la médecine. En ignorant la discussion sur les différences essentielles entre la définition kantienne de « raison » et la nietzschéenne du « moi », c'est exactement de cette capacité de chaque individu à se maîtriser soi-même dont il s'agit tant chez Kant que chez Nietzsche.

La position de Nietzsche par rapport au problème de l'hygiène est la même durant toute sa vie productive. Dans un fragment de 1873 il écrit sur la morale

[1] C'est le titre du FP 15[117] du printemps 1888.

[2] Kant, I. *Le conflit des facultés*, Paris, J. Vrin, 1997, troisième section (ou « Le conflit de la Faculté de philosophie avec la Faculté de médecine »), partie « Principe de la diététique », p.118. Les références que nous ferons à Kant appartiendront toujours à la troisième section de son livre.

antique ce qui, comme nous le verrons, sera sa propre démarche théorique : « Celui qui connaît la morale antique s'étonnera de voir combien de choses étaient alors envisagées sur le plan moral, qui seraient aujourd'hui traitées médicalement », déclare-t-il pour expliquer ensuite que les conseils moraux antiques se référaient surtout au corps. Son opinion semble être favorable aux anciens, car le dédain moderne vis-à-vis du corps lui semble aberrant : « Je ne sais pas de quelles choses rares et éloignées parlent les éthiciens modernes : ils prennent l'homme comme un être merveilleusement quintessencié » et il ajoute : « La pudeur va si loin, qu'on serait tenté de croire que l'homme moderne ne possède plus qu'une apparence de corps ». Contre la conception moderne, il semble que Nietzsche espère la venue de « futurs éducateurs »[3] qui feraient ressurgir la valorisation du corps, telle que la pratiquaient les anciens. Nous connaissions déjà cette posture théorique des années 1870 qui envisage une éthique comme pratique pédagogique physio-psychologique. Toutefois, même dans les années 1880, Nietzsche continuera à la défendre.

L'analyse généalogique nietzschéenne expose les transformations qui ont permis que la valorisation grecque du corps soit devenue son contraire. Originellement, affirme Nietzsche, « toute l'éducation et l'hygiène du corps, le mariage, la médecine, l'agriculture, la guerre, la parole ou la réserve du silence, les relations des hommes entre eux et avec les dieux étaient du domaine de la moralité »[4]. Mais dans les considérations philosophiques de la morale moderne, toutes ces choses sont oubliées. Cet oubli a une histoire : il naît de l'essor du christianisme, cette religion et cette morale qui ont opéré une inversion des valeurs responsable de la dévalorisation du corps. Cette inversion s'est réalisée par la diffusion de la croyance en l'âme en tant qu'unité immatérielle séparée et indépendante du corps :

> L'idée d'« âme », d'« esprit » et finalement d'« immortalité de l'âme » inventée pour mépriser le corps, pour le rendre malade – « saint » –, pour opposer au contraire une affreuse insouciance à toutes les choses qui méritent le sérieux dans la vie, la question de l'alimentation, du logement, du régime intellectuel, du traitement des malades, de la propreté, de la météorologie[5].

Remarquons que Nietzsche déplore ce bouleversement, puisque, pour lui, l'hygiène mérite d'être considérée avec sérieux dans la vie. Cette inversion a causé l'affaiblissement politique des sciences physiologiques et les disciplines qui pensaient directement ou indirectement au corps ont perdu de leur

---

[3] FP 31[4] de l'automne 1873 – hiver 1873-1874.

[4] AA, §9.

[5] EH, Pourquoi je suis un destin, §8.

importance. En un mot, l'hygiène a disparu du contexte scientifique occidental moderne. En effet, la morale moderne ignore le corps et donc se préoccupe insuffisamment du corps : « Il manque encore de médecins pour lesquels ce que nous appelions jusqu'ici morale pratique devrait être devenu un chapitre de l'art et de la science de guérir », dit-il avant d'ajouter la remarque suivante : « l'étude du corps et de la diététique ne fait pas encore partie des matières obligatoires dans toutes les écoles primaires ou supérieures »[6]. De même, il n'existe pas encore une « philosophie de la nutrition » et par conséquent nous ne connaissons pas tous « les effets moraux des aliments »[7]. Or, Nietzsche veut démontrer que cette démarche traditionnelle qui ignore l'importance de l'hygiène est une mauvaise méthode de recherche.

À propos des choses appartenant au domaine physiologique que cette tradition a toujours considérées comme étant négligeables, il écrit : « ces choses insignifiantes – alimentation, lieu, climat, délassement, toute la casuistique de l'égoïsme – sont incroyablement plus importantes que tout ce que l'on a tenu jusqu'ici pour important. C'est là précisément qu'on doit commencer à *changer de méthode* »[8]. Il faut procéder de nouveau à une inversion. Le corps doit revenir à sa place d'objet principal des études éthiques, car, comme il le souligne, « on ne doit pas commettre ici de méprise au sujet de la méthode : une simple discipline des sentiments et des pensées est presque néant ». D'après Nietzsche, la méthode d'orientation vers l'action et de changement des mœurs doit « commencer par convaincre le corps », puisque toute culture et tout le destin de l'humanité se définissent en fonction de la façon dont on éduque le corps : « Ce qui décide du sort du peuple et de l'humanité, c'est que la culture commence là où il *faut – pas* par l'"âme" (ce qui fut la funeste superstition des prêtres et demi-prêtres) : là où il faut, c'est le corps, la manière de se comporter, le régime alimentaire, la physiologie, le *reste* s'ensuit… »[9]. L'univers de l'éducation physiologique ne se limite pas à la diététique alimentaire. « À la question de l'alimentation s'apparente étroitement celle du *lieu* et du *climat* »[10], écrit Nietzsche et il explique ailleurs l'importance aussi du choix des modes de délassement[11]. En fait, Nietzsche est convaincu de l'influence du climat sur le métabolisme et sur la digestion, en montrant que les deux définissent le genre de développement intellectuel ou la formation de l'esprit de quelqu'un[12].

---

[6] AA, §202.
[7] GS, §7.
[8] EH, Pourquoi je suis si avisé, §10.
[9] CI, Incursions d'un inactuel, §47.
[10] EH, Pourquoi je suis si avisé, §2.
[11] EH, Pourquoi je suis si avisé, §3.
[12] Voir EH, Pourquoi je suis si avisé, §1 et §2.

L'ignorance moderne par rapport au corps est manifeste. Nietzsche identifie dans les mœurs de son temps plusieurs problèmes qui l'attestent. Un mauvais régime alimentaire est une des cibles récurrentes de cette analyse nietzschéenne qui critique, pour citer quelques exemples, l'excès de nourriture[13], la consommation de bière[14] et d'alcool en général[15] ou le végétarisme[16]. Mais ce diagnostic ne concerne pas seulement l'époque moderne. Par la recherche généalogique qu'il n'abandonne jamais, Nietzsche identifie aussi des problèmes alimentaires à d'autres époques et dans d'autres cultures que les occidentales, comme par exemple la consommation excessive du riz chez les Hindous[17]. C'est à travers cette recherche que Nietzsche peut même comprendre le développement historique de toute une culture comme par exemple l'allemande[18]. En outre, dans son analyse historique, il considère tous les aspects de l'hygiène. Voilà pourquoi il estime que la névrose religieuse est toujours « liée à la prescription de trois régimes dangereux : solitude, jeûne et abstinence sexuelle »[19]. C'est aussi la raison pour laquelle il fait un diagnostic précis du sentiment d'inhibition et trouve son origine dans le croisement de races, dans le climat, dans une alimentation impropre ou dans certaines corruptions du sang comme la malaria ou la syphilis[20]. Voilà, enfin, pourquoi Nietzsche peut identifier les détails de l'hygiène de l'ascète pour combattre le déplaisir et la souffrance[21]. En fait, l'analyse de l'idéal ascétique comme diététique ou comme *training*[22] est un exemple formidable de l'expertise physio-psychologique nietzschéenne. Selon Nietzsche, le prêtre ascète prescrit l'altruisme, parce qu'il comprend que la joie est un fort moyen thérapeutique et qu'à travers l'amour du prochain on peut ressentir « la joie de *susciter* de la joie »[23]. De même, l'idée de péché est une « invention sacerdotale » par laquelle une unique signification est donnée pour toute la souffrance[24] et puisque « c'est le vide de sens de la souffrance, *non pas* la souffrance, qui constituait la malédiction recouvrant l'humanité jusqu'à

---

[13] Voir, par exemple, AA, §203.
[14] Voir, par exemple, GM, troisième traité, §26.
[15] Voir, par exemple, AC, §60.
[16] Voir, par exemple, CW, Lettre de Turin, §5.
[17] GS, §145.
[18] Voir EH, Pourquoi je suis si avisé, §1.
[19] BM, §47.
[20] Voir GM, Troisième traité, §17.
[21] Voir de nouveau GM, Troisième traité, §17.
[22] Nietzsche utilise ce mot en anglais pour se référer à l'hygiène ascétique dans les §17, 18, 21 de *Pour la généalogie de la morale.*
[23] GM, Troisième traité, §18.
[24] GM, Troisième traité, §20.

présent »[25], l'idée de péché a été une « médication sacerdotale » très efficace. Pourtant, pour Nietzsche cette efficacité est relative. La médication sacerdotale était mauvaise et a causé des dommages « destructeurs à la *santé* et à la vigueur de race, notamment des Européens »[26], précisément parce que, en s'appuyant sur les fausses croyances dans l'âme mortelle, dans le libre arbitre et dans la responsabilité, elle a limité les affects les plus forts de l'homme.

Toutefois, il nous faut remarquer que Nietzsche ne se contente pas de diagnostiquer des maladies ou de mauvaises hygiènes dans l'histoire de l'humanité : il analyse aussi des exemples positifs tels que le régime de Jules César[27]. De plus, Nietzsche propose aussi des manières de lutter contre « toute espèce d'affliction et de détresse spirituelle » par « un changement de régime et un dur travail physique »[28]. Nous disons « proposer », car Nietzsche ne donne pas de conseils directs à son lecteur. En vérité, outre des conseils très généraux, il ne fait que donner des exemples de sa propre vie en expliquant son hygiène personnelle. À cet égard, plusieurs écrits autobiographiques nietzschéens sont intéressants. En 1880, Nietzsche s'aperçoit déjà que sa philosophie est directement influencée par son régime de vie et il commence à se demander si toutes les autres philosophies ne seraient pas des signes d'instincts personnels qui seraient des transcriptions « en raison » de besoins hygiéniques particuliers. Et ce faisant, il décrit son régime de vie de cette manière :

> [...] besoin de soleil tiède, d'air lumineux et mouvant, de végétation méridionale, de brise marine, de nourriture légère, composée de viande, d'œufs et de fruits, d'eau chaude pour boisson, de journées entières passées en calmes promenades, de conversation réduite, de lectures rares et prudentes, de résidence solitaire, d'habitudes propres, simples et presque militaires[29].

Cette description diététique n'est point différente des passages autobiographiques très connus de 1888. Dans les trois premiers paragraphes du chapitre « Pourquoi je suis si avisé » d'*Ecce Homo,* Nietzsche ne fait que répondre à la question implicite contenue dans le titre du chapitre en expliquant son hygiène, mais cette démarche ne présente pas de modification significative par rapport aux indications de 1880. Certes, dans son œuvre autobiographique majeure, les descriptions sont plus détaillées. De toute

---

[25] GM, Troisième traité, §28.
[26] GM, Troisième traité, §21.
[27] CI, Incursions d'un inactuel, §31.
[28] AA, §269.
[29] AA, §553.

façon, ce qui nous intéresse, c'est de percevoir que dans les deux cas, la seule chose que Nietzsche peut faire est de parler de son propre corps. Ses indications sont de sa propre morale ou de sa propre éthique, selon le terme que nous préférons employer[30]. Comme nous l'avons vu, une éthique doit être individualiste. Nous ne pouvons que comprendre les affects et expérimenter dans *notre* vie les possibilités d'éduquer notre corps pour qu'ainsi les affects désirables soient conquis. Cette position théorique n'est pas différente de celle de Kant qui affirme, par rapport à la proposition selon laquelle l'âme humaine pourrait être maîtresse de sentiments morbides : « Je ne puis tirer de l'expérience d'*autrui* des exemples confirmant la possibilité de cette proposition, mais seulement de l'expérience faite sur moi-même »[31].

Quand Nietzsche déclare que ses expériences en relation avec l'alimentation ont été « aussi mauvaises que possible » et qu'il est « surpris d'avoir entendu cette question si tard, d'avoir si tard tiré "raison" de ces expériences »[32], nous pouvons en conclure qu'il nous faut nous connaître nous-mêmes lorsque nous devenons qui nous sommes. Il s'agit d'apprendre à nous maîtriser grâce à l'enseignement que nous tirons de notre propre expérience de la vie. Pour savoir quels sont les moyens de régir notre vie, nous devons connaître notre propre corps :

> Ainsi il est d'innombrables santés du corps ; et [...] nos médecins devront se passer de la notion d'une santé normale, en même temps que de celle d'une diète normale, d'un processus normal de la maladie. Le moment serait venu alors de réfléchir à la santé et à la maladie de *l'âme* et d'identifier la vertu, particulière à chacun, avec sa santé propre[33].

Dans la mesure où chaque corps est différent de soi-même (puisqu'il se modifie étant une tension d'affects) et surtout dans la mesure où il est différent de tout autre corps, il nous faut inventer notre propre régime de vie. Cette hygiène personnelle doit avoir comme but la santé et la vertu, mais non une santé et une vertu universelles, « car il n'y a pas de santé en soi, et toutes les tentatives pour la définir ainsi ont échoué lamentablement » [34]. C'est pourquoi Nietzsche affirme l'importance de ce que « chacun s'invente *sa* vertu »[35]. L'éthique devient alors un effort de connaissance de soi-même toujours

---

[30] C'est le sens du pronom « ma » dans le passage suivant : « Encore quelques indications tirées de ma morale » EH, Pourquoi je suis si avisé, §1.
[31] Kant, I. *Le conflit des facultés*, Op. Cit., p.114.
[32] EH, Pourquoi je suis si avisé, §1.
[33] GS, §120.
[34] GS, §120.
[35] AC, §11.

associé à l'effort de devenir qui on est. Pour devenir qui nous sommes, pour que nous ayons une tâche personnelle à accomplir, il nous faut donc connaître nos affects. Nietzsche affirme très clairement qu'il est possible de réguler nos propres affects et il en vient même à décrire, par exemple, des méthodes pour affaiblir des affects indésirables : « éviter les occasions [de satisfaire la pulsion], implanter la règle dans la pulsion, établir une liaison avec une idée torturante, ensuite la dislocation des forces et finalement l'affaiblissement et l'épuisement général »[36]. Les méthodes sont variées, mais le plus important est de savoir qu'elles doivent être toujours rapportées à la physio-psychologie.

De toute façon, il semble indéniable que nous pouvons maîtriser nos affects. Après avoir décrit des méthodes destinées à affaiblir des affects indésirables dans *Aurore*, Nietzsche développe ce sujet en montrant que la maîtrise des affects se réalise par une « spiritualisation » ou « intellectualisation » de ceux-ci. La spiritualisation des affects n'est pas une nouvelle voie d'hygiène proposée par Nietzsche mais elle est, et il le sait, un mouvement culturel et historique : « toutes les passions ont une époque où elles sont simplement funestes, où elles entraînent leur victime vers le fond de tout le poids de la bêtise – et une plus tardive, infiniment plus tardive, où elles épousent l'esprit, se "spiritualisent" ». L'ascétisme a opéré ce mouvement, mais d'une manière très radicale, en attaquant « les passions à la racine », ce qui signifie « attaquer la vie à la racine ». Les ascètes ont proposé d'« *anéantir* les passions et les désirs, dans le seul but de prévenir leur bêtise et les conséquences désagréables de leur bêtise ». Mais pour Nietzsche ce moyen de spiritualisation n'est justement qu'une « forme aiguë de bêtise », parce que l'ascétisme ne pose jamais cette question très importante : « comment spiritualise-t-on, embellit-on, divinise-t-on un désir ? »[37]. D'après Nietzsche, donc, la maîtrise des affects doit avoir comme but la divinisation et l'embellissement des pulsions afin d'augmenter la puissance de l'individu. En sachant que le corps est un ensemble d'affects, l'éthique ne doit pas attaquer les passions, ce « traitement radical » que le christianisme, par exemple, utilisait pour renier le « diable ». C'est pourquoi Nietzsche affirme que « les moyens radicaux ne sont indispensables qu'aux dégénérés »[38]. Tout au contraire, la physio-psychologie est « une doctrine selon laquelle on peut faire dériver toutes les bonnes pulsions des mauvaises ». Autrement dit, elle n'anéantit pas les affects, mais les transforme. Or, comme l'explique Nietzsche, cette dérivation « *n'*est *pas* le *sacrifizio dell'intelletto*, bien au

[36] AA, §109.
[37] CI, La morale comme contre-nature, §1.
[38] CI, La morale comme contre-nature, §2.

contraire ! »[39]. En fait, la « pulsion s'*intellectualise* »[40], la spiritualisation des affects est régie par le moi, elle dépend de la connaissance des affects, c'est-à-dire qu'elle dépend de l'affectologie.

La transformation des pulsions naît d'une hygiène définie par l'éthique et elle est possible parce qu'il n'y a aucune différence entre les bonnes et les mauvaises pulsions, ni entre les bonnes et les mauvaises actions : « entre les bonnes et les mauvaises actions, il n'y a pas de différence d'espèce, mais tout au plus de degré. Les bonnes actions sont de mauvaises actions sublimées ; les mauvaises, de bonnes actions tournées à la grossièreté, à la bêtise »[41]. Tout affect n'est qu'une force qui pousse le corps vers une action déterminée. C'est uniquement par le savoir que nous pouvons comprendre si tel ou tel affect est bon ou mauvais pour accroître la puissance du corps. La spiritualisation des affects semble être la même chose que leur « sublimation ». Nietzsche utilise ce terme et ses variations pour exprimer exactement la transformation d'une pulsion dans son état physique pur en une pulsion physio-psychologique. Voilà pourquoi, par exemple, il affirme que « sous la pression des évaluations chrétiennes la pulsion sexuelle s'est sublimée en amour »[42]. Nietzsche définit ailleurs la sublimation (*Sublimirung*) comme une « volatilisation » (*Subtilisirung*) ou comme une espèce de traduction d'une pulsion en « imaginatif et en mental »[43].

Outre la théorie de la spiritualisation ou de la sublimation des affects, Nietzsche propose une autre technique de maîtrise des pulsions. C'est en ce sens qu'il déclare que c'est par une morale ou par un « code de lois » que surgit un « instinct profond » à travers un automatisme qui « rend possible la perfection dans la vie et la création »[44]. Le concept d'automatisme des instincts (*Automatismus des Instinkts*) n'est point analysé attentivement par Nietzsche. Le mot *automatismus* ne surgit que très tardivement chez lui et ses occurrences sont rares. Dans un fragment posthume, il utilise ce terme pour exprimer l'automatisme chez les artistes en tant qu'« involontaire coordination du mouvement avec les processus internes (images, pensées, désirs) »[45]. Comme un agir sans la participation de la décision d'une volonté consciente, le

[39] BM, §23.
[40] FP 11[124] du printemps – automne 1881.
[41] HH, §107.
[42] BM, §189.
[43] GM, Second traité, §7.
[44] FP 14[226] du printemps 1888.
[45] FP 14[170] du printemps 1888.

« parfait automatisme de l'instinct » serait « la condition première de toute *maîtrise* »[46] et « de toute espèce de perfection dans l'art de vivre »[47].

Ainsi, l'automatisme et la spiritualisation des affects sont deux techniques possibles d'une éthique physio-psychologique. Malheureusement, Nietzsche n'explique pas la relation qui les lie. Il nous faut donc penser à ce problème tous seuls. Or, Nietzsche continue à parler de l'automatisme des artistes en expliquant qu'il se définit par « tout un mouvement interne (sentiment, pensée, émotion) » qui « s'accompagne de *variations vasculaires*, et, en conséquence, de modifications du teint, de la température, des sécrétions ». C'est à partir d'une « suggestion mentale »[48], donc, que les actions involontaires se développent. Nous pouvons en conclure que la spiritualisation des affects est antérieure à leur automatisme ou au moins contemporaine de celui-ci. Mais il est totalement impossible de le savoir avec certitude à partir des textes nietzschéens. Est-ce que la spiritualisation doit être nécessairement suivie de l'automatisation ou vice-versa ? Nietzsche ne répond pas à cette question. De toute façon, ce qui est le plus important est que sans doute il considérait que la maîtrise des affects était possible et même recommandée.

Bien sûr, il faut avant tout *vouloir* maîtriser soi-même, mais « cela n'est pas en notre pouvoir, pas plus que la méthode que nous adoptons par hasard »[49]. Autrement dit, étant une simple partie du devenir, l'individu doit être capable *a priori* d'apprendre avec l'éthique : « Tout est nécessité, dit la nouvelle connaissance : et cette connaissance est elle-même nécessité. Tout est innocence : et la connaissance est la voie qui ouvre à l'esprit l'accès de cette innocence »[50]. L'innocence du « je suis » créateur dépend de la connaissance éthique qui, cependant, fait aussi partie du fatum. Il y a des individus qui peuvent utiliser l'éthique, mais il y a aussi ceux qui ne le peuvent pas. L'éthique, en tant qu'affectologie, est le savoir par lequel nous avons la *possibilité* de comprendre les affects. En les comprenant, nous pouvons les guider par des techniques physio-psychologiques propres à la singularité de chaque individu et nous les guidons en fonction de la possibilité d'accroître notre puissance. Donc, il faut savoir distinguer quels affects la renforcent et quels affects l'affaiblissent. C'est pourquoi, dorénavant, notre travail consistera à essayer d'établir une description des affects, en les classant selon leur capacité à renforcer ou à affaiblir la vie.

---

[46] FP 14[216] du printemps 1888.
[47] AC, §57.
[48] FP 14[170] du printemps 1888.
[49] AA, §109.
[50] HH, §107.

10.

Santé et décadence

Désormais, nous pouvons comprendre qu'une éthique est une hygiène, autrement dit un art pour préserver et améliorer la santé. Cet art dépend de la connaissance de son objet. Quel est l'objet de l'éthique ? D'une part, les mœurs : *éthos* ; d'autre part, ce qui est le fondement des mœurs, puisque c'est aussi le fondement de toute action, à savoir les affects : *êthos* ou *pathos*. Or, nous pourrions affirmer que la science des affects or l'affectologie est la psychologie[1]. Toutefois, étant donné que l'« esprit » n'est qu'un mot pour dire une partie ou une fonction du corps, la science du *pathos* doit être une physio-psychologie. Alors, quel est l'objet de l'éthique ? Le corps. Mais qu'est-ce que le corps ? Une multitude d'affects qui s'organisent en un individu, mais dont l'histoire du développement précède l'existence de l'individu même. Cette histoire réunit les transformations des affects au sein d'une « race », c'est-à-dire dans une relative continuité culturelle et physique – donc, elle réunit les transformations des *ethos* au sens large du terme, à la fois des affects et des mœurs. La physio-psychologie peut comprendre comment un corps s'organise ou comment les affects fonctionnent. De plus, elle peut classifier les affects en fonction de leur importance pour l'organisation du corps. À l'aide de la généalogie et de la physio-psychologie, l'éthique peut alors donner des indications à l'individu pour qu'il comprenne ses propres affects et l'histoire singulière de son corps. Par conséquent, l'éthique peut lui enseigner à se connaître soi-même et à devenir ce qu'il est. S'il s'engage dans l'éthique – s'il *peut* s'engager dans l'éthique – il deviendra quelqu'un qui maîtrisera ses affects par l'élaboration et la réalisation d'une hygiène singulière qui aspire à la santé et à la vertu du corps. Mais que signifient la vertu et la santé du corps ? Nous essayerons de trouver la réponse dans cette dernière partie de notre travail.

[1] Comme le fait Nietzsche : « Psychologie (théorie des affects) » ; FP 13[2] du début 1888 – printemps 1888.

La réponse commence à apparaître rapidement. En parlant de l'importance du régime de vie, notamment de la diététique alimentaire, Nietzsche pose une petite question très riche en explications implicites : « Comment dois-tu, *toi*, te nourrir afin de parvenir à ton maximum de force, de *virtù* dans le style de la Renaissance, de vertu garantie sans moraline ? »[2]. La richesse extraordinaire de cette question nous oblige à faire au moins trois remarques importantes. Analysons d'abord le mot « moraline » qui est un néologisme formé à partir de la combinaison du terme « moral » et du suffixe « ine », néologisme qui évoque une substance chimique. La moraline serait donc un genre de toxine, et la métaphore signifie que la morale elle-même serait toxique pour la santé du corps. Selon tout ce que nous avons vu, la morale peut être considérée comme toxique parce qu'elle cause l'ignorance par rapport au corps, ce qui provoque l'apparition d'une mauvaise hygiène. « Les confusions en physiologie sont la cause de tous les maux »[3], écrit Nietzsche. Certes, cette ignorance est la conséquence du dédain pour le corps en faveur de la surestimation de l'esprit. Mais elle découle aussi de la logique de l'altérité qui est le fondement de la moralité. Au contraire d'une éthique individualiste, la morale surévalue le « nous » par rapport au « je ». Elle croit à l'égalité entre les hommes et ignore les spécificités de chaque corps singulier. C'est dans cette optique que nous pouvons comprendre le sens du deuxième pronom de la question nietzschéenne, à savoir le « toi » qu'il met en italique. Si une hygiène doit être singulière, il faut que chaque individu cherche sa propre diététique. « Comment dois-je, *moi*, me nourrir ? » c'est la question que nous devons nous poser afin de parvenir à notre « maximum de force ». C'est alors qu'il nous faut analyser le sens de la dernière partie de la phrase de Nietzsche : le maximum de force est la *virtù*, c'est-à-dire la vertu sans moraline. Rappelons le texte de 1878 où Nietzsche parle de l'« éthique dactylique » : le bon pianiste réfléchit aux vertus et aux vices de sa technique[4]. Nous avons envisagé, à partir de ce texte, que l'éthique soit le domaine d'un savoir qui enseignerait les vertus et condamnerait les vices. Cette hypothèse semble encore correcte, mais il faut comprendre pourquoi Nietzsche souligne en 1888 que la vertu doit être comprise comme *virtù* et sans moraline. La même année, Nietzsche écrit un passage très éclairant à ce propos :

> Qu'est-ce que le bonheur ? – Le sentiment que la force *croît*, – qu'une résistance est surmontée.

---

[2] EH, Pourquoi je suis si avisé, §1.
[3] FP 15[13] du printemps 1888.
[4] Revoir le HH, §196.

> *Non pas* la satisfaction, mais davantage de puissance ; *non pas* la paix en elle-même, mais la guerre ; *non pas* la vertu, mais la capacité (vertu dans le style de la Renaissance, la *virtù*, la vertu exempte de moraline).[5].

La *virtù* s'est opposée au vice et, de manière analogue, le bon au mauvais, la puissance à la faiblesse, le bonheur à la satisfaction. Donc, l'idée d'un « maximum de force » apparaît de nouveau pour exprimer la vertu sans moraline. Le vertueux ou bon est le fort ou ce qui fortifie. Le vicieux ou mauvais est le faible ou ce qui affaiblit. Le bonheur est le sentiment de la puissance de vaincre une « guerre ». En revanche, la satisfaction n'est que la sensation que l'individu faible éprouve parce qu'il ne sera pas vaincu par un autre – c'est la résignation de la paix[6]. Le vice est nuisible et dangereux. Au contraire, la *virtù* est avantageuse, bienfaisante, salutaire. Mais elle ne correspond pas à ce que le christianisme comprenait par le mot « vertu », comme la pitié par exemple. Il faut comprendre la vertu sans moraline, c'est-à-dire non en tant que faiblesse, mais comme une force maximale et comme capacité, habileté, compétence. Mais qu'est-ce que signifie « capacité » ? Nietzsche a écrit qu'un « ouvrier capable ou un érudit capable fait bonne figure lorsqu'il met son orgueil dans son art et jette sur la vie un regard content et satisfait » pour ajouter qu'il n'y a « absolument rien de meilleur que le bien, et il consiste à avoir une capacité en un quelconque domaine et à créer à partir de celle-ci la *virtù* »[7]. Cette dernière est plus qu'une simple compétence : elle est la compétence qui se réalise *a posteriori*[8] en un acte, grâce à l'amour-propre et à l'orgueil. C'est pourquoi Nietzsche explique son propre concept de « vertu » comme étant « toujours une vertu *pour soi* »[9]. En tant que réalisation individualiste, la *virtú* est création pure et isolée de l'altérité.

La distinction entre *virtù* et vice en tant que différenciation entre force et faiblesse est solide dans la pensée nietzschéenne. En fait, elle accompagne la distinction entre deux genres de vie, à savoir la vie forte, ascendante, montante et la vie faible, déclinante, descendante : « Je distingue un type de la vie montante et un autre du déclin, de la faiblesse », écrit-il[10]. Le type de vie montante est rare, car l'homme occidental est devenu un animal corrompu par la moraline. Ce que la morale nomme « vertu » est l'inverse de la *virtù*, ce n'est qu'un vice : « La vertu est notre grand contresens »[11]. À travers son

---

[5] AC, §2.
[6] Voir aussi le CI, La morale comme contre-nature, §3.
[7] FP 34[161] d'avril – juin 1885.
[8] Voir à ce propos CI, Les quatre grandes erreurs, §2.
[9] FP 10[109] de l'automne de 1887.
[10] FP 15[120] du printemps 1888. Voir aussi le FP 15[2] de la même époque.
[11] FP 15[13] du printemps 1888.

hygiène, la morale a affaibli l'homme et a créé un type d'homme qui « préfère ce qui lui est préjudiciable »[12]. Donc, si Nietzsche critique souvent la vertu, ce n'est que pour mieux critiquer la signification que la morale a donnée à ce mot. Il n'y a pas chez Nietzsche un refus de la logique dualiste qui sépare la vertu du vice. Ses critiques de la vertu sont toujours accompagnées d'une critique de la morale et/ou du christianisme. C'est pourquoi il met fort souvent le terme entre guillemets. En fait, il propose une inversion des significations des deux mots, inversion qui vise à attaquer les « hypocrites noms de vertus »[13]. Avec Nietzsche, par conséquent, nous pouvons parler d'une *virtù* du criminel[14], car la vertu telle qu'il l'entend « est le *vetitum* proprement dit à l'intérieur de toute législation grégaire »[15]. *Vetitum* signifiant l'interdit (et le mot « vice » vient du latin *vitium*, très proche de *vetitum* ou « interdit » et Nietzsche joue avec cette proximité), il s'ensuit que la vertu est précisément ce que la morale considère comme immoral. « J'ai conféré à la vertu un nouveau *charme*, – elle agit en tant que quelque chose d'*interdit* », écrit Nietzsche avant d'ajouter : « Bref, elle agit en tant que vice », c'est-à-dire que la vertu doit être comprise dans une perspective morale « comme une *forme de l'immoralité* »[16].

Il s'agit donc du projet de « réévaluation de toutes les valeurs »[17] qu'établit aussi Zarathoustra par l'inversion des concepts traditionnels de vertu et de vice. L'opposition au concept traditionnel de vertu est explicité surtout dans les chapitres « Des chaires de vertu », « Des vertueux » et « De la vertu qui rend petit ». En revanche, il y a plusieurs passages où Zarathoustra propose de nouvelles significations pour le mot « vertu », notamment le chapitre « De la vertu qui prodigue ». Il y valorise le créateur qui aime son destin et demande à ses disciples : « Ramenez la vertu envolée à la terre – au corps et à la vie : pour qu'elle donne son sens à la terre, un sens humain ! »[18] À l'opposé de cette espèce de morale métaphysique qu'est le christianisme, il enseigne que la vertu doit être cherchée dans la *physis*, c'est-à-dire dans la nature, par la valorisation du corps et de la vie. En revanche, le vice est « toute espèce de contre-nature » comme par exemple le mépris de la vie sexuelle[19].

La définition nietzschéenne de la vertu obéit à la valorisation du type de vie ascendante. Or, pour Nietzsche la vie même est « instinct de croissance,

---

[12] AC, §6.
[13] FP 10[45] de l'automne 1887.
[14] Voir FP 10[50] de l'automne 1887.
[15] FP 10[109] de l'automne 1887.
[16] FP 10[11] de l'automne 1887.
[17] EH, Pourquoi je suis un destin, §1.
[18] ZA, I, De la vertu qui prodigue, §2.
[19] Voir EH, Pourquoi j'écris de si bons livres, §5.

de durée, d'accumulation de forces, de *puissance* ». La vie qui décline est un type de vie faible parce qu'elle n'a guère de puissance. En fait, les valeurs de déclin « règnent sous les noms les plus sacrés »[20] et cela explique que la morale ait proposé comme vertu sa propre faiblesse : « Aux yeux de la morale, il *faut* inévitablement que la vie ait toujours tort, parce que la vie *est* quelque chose d'essentiellement immoral ». La conséquence de cette perspective est que la morale est devenue une « volonté de nier la vie » ou « le secret instinct, enfoui au plus intime, de la destruction, un principe de déchéance, de rapetissement, de calomnie »[21]. Quand Nietzsche identifie son concept de vertu à l'interdit, au vice et à l'immoralité, il s'identifie lui-même comme un immoraliste, dans le sens précis de quelqu'un qui plaide pour l'accroissement de la vie :

> Au fond, ce sont deux négations que mon terme d'*immoraliste* implique. Je nie d'un côté un type d'homme qui passait jusqu'ici pour suprême, les *bons*, les *bienveillants,* les *bienfaisants* ; de l'autre, je nie une espèce de morale qui, par son autorité et sa suprématie, est apparue comme la morale en soi, – la morale de *décadence*, en termes plus explicites, la morale *chrétienne*[22].

Cette « espèce de morale » que Nietzsche attaque n'est pas le seul mode d'évaluation possible de la vie. Encore une fois, nous devons faire attention à l'expression « jusqu'ici » que Nietzsche utilise pour marquer la séparation de sa pensée par rapport à l'histoire qui l'a précédé. Cette espèce de morale qu'il critique est celle qui évaluait jusqu'ici le faible comme étant « bon » : « La morale telle qu'on l'a comprise jusqu'à présent est l'instinct de décadence lui-même qui se fait impératif. Elle dit : "péris !" – elle est le jugement de condamnés »[23]. Ici Nietzsche joue avec l'obligation « tu dois » qui est le fondement de la moralité. En tant que décadente, la morale jusqu'ici exigeait « tu dois périr » en proposant une hygiène que valorisait l'affaiblissement des forces vitales. Et c'est précisément contre cette perspective que lutte Nietzsche : « je me refuse à aspirer consciemment à mon appauvrissement, je n'aime aucune de ces vertus négatives – vertus dont le désaveu et l'abnégation de soi constituent l'essence »[24]. Étant donné que le type de vie montante est capable de vertu alors que le type de vie du déclin est condamné au vice, la dualité vertu-vice peut être comprise comme analogue à la dualité santé-décadence.

---

[20] AC, §6.
[21] NT, Essai d'autocritique, §5.
[22] EH, Pourquoi je suis un destin, §4.
[23] CI, La morale comme contre-nature, §5.
[24] GS, §304.

Nietzsche a fort souvent recours au terme de « décadence » et ses variations en français. À partir de 1883, le mot « décadence » est employé par Nietzsche au sein d'une critique esthétique. Ce n'est qu'en 1886 qu'il devient aussi un signe caractéristique de la morale[25], mais cette utilisation du terme demeure timide. En fait, dans un fragment de 1887, Nietzsche demande encore : « *tous* les mouvements spécifiquement *moraux* n'étaient-ils pas jusqu'ici symptômes de *décadence* ? »[26]. Désormais, il apparaît associé au nihilisme[27] et ensuite au christianisme et au pessimisme[28], mais aussi finalement à la philosophie, à la religion et à la morale[29]. Ce n'est qu'en 1888 que le mot « décadence » apparaît dans un texte publié (*Le cas Wagner*) et c'est cette année-là que Nietzsche l'utilise enfin comme synonyme de « maladie ». De manière générale, nous pouvons affirmer que la décadence signifie la condition physio-psychologique maladive. En fait, tant les termes de « décadence » que de « maladie » sont utilisés ensemble et de manière identique pour classer Schopenhauer[30], Wagner[31], Socrate[32], l'homme religieux[33] entre autres. La connotation médicale est aussi présente dans des termes tels que « déchéance », « morbidité », « dégénérescence »[34] ou « paralysie, fatigue, torpeur »[35], par exemple. C'est pourquoi Nietzsche définit la décadence comme la disposition maladive qui se caractérise par « l'impuissance à résister au danger d'une intrusion nuisible » et comme affaiblissement[36]. Ce n'est pas un hasard si le terme de « vice » continue à être associé à la décadence[37], car l'instinct de décadence est « l'instinct qui *dégénère,* qui se retourne contre la vie »[38] et aussi « l'instinct de négation, de corruption »[39]. La décadence est donc une « régression physiologique » d'une vie qui décline[40] et le décadent est celui qui affirme que « la *vie* ne vaut rien »[41]. En revanche, la santé est souvent

[25] Voir le FP 5[89] de l'été 1886 – automne 1887.
[26] FP 7[20] de la fin 1886 – printemps 1887.
[27] Voir, par exemple, les FP 9[35] de l'automne 1887, FP 10[168] de l'automne 1887 et FP 11[150] de novembre 1887 – mars 1888.
[28] Voir, par exemple, le FP 11[362] de novembre 1887 – mars 1888.
[29] Voir, par exemple, FP 14[168] du printemps 1888.
[30] Voir, par exemple, CW, Préface.
[31] Voir, par exemple, CW, Lettre de Turin, §5 ou CW, Post-scriptum.
[32] Voir, par exemple, CI, Le problème de Socrate, §11.
[33] Voir, par exemple, AC, §51.
[34] Voir FP 11[227] de novembre 1887 – mars 1888.
[35] CW, Lettre de Turin, §7.
[36] FP 14[65] du printemps 1888.
[37] Voir, par exemple, FP 14[74] et [75] du printemps 1888.
[38] EH, La naissance de la tragédie, §2.
[39] EH, Aurore, §2.
[40] AC, §17.
[41] CI, Incursions d'un inactuel, §35.

associée aux termes « nature, belle humeur, jeunesse, vertu »[42] – la vertu étant la santé de l'individu[43], alors que la décadence altère cette dernière[44].

Tout comme le mot « vertu », le terme de « santé » doit être réévalué, car il doit nommer cette condition affective d'un corps puissant, cette « nouvelle santé », formule où l'adjectif signifie une inversion par rapport au mode d'évaluation morale. La nouvelle santé est la « grande santé » dont le symptôme est la surabondance[45], « cette sorte de santé que non seulement on possède, mais que l'on acquiert »[46]. Comme nous l'avons vu, c'est par le biais de la diététique ou d'un régime de vie que nous pouvons conquérir par nous-mêmes notre propre santé.

Pour que l'éducation physio-psychologique conduise à la vertu, autrement dit pour acquérir la grande santé, il faut que nous connaissions les affects, car le corps est un ensemble d'affects. On considère souvent une action comme vertueuse ou vicieuse, mais si le *pathos* est le fondement de toute action, cela signifie exactement que l'instinct qui a poussé le corps vers telle ou telle action est vertueux ou vicieux. Nietzsche semble parfois considérer la vertu comme un bon affect et le vice comme un mauvais affect. Ce n'est pas une coïncidence s'il explique la vertu comme étant le résultat d'un renforcement d'un « petit affect »[47], ce dernier pouvant, semble-t-il, être opposé à un « grand » affect.

Étant donné la formule nietzschéenne « passions = vertus et vices »[48], nous pouvons conclure qu'un grand affect serait une « vertu incarnée »[49]. Toutefois, il faut souligner que Nietzsche n'est pas clair à ce sujet. Au premier abord, nous pourrions considérer d'une part un grand affect comme fort et vertueux et d'autre part un petit affect comme faible et vicieux. Mais Nietzsche utilise autant l'adjectif « fort » que l'adjectif « grand » en leur donnant d'autres significations. Il parle parfois d'un affect « fort » pour exprimer l'intensité de la puissance de celui-ci et non pour traduire son caractère vertueux pour le corps ou le fait que cet affect renforcerait la vie. De même, il distingue la volonté de puissance, la volonté de jouissance et la volonté de commander comme étant les grands affects d'un type d'homme fort et réussi[50] ; mais il classe le mépris, la compassion et la destruction comme les trois grands affects

---

[42] CW, Lettre de Turin, §3.
[43] Voir GS, §120.
[44] CW, Lettre de Turin, §5. Voir aussi le CW, Post-scriptum.
[45] HH, Préface, §4.
[46] GS, §382.
[47] CI, Incursions d'un inactuel, §28.
[48] FP 9[44] de mai - juin 1883.
[49] FP 14[132] du printemps 1888.
[50] FP 9[146] de l'automne 1887.

d'une période spécifique de l'histoire du nihilisme européen[51]. Nietzsche n'est explicite qu'à un seul moment lorsqu'il affirme que les affects peuvent être caractérisés comme « grands » quand le sentiment de puissance « s'empare soudainement et irrésistiblement de l'homme »[52]. Dans ce cas, le fait de qualifier un affect de « grand » est lié au concept de santé ou de grande santé : « Même la santé ne vaut rien si elle n'est pas à la hauteur de puissants affects »[53], déclare-t-il. Rappelons que, d'après Nietzsche, la physio-psychologie est « une doctrine selon laquelle on peut faire dériver toutes les bonnes pulsions des mauvaises »[54]. Par conséquent, quand nous parlerons de la vertu ou du vice, nous les considérerons comme synonymes d'affects forts et faibles, bonnes et mauvaises pulsions, et ainsi de suite.

À la différence de la tradition, ce que Nietzsche désigne par le mot « bonheur » (*Glück*) n'est pas une conséquence de la vertu, mais la vertu elle-même en tant qu'état joyeux des forts : « c'est le plus puissant qui définit *d'abord comme étant vertu son propre état heureux* », écrit-il[55]. Cet affect que Nietzsche appelle souvent aussi la joie (*Freude*)[56] est très important pour lui, mais il ne l'analyse jamais en détail. Toutefois, il nous semble que cette joie peut être liée directement au plaisir (*Lust*)[57], cet état que Nietzsche étudie au sein d'une physio-psychologie qui se développe surtout à partir de 1884. Nous pouvons nous demander si la distinction entre vertu et vice, analogue à celle qui existe entre force et faiblesse, peut être associée à la distinction faite entre plaisir et déplaisir. Pour Nietzsche, le plaisir est le sentiment de la puissance et de la force[58], notamment le sentiment d'*accroissement* de la puissance[59]. Le plaisir est l'affect qui surgit lorsque l'instinct agit : « L'*activité* de l'instinct s'accompagne de plaisir »[60]. Donc, il s'agit d'un affect qui accompagne tout autre affect lorsqu'il se réalise. En revanche, nous devons en conclure que le déplaisir tient à « la dépendance, à l'impuissance »[61].

Si dans le domaine pulsionnel un affect vicieux agissant provoque toujours du plaisir, cela ne signifie pas qu'un vice intensifie la puissance d'un corps. Nietzsche ne l'explique pas, mais il nous faut penser à deux niveaux de plaisir.

---

[51] FP 11[150] de novembre 1887 – mars 1888. Voir aussi GM, Troisième traité, §19.
[52] FP 14[124] du printemps 1888.
[53] FP 11[73] du printemps – automne 1881. Voir aussi le FP 6[110] de l'automne 1880.
[54] Revoir le BM, §23.
[55] FP 7[26] du printemps – été 1883.
[56] Sur le rapport entre *Glück* et *Freude*, voir, par exemple, le dernier paragraphe du FP 7[284] de la fin 1880.
[57] Voir par exemple, le FP 14[115] du printemps 1888.
[58] Voir le FP 14[119] du printemps 1888 ou aussi le FP 5[64] de l'été 1886 – automne 1887.
[59] Voir le FP 25[378] du printemps 1884 et aussi le FP 27[25] de l'été – automne 1884.
[60] FP 7[263] du printemps – été 1883.
[61] FP 23[63] de la fin 1876 – été 1877.

Bien que toute activité pulsionnelle soit plaisante puisqu'elle représente la force de l'affect qui agit, toute activité pulsionnelle n'augmente pas obligatoirement la force du corps. Et ce parce que le corps est un ensemble très complexe. Comme nous le verrons, le corps qui se laisse aller à des vices tels que la compassion ou le ressentiment est un corps décadent, même si ces deux affects causent du plaisir lorsqu'ils se réalisent. Donc, c'est en ce qui concerne le corps, en tant qu'un « soi-même » qui individualise une complexité, que nous pouvons affirmer que la vertu est un affect qui augmente la puissance de l'individu et par conséquent elle est plaisir, joie, bonheur.

De même, comme l'explique Nietzsche, « le malaise est *un ingrédient nécessaire à toute activité* », car « le plaisir est une sorte de rythme dans la succession d'infimes douleurs ayant des rapports de *degré* entre elles »[62]. Contre l'« idéal grégaire » de bonheur selon lequel la satisfaction de la volonté est la cause du plaisir, Nietzsche enseigne que « le sentiment du plaisir réside justement dans l'insatisfaction de la volonté, à savoir que sans limites ni résistances elle n'est pas encore rassasiée... »[63]. En d'autres termes, pour satisfaire la volonté, il faut surmonter le déplaisir. Ainsi ce dernier n'est pas uniquement une « diminution de notre sentiment de puissance », mais aussi une sorte d'« excitant sur ce sentiment de puissance » puisque tout obstacle à la satisfaction de la volonté en est un « *stimulus* » pour celle-ci[64].

À part les différents choix lexicaux, cette position peut avoir des similitudes avec Spinoza. En fait, pour lui, la joie est l'affect qui augmente la puissance d'agir de l'individu et la tristesse celui qui diminue cette puissance[65]. Même si la *laetitia* et la *tristitia* ne sont pas exactement ce que Nietzsche appelle plaisir et déplaisir, ce qui nous importe c'est que la logique dualiste vertu-vice semble être la même chez les deux philosophes. De toute façon, la triade spinoziste est accomplie par le désir (*Cupiditas*)[66], l'essence de l'homme, son *conatus*, c'est-à-dire l'effort que fait l'individu pour persévérer dans son être[67]. Si le concept spinoziste de *conatus* peut être lié au concept de volonté de puissance, la triade nietzschéenne peut être accomplie avec l'ajout des sentiments de plaisir et de déplaisir, dans la mesure où ils « présupposent une *estimation relative à une utilité ou à une nocivité*

---

[62] FP 26[275] de l'été – automne 1884.

[63] FP 11[75] de novembre 1887 – mars 1888.

[64] FP 14[174] du printemps 1888.

[65] Voir l'explication des définitions de la joie et de la tristesse dans la troisième partie de l'*Éthique*.

[66] Voir le scolie de la proposition 11 de la troisième partie de son *Éthique*. Voir aussi les trois premières définitions des affects dans la même partie et l'explication de la quatrième définition.

[67] Voir le scolie de la proposition 9 de la troisième partie de l'*Éthique* et surtout la première définition des affects et l'explication qu'en donne Spinoza.

globales »[68]. C'est pourquoi, à la fin de sa vie productive, Nietzsche pose encore les questions suivantes : « Si l'essence la plus intime de l'être est volonté de puissance, si le plaisir est toute croissance de la puissance, déplaisir tout sentiment de ne pouvoir résister et maîtriser ne pouvons-nous pas alors poser plaisir et déplaisir comme des faits cardinaux ? La volonté est-elle possible sans ces deux oscillations du oui et du non ? »[69]. La ressemblance que présentent ces réflexions avec celles de Spinoza est évidente, mais Nietzsche ne les signale pas.

Quoi qu'il en soit, c'est à travers la recherche des affects et en connaissant son propre corps que l'individu peut être son propre médecin, son propre psychophysiologue, son propre éthicien. C'est pourquoi Nietzsche déclare : « L'opposition tranchée entre bien et mal, vertu et vice est une discipline tendant à rendre l'homme *maître* de lui-même »[70]. La connaissance des affects est une façon pour l'individu de se rendre maître de soi-même, maître de ses affects et maître de ses actions. Selon Nietzsche, pour dominer le moi, l'instinct « directeur » dépend de la « profonde conscience de ce qui est utile et de ce qui est nuisible » au corps pour lui garantir vigueur, santé et vitalité[71]. C'est dans ce sens que nous devons comprendre ces paroles de Zarathoustra :

> Par le savoir, le corps se purifie ; en faisant des tentatives avec science, il s'élève ; tous les instincts se sanctifient en celui qui accède à la connaissance ; l'âme de celui qui s'est élevé devient joyeuse.
>
> Médecin, aides-toi, toi-même : ainsi tu aideras ton malade de surcroît. Que ce soit son aide la meilleure, qu'il voie de ses yeux celui qui se guérit lui-même[72].

Une fois encore, rappelons que l'éthique peut ne pas être réellement comprise : cela dépend de la condition affective de celui qui connaît cette éthique. « On ne réfute pas une maladie »[73], écrit Nietzsche. Toutefois, si nous sommes affectivement capables de comprendre notre corps et de le guider, l'éthique doit fournir une typologie des affects. Chez Nietzsche, le travail médical ou éthique est plus un effort de diagnostic des vices qu'un travail de proposition de vertus. Peut-être parce que, selon lui, « percevoir le nuisible comme nuisible, être capable de s'interdire quelque chose de nuisible est déjà

[68] FP 11[71] de novembre 1887 – mars 1888.
[69] FP 14[80] du printemps 1888.
[70] FP 26[398] de l'été – automne 1884.
[71] FP 22[18] de septembre – octobre 1888.
[72] ZA, I, De la vertu qui prodigue, §2.
[73] CW, Post-scriptum. Voir aussi l'épilogue : « On ne réfute pas le christianisme, on ne réfute pas une maladie des yeux » et le FP 1[2] de juillet – août 1882 : « On n'est pas en mesure de réfuter des conditions d'existence : on peut seulement… *ne pas en avoir !* ».

un signe de jeunesse, de force vitale »[74]. De toute façon, comme toujours, Nietzsche ne systématise pas sa théorie descriptive des affects.

Peut-être que ce manque de systématisation s'explique non pas seulement par la répulsion nietzschéenne pour tout système, mais aussi par la difficulté de préciser de façon claire quels affects sont des vertus et lesquels sont des vices. N'oublions jamais que les notions de fort et faible sont relatives[75]. En fait, d'après lui, le langage fait que leur appréciation est difficile puisque, « prisonnier de sa balourdise », le langage continue à « parler d'oppositions là où il n'y a que des degrés et un subtil échelonnement complexe »[76]. Ce texte de 1886 sur le langage en explique d'autres, plus anciens – de 1878 et 1880, respectivement – qui parlent des oppositions de l'étendue affectologique :

> La philosophie historique, la plus récente de toutes les méthodes philosophiques [...] a réussi, dans certains cas particuliers [...] à trouver que ce ne sont point là des contraires, sauf dans l'exagération habituelle à la conception populaire ou métaphysique. [...] Tout ce dont nous avons besoin, et que nous ne saurions tenir que du niveau actuel de chacune des sciences, c'est une *chimie* des représentations et sentiments moraux, religieux, esthétiques [...][77].

> L'observation vulgaire, imprécise, voit partout dans la nature des contraires [...], alors qu'il n'existe pas de contraires, mais seulement des différences de degrés. Or, cette mauvaise habitude nous a induits à vouloir aussi comprendre et analyser en fonction de pareils contraires la nature intérieure, le monde moral et spirituel[78].

Il est fort probable qu'il s'agit ici ou bien d'une contradiction ou d'un changement théorique. Par-delà tous les passages remarquables que nous avons analysés jusqu'ici, par rapport auxquels ceux-ci ne sont que des exceptions, en 1888, dans *Le cas Wagner*, Nietzsche oppose encore une fois clairement la vie ascendante à la vie déclinante et dit alors à propos de cette opposition centrale : « les seules choses contre lesquelles il faut se défendre, c'est la fausseté, la duplicité instinctive qui *refuse* d'appréhender ces antithèses comme des antithèses »[79]. D'ailleurs, déjà en 1884, Nietzsche écrit que l'homme « a cultivé en lui une quantité d'instincts et d'impulsions qui *s'opposent entre eux* » et parvient même à dire que les individus les plus extraordinaires, comme Shakespeare, sont ceux dont les corps contiennent des

---

[74] CW, Lettre de Turin, §5.
[75] Voir GS, §118.
[76] BM, §24.
[77] HH, §1.
[78] VO, §67
[79] CW, Épilogue.

instincts en forte opposition, mais dominés[80]. Partant, la défense de l'autarchie y apparaît encore une fois et confirme l'interprétation qui est la nôtre jusqu'ici : il ne s'agit pas de nier le conflit des affects contraires coexistant dans un même corps. Au contraire, il s'agit de réaffirmer que ce n'est qu'en rapport au corps en tant qu'un soi-même individuel, bien que complexe, que devient possible la classification abstraite des affects comme des vertus ou des vices. C'est dans la mesure où un affect apparaît, de façon commune et ordinaire, comme un facteur d'accroissement ou de diminution du pouvoir d'agir du corps humain qu'il peut être classé ainsi.

Ce n'est donc pas l'universalité des concepts de vertu et de vice qui définit une morale. Si c'était le cas, Nietzsche serait, pour nous, un moraliste. Tout au contraire : c'est, d'une part, la croyance en des valeurs absolues et, d'autre part, l'impératif « tu dois » en tant que signe de la relation d'altérité qui marquent la morale comme morale. Pour Nietzsche, les notions de vertu et de vice présentent un degré de relativité et le « tu dois » est désigné ou comme une illusion métaphysique ou comme un simple commandement politique qui, en tant que tel, est faible et peut ne pas être respecté. L'éthique que nous proposons à partir de Nietzsche n'est jamais une imposition des valeurs, jamais une déontologie et, grâce à cela, elle ne condamne pas. Cela dit, il ne nous est pas interdit – et nous choisissons l'option de le soutenir – de considérer comme possible l'établissement de critères de distinction entre vertus et vices valables pour tout le genre humain, malgré les caractéristiques singulières de chaque corps.

Malgré les différences ponctuelles mais considérables que nous avons indiquées tout au long de notre étude, nous pensons que l'éthique que nous proposons à partir de Nietzsche se rapproche de celle de Aristote, étant donné que celui-ci a dit qu'il « est évident qu'il [le Bien] ne saurait être quelque chose de commun, de général et d'un[ique] »[81] et que « nous ne devons pas seulement nous en tenir à des généralités, mais encore en faire l'application aux vertus particulières »[82]. Il y aurait donc un particularisme ou un contextualisme et chez Aristote et chez Nietzsche, ce qui n'empêche pas ces derniers – nous non plus d'ailleurs –d'établir une liste de vertus pour le genre humain. Il faut souligner que Nietzsche ne commente que très rarement l'éthique aristotélicienne et que le rapprochement fait ici est de notre fait. Enfin, avec toutes ces explications, nous croyons avoir surmonté la question

[80] FP 27[59] de l'été – automne 1884.

[81] *Éthique à Nicomaque*, Traduit par J. Tricot, Paris, J. Vrin, 1979, livre I, chapitre IV, 1096a 26-28.

[82] *Éthique à Nicomaque*, livre II, chapitre VII, 1107a 28-30.

macintyrienne « Nietzsche ou Aristote ? » que nous considérons comme un faux problème[83].

Ce que Nietzsche définit comme morale, et il la critique, est ce qu'on a décidé de classer comme une éthique ou une morale « déontologique » ou « du devoir ». Et il la critique car, à son avis, il n'existe aucun fondement métaphysique pour elle. Au contraire, ce que nous pouvons nommer, à partir de Nietzsche, comme une éthique est ce qu'on a décidé d'appeler « éthique de la vertu », ce qui présuppose une téléologie de l'action, tout comme chez Aristote. Mais, à la différence du penseur grec, chez Nietzsche la vertu n'est pas l'objet d'un libre choix. En effet, si nous présupposons la vertu comme objet de choix, le *telos* de l'action implique nécessairement un « tu dois », car le fait que la vertu soit rapportée à la santé et à la force et que les deux soient évalués positivement obligerait l'individu à choisir toujours la vertu pour agir de la meilleure façon possible. Dans ce sens, quand nous nions avec Nietzsche le libre-arbitre, nous proposons la vertu comme *telos*, mais sans l'exigence d'un devoir, car il est impossible de fonder une éthique déontologique sans le support de la liberté, comme, d'ailleurs, Kant nous en a avertis.

C'est dans cette perspective que nous devons comprendre la critique féroce dirigée contre le concept de faute que Nietzsche établit dans le second traité de *La généalogie de la morale.* Étant donné l'innocence du devenir, établie par l'absence de libre-arbitre, le concept de responsabilité (qui rend possible le concept de faute) est faux. L'individu ne peut pas être rendu métaphysiquement responsable d'avoir agi vertueusement ou non. Il ne peut pas être rendu métaphysiquement responsable d'avoir suivi ou non la vertu comme *telos.* Nous disons « rendu métaphysiquement responsable » car il y aura toujours la possibilité de fonder la responsabilité politique ou contractuellement.

Nous finissons ici notre travail de recherche des éléments du texte nietzschéen qui nous autorisent à proposer la construction d'une éthique des affects comme affectologie. Dorénavant, nous nous attacherons à un classement général des affects, bien que nous restions conscients de la difficulté qui consiste à délimiter de façon précise une distinction entre de bons et de mauvais affects. C'est pourquoi nous nommerons ce tableau « abstrait », pour autant qu'il est seulement un indicatif *a priori* pour le genre humain qui peut, toutefois, être relativisé selon les circonstances particulières de chaque individu dans chaque situation singulière de vie. Bien que de nombreux textes courts réfléchissent sur des affects, nous ne les analyserons pas tous : notre travail de lecture a sélectionné ceux qui nous semblent être les plus importants.

---

[83] Voir surtout les chapitres 9 et 18 de MacIntyre, A. *Après la vertu.* Paris, PUF, 1997.

Partie II

Le tableau abstrait des affects

1.

Le dégoût comme péril et sauvetage

Le mot *Ekel* souvent traduit par dégoût, mépris ou écœurement, loin d'être un mot sans importance, est utilisé pour nommer un affect[1], le sentiment « plus noir que la plus noire mélancolie »[2] auquel se réfère Nietzsche plusieurs fois. Dans cet extrait le mot utilisé est *Verachtung*. Comme nous le verrons dans les citations suivantes, le mot *Ekel* doit être rattaché notamment à *Verachtung*, ce qui évidemment a été souvent fait par Nietzsche, mais aussi à *Verdruss* ou *Uberdruss* entre autres. Quoique tous ces termes ne soient pas des synonymes exacts dans la langue allemande, Nietzsche les utilise presque de la même façon, comme nous le constaterons.

Notamment dans *Ainsi parlait Zarathoustra*, le dégoût est décrit comme un concept crucial, sans lequel on ne pourrait pas mettre à nu complètement ce personnage qui se définit comme « l'homme sans dégoût » ou le « triomphateur du grand dégoût »[3]. Pour comprendre la signification du dégoût selon Nietzsche, il sera nécessaire de présenter l'analyse qu'il fait de cet affect par rapport à ses divers objets, car le dégoût se rapporte toujours à un objet particulier et il ne peut pas se réaliser isolé. À différents moments, Nietzsche utilise le mot *Ekel* pour indiquer ce qui lui répugne personnellement : la tartufferie en général et « l'attitude mensongère propre à la moralisation » des livres modernes[4] ; le barbouillage de tous les « philosophaillons de la réalité »[5] ; les croyants[6] ; le « bavardage moral des uns par rapport aux autres » et des « jugements au nom de la morale »[7] ; le romantisme et l'« idéalisme

---

[1] Voir le FP 26[95] de l'été – automne 1884.
[2] AC, §38.
[3] ZA, IV, Le mendiant volontaire.
[4] GM, Troisième traité, §19.
[5] BM, §10.
[6] AA, §56.
[7] GS, §335.

mensonger »[8] ; le Nouveau Testament[9] ; les concepts de péché et de punition[10] ; les contemplatifs[11] ; la Révolution[12] et ainsi de suite. Dans tous ces cas, c'est son désir d'honnêteté qui fait que Nietzsche éprouve du dégoût. C'est pourquoi il écrit :

> A l'égard du passé, je suis, comme tous les hommes de connaissance, d'une grande tolérance [...]. Mais mon sentiment tourne complètement, éclate dès que je pénètre dans l'époque moderne, *notre* époque. Notre époque est une époque qui *sait*... Ce qui jadis n'était que tout simplement malade est aujourd'hui devenu indécent – il est indécent d'être aujourd'hui chrétien. *Et c'est là que commence mon dégoût*[13].

D'ailleurs, parallèlement à ces différents passages, Nietzsche s'engage à penser au dégoût lié à trois objets spécifiques et principaux : le monde, le soi-même et le dégoût lui-même – *spernere mundum, spernere se ipsum, spernere se sperni*, c'est-à-dire « mépriser le monde, se mépriser soi-même, mépriser le mépris ». Nietzsche ne mentionne jamais le premier vers (*spernere mundum* ; mépriser le monde), mais seulement les deux derniers. Le passage est cité par Goethe dans son journal de voyage en Italie qui indique que saint Philippe Neri aurait adopté cette devise[14]. De toute façon, il est important de noter le commentaire de Goethe par rapport aux trois vers tels que les a adoptés Neri : « Un esprit hypocondre se figure bien quelquefois qu'il pourra satisfaire aux deux premiers points ; mais, pour s'accommoder au troisième, il faudrait être sur la voie de la sainteté ». En d'autres termes, le fait de mépriser le mépris (*spernere se sperni*) serait, d'après Goethe, une attitude sainte. Nous verrons que cette considération ressemble à ce qu'en dit Nietzsche.

Chez Nietzsche, le *spernere se ipsum* ou le dégoût de l'individu pour lui-même est bien traduit par la réaction de Zarathoustra à la parole du criminel blême. Le criminel est le personnage qui représente le bandit, il est celui qui ne partage pas les valeurs acceptées par la majorité, c'est-à-dire les valeurs ordinaires. Qu'est-ce qu'il dit ? « Mon moi est quelque chose qui doit être surmonté : mon moi est, pour moi, le grand mépris [*die grosse Verachtung*] de l'homme ». Cette phrase doit être lue très attentivement, car une première

---

[8] Préface du deuxième volume de *Humain, trop humain*, §3.
[9] FP 10[204] de l'automne 1887.
[10] AA, §202.
[11] GM, Troisième traité, §26.
[12] CI, Incursions d'un inactuel, §48.
[13] AC, §38.
[14] Voir la lettre de Naples du 26 mai 1787. Dans le texte joint aux lettres de Naples « Philippe Neri : un saint humoristique », Goethe y inclut un second vers *spernere neminem* (ne mépriser personne) et dit que c'est un passage de saint Bernard ; mais ce sont probablement des vers de Hildebert de Lavardin.

lecture peut l'interpréter de façon simpliste, alors qu'elle porte en soi une richesse extraordinaire, cachée sous une simplicité presque énigmatique. Le mépris du criminel n'est pas pour soi-même, mais pour l'homme. Le dépassement de soi-même ne s'appuie pas sur le dégoût du moi pour le moi, mais sur le dégoût pour l'homme. Surmonter le soi-même signifie augmenter la puissance du moi par-delà l'homme ordinaire, c'est donc un amour pour un moi à venir. Comment la parole du criminel peut-elle nous aider à comprendre le *spernere se ipsum* ? Face à elle, Zarathoustra dit qu'il éprouve du dégoût pour la conception ordinaire de la bonté. Ensuite, se référant subtilement à l'Inquisition, il déclare que « jadis le mal c'était le doute et la volonté d'être soi » et qu'à cette époque-là l'individu qui s'affirmait soi-même « devenait un hérétique et un sorcier »[15]. L'hérétique et le sorcier sont des criminels et par conséquent ils ont été brûlés sur le bûcher par les représentants de la majorité au nom de la loi ordinaire. Comme le « criminel blême », ils sont hors de la loi, car ils ont la volonté d'affirmer leur soi-même (*selbst*). La majorité, au contraire, considère comme « mauvais », illégal ou immoral le fait que quelqu'un veuille affirmer le moi, le fait que le moi s'aime soi-même, bref la majorité criminalise ou diabolise l'égoïsme. Nietzsche montre que même l'établissement de la communauté ou du troupeau est possible précisément parce que les individus qui appartiennent à la majorité éprouvent du mépris pour eux-mêmes :

> [...] l'assourdissement global du sentiment de vie, l'activité machinale, la petite joie, avant tout celle de "l'amour du prochain", l'organisation sous forme de troupeau, l'éveil du sentiment de puissance de la communauté, en conséquence duquel le dégoût [*Verdruss*] de l'individu pour lui-même se trouve étouffé par le plaisir que lui procure l'épanouissement de la communauté [...][16].

Le déplaisir provenant du dégoût du moi pour soi-même est opprimé par le plaisir de la communauté et de l'altruisme. Le *spernere se ipsum* est un affect extrêmement commun et il est le fondement de la société. Nietzsche observe ironiquement qu'une telle conclusion pourrait offenser les individus ordinaires, de sorte qu'il est préférable de simuler que les prêtres auraient toujours tiré parti « de l'enthousiasme que recèlent tous les affects forts »[17]. Que nous révèle cette ironie ? Que le mépris du moi pour le moi est un affect faible, c'est-à-dire un vice ou une maladie : « il existe des espèces souffrantes, refoulées, à demi ratées, malades et mécontentes d'elles-mêmes », souligne

---

[15] ZA, I, Du criminel blême.
[16] GM, Troisième traité, §19.
[17] GM, Troisième traité, §19.

Nietzsche et il ajoute : « leur façon préférée d'agir sera le "désintéressement", le dégoût [*Ekel*] de soi, le refus de l'égoïsme »[18]. Curieusement, cependant, le dégoût pour soi-même lié au refus de l'égoïsme naît de l'amour égocentrique présent dans la vanité : « Cet écartèlement de soi-même, cette dérision [*Spott*] de sa propre nature, ce *spernere se sperni* [sic],[19] dont les religions ont fait si grand cas, ne sont à proprement parler qu'un très haut degré de vanité ». Cette vanité ou cet amour de soi-même faussé et masqué reposerait sur le plaisir de se faire violence. Comme Nietzsche l'écrit : « L'homme éprouve une véritable volupté à se faire violence par d'excessives exigences et à déifier ensuite ce je ne sais quoi de son âme aux prétentions tyranniques »[20]. L'égoïsme est masqué, car le dégoût n'est pas reconnu comme provenant du moi, mais d'un autre. Il s'agit du jeu moralisant de l'altérité : le *spernere se ipsum* est le dégoût d'un autre – dans ce cas, d'un autre intériorisé – vis-à-vis du moi. En conséquence, la jouissance vaniteuse de cette auto-violence masquée ne se manifeste pas consciemment.

Le *spernere se ipsum* sera important pour comprendre le *spernere mundum* ou le dégoût envers le monde. En effet, Nietzsche associe parfois le mépris pour la réalité au christianisme. Ce dernier serait marqué par le « dégoût [*Ekel*] et la lassitude [*Ueberdruss*] de la vie envers la vie » et rendrait la vie elle-même « réprimée sous le poids du mépris [*Verachtung*] et de la négation éternelle ». Le dégoût de la vie, dans ce cas, est le mépris du corps, des affects et du devenir : « La haine pour le "monde", la malédiction des affects, la peur de la beauté et de la sensualité »[21]. C'est en ce sens que nous devons interpréter le passage suivant de Zarathoustra : « Jadis l'âme regardait le corps avec mépris : et en ce temps-là ce mépris était ce qu'il y avait de plus haut – l'âme voulait le corps maigre, hideux, affamé »[22]. De même, en d'autres occasions, Nietzsche associe le *spernere mundum*, ce dégoût pour l'existence qui est le mépris pour la vie, au dégoût pour l'absurde[23]. Le dégoût de l'existence, dans ce cas, est né de la découverte du non-sens du réel, du chaos et de l'absurde du devenir. Le dégoût alors serait lié à l'horreur (*Entsetzen*), comme chez les pessimistes tels que Schopenhauer par exemple : « le pessimisme de Schopenhauer, son regard horrifié par un monde dépouillé de tout caractère divin, devenu stupide, aveugle, fou, sujet à caution, cette *loyale* horreur de

[18] FP 35[22] de mai – juillet 1885.
[19] Il s'agit d'une erreur de Nietzsche. En effet, cet « écartèlement de soi-même » est exprimé par le *spernere se ipsum*.
[20] HH, §137.
[21] NT, Essai d'autocritique, §5.
[22] ZA, I, Prologue, §3.
[23] Expression de NT, §7.

Schopenhauer… »[24]. C'est aussi le sens des premiers vers de Nietzsche du *Rimus remedium* :

> De ta bouche,
> Baveuse sorcière du Temps,
> Dégoutte lentement une heure après l'autre.
> En vain hurle toute ma répulsion :
> Maudit, maudit le gouffre
> De l'Éternité ! [25]

Le dégoût de la réalité serait l'horreur face à l'absurde d'une vie qui, insaisissable, meurt à chaque instant de ce temps qui ne s'arrête pas. La façon dont le *spernere mundum* est expérimenté par Nietzsche peut être comprise plus facilement pour le *spernere se ipsum*. Si Zarathoustra affirme qu'« il y a beaucoup de boue dans le monde », mais que « ce n'est pas pour cela encore que le monde lui-même est un monstre boueux »[26], le dégoût pour certains aspects de la réalité est considéré cependant comme un obstacle à l'amour du monde dans son intégralité. En tout cas, le *spernere mundum* est le dégoût envers l'homme devenu dégoût envers le monde. Mais qu'est-ce qui fait que Nietzsche éprouve du dégoût vis-à-vis de l'homme ? C'est le *spernere se ipsum* de l'homme. Le dégoût du moi pour soi-même, symptôme de la maladie de l'homme grégaire, est à la fois la résignation et la servilité caractéristiques de l'homme, lesquelles font que celui-ci devient quelque chose de répugnant selon Zarathoustra. L'homme servile et grégaire qui se méprise au nom de l'amour du prochain et de la vie en communauté, cet homme est le type plébéien : « Ce qui est féminin, ce qui est issu de la servilité et tout particulièrement le méli-mélo populacier : *cela* veut être maître maintenant de tout le destin humain, – ô dégoût ! dégoût ! dégoût ! »[27]. Il est important de souligner encore une fois que les mots « populace » ou « plèbe », ainsi que « esclavage » et « esclave », ont aussi un sens métaphorique. À travers eux, Nietzsche veut mettre l'accent sur la reconnaissance de la faiblesse vitale, de la fatigue, de la prostration et de l'incapacité créative de la masse, de la canaille, du troupeau. Pour eux Nietzsche éprouve « le sentiment de la *supériorité* inconditionnée, le dégoût devant la prostration et l'esclavage »[28], le « dégoût que nous inspire le balourd et l'approximatif »[29], le dégoût pour

---

[24] GS, §357.
[25] GS, Appendice, « Chansons du prince hors-la-loi ».
[26] ZA, III, Des vieilles et des nouvelles tables, §14.
[27] ZA, IV, De l'homme supérieur, §3.
[28] FP 25[435] du printemps 1884.
[29] BM, §227.

« tous les demi-savants, tous les nébuleux flottants, tous les exaltés »[30]. Pour cette raison, la politique et la culture moderne dans son ensemble sont la cible constante de la critique nietzschéenne. L'idée même que les hommes sont égaux et qu'ils méritent l'égalité des droits et des exigences fait partie de la logique de « dégénérescence et rapetissement de l'homme transformé en parfait animal de troupeau », c'est-à-dire « cette bestialisation de l'homme transformé en animal nain » fait que Nietzsche ressent un « dégoût de plus que le reste des hommes, – et peut-être aussi une *tâche* nouvelle ! »[31].

Pour comprendre quelle tâche nouvelle surgit simultanément avec le dégoût envers des hommes ordinaires, il est nécessaire de saisir le *spernere se sperni*, ce mouvement « réflexif » du dégoût. La plainte du chant du tombeau n'est rien d'autre – Zarathoustra y dit : « Je promis jadis de renoncer à tout dégoût » et il demande ensuite avec nostalgie : « Où a donc fui mon vœu le plus noble ? »[32]. Il y a une certaine tristesse ou déception chez Zarathoustra, car il n'a pas rempli la plus noble de ses promesses. De même, il diminue l'importance de ceux qui ont encore le mépris dans leurs yeux et le dégoût enfermé dans leur bouche, comme le chasseur qui est revenu de la forêt de la connaissance[33]. Par ailleurs, l'énigme présentée dans l'un des passages les plus obscurs d'*Ainsi parlait Zarathoustra*, qui délibérément et de façon appropriée est intitulé « De la vision et de l'énigme », est la clé pour comprendre le *spernere se sperni* :

> Alors le serpent était entré dans sa gorge et s'y était accroché.
>
> Ma main tenta d'arracher le serpent, elle tirait – en vain ! Elle ne put arracher le serpent de la gorge. Alors quelque chose cria par ma bouche : « Mords, mords donc !
>
> La tête, coupe-lui la tête d'un coup de dents », – voilà ce que quelque chose criait par ma bouche ; ma haine, mon dégoût, ma miséricorde, tout mon bien et tout mon mal criait en *un* cri par ma bouche[34].

Le dégoût et les affects de la haine et de la miséricorde poussent Zarathoustra à ordonner au berger de mordre le serpent. Mais l'image même du serpent est la représentation symbolique du dégoût pour l'homme malade et donc la morsure est la représentation du *spernere se sperni*, le dégoût qui se méprise soi-même. C'est Zarathoustra qui désigne le serpent comme une image

---

[30] ZA, IV, La sangsue. Voir aussi EH, Pourquoi je suis si sage, §8 ; ZA, III, Des trois maux, §2 ; FP 29[52] de l'automne 1884 – début 1885 et le FP 31[28] de l'hiver 1884-1885.
[31] BM, §203.
[32] ZA, II, Le chant du tombeau.
[33] ZA, II, Sublimes.
[34] ZA, III, De la vision et de l'énigme, §2.

représentative du dégoût pour l'homme dans le chapitre « Le convalescent ». À l'approche de la pensée abyssale, à savoir la pensée de l'éternel retour, Zarathoustra s'exclame : « dégoût !dégoût !dégoût ! »[35] et il explique immédiatement la raison de sa réaction de répulsion :

> C'est d'être si grandement saturé de l'homme [*Der grosse Überdruss am Menschen*] – qui m'a étranglé, c'est cette satiété qui s'est faufilée dans mon gosier [...] Hélas, l'homme revient éternellement. L'homme petit revient éternellement ! [...] Par trop petit, le plus grand ! – c'est ce qui fait que j'en ai assez de l'homme ! Et éternel retour aussi de ce qui est le plus petit ! – Voilà ce qui me fit en avoir assez de toute existence ![36].

Cette dernière phrase confirme donc le rapport entre le dégoût pour l'homme et le *spernere mundum*. Avec la pensée abyssale, Zarathoustra prévoit l'éternel retour de toutes les choses y compris le retour de l'homme petit et cela provoque son dégoût. C'est Nietzsche lui-même alors qui dénoue l'énigme. Le berger qui a le serpent accroché à sa gorge est Zarathoustra. L'image du serpent, à son tour, symbolise le grand dégoût vis-à-vis de l'homme. C'est pourquoi Zarathoustra dit que ce n'est que le dégoût qui l'empêche d'écraser les poux que sont les professeurs de résignation[37]. L'acceptation de la petite vertu de ceux qui veulent le petit bonheur provenant du confort est la résignation pour laquelle Zarathoustra éprouve du dégoût. Au contraire, une grande vertu telle que la joie de soi-même ou la « vertu qui prodigue » éloigne tout ce qui est méprisable et lâche, car c'est l'homme d'une nature servile qui « ne veut jamais se défendre », qui « ravale ses glaires empoisonnées et ses regards mauvais » et qui « est par trop patient, qui supporte tout, se contente de tout »[38] qui est vraiment répugnant. En effet, tant le dégoût que la métaphore des glaires empoisonnées peuvent être rapprochés de l'image du serpent accroché à la gorge du berger.

Bien que Zarathoustra arrive à mépriser le dégoût pour l'homme dans sa vision énigmatique, car le berger y tue le serpent d'une morsure, le dégoût pour l'homme reste présent dans la suite du livre. Or, la relation qui existe entre Zarathoustra et le dégoût est peu claire : il s'appelle parfois lui-même l'homme sans dégoût ou le triomphateur du grand dégoût[39], mais en d'autres occasions il s'insère dans le groupe de ceux qui l'éprouvent encore : « pour

---

[35] ZA, III, Le convalescent, §1.
[36] ZA, III, Le convalescent, §2.
[37] ZA, III, De la vertu qui rend petit, §3.
[38] ZA, III, Des trois maux, §2.
[39] ZA, IV, Le mendiant volontaire.

vous tous qui souffrez du *grand dégoût*, tout comme moi »[40], dit-il en se référant aux hommes supérieurs qui sont « les hommes du grand désir, du grand dégoût, de la grande satiété »[41].

C'est pourquoi Nietzsche manifeste du dégoût pour le méli-mélo de la populace et ses bonnes mœurs, affect ressenti aussi par l'un des rois qui rendent visite à Zarathoustra[42]. C'est le dégoût qui est la seule vérité qu'on peut voir collée à la bouche du magicien[43] et qui peut être aussi éprouvée par le mendiant volontaire[44]. Quand Zarathoustra se réunit chez lui avec ces hommes et d'autres hommes supérieurs et avec sa propre ombre et l'âne, il identifie chez eux un affect positif concomitant avec le dégoût ressenti par eux : « Que vous méprisiez, vous, hommes supérieurs, cela me fait espérer. Ceux dont le mépris est grand sont aussi ceux dont la vénération est grande »[45]. D'une part, le dégoût a un effet débilitant, d'autre part, il peut être surmonté par ces hommes qui vénèrent, ceux qui éprouvent un grand amour pour l'homme à venir[46]. C'est en vénérant ce qu'il y a d'excellent dans l'humanité, identifié au futur, qu'on ressent du dégoût pour le plus vil, identifié au présent et au passé.

Zarathoustra se réjouit d'avoir réussi à enseigner aux hommes supérieurs comment ne plus être affectés par le dégoût : « Le *dégoût* s'écarte de ces hommes supérieurs : tant mieux ! Cela c'est ma victoire »[47]. Pour la même raison, Zarathoustra a auparavant dit qu'il s'était étranglé et presque étouffé avec les questions suivantes : « Comment la vie a-t-elle aussi *besoin* de la canaille ? Faut-il des puits empoisonnés et des feux nauséabonds et des rêves souillés et des asticots dans le pain de vie ? », avant d'ajouter : « Ce n'est pas ma haine, mais c'est mon dégoût qui a rongé avec avidité ma vie »[48]. Enfin, le dégoût ronge, corrode, affaiblit la vie. Bien sûr, quand le dégoût est surmonté par ce qui vénère, c'est l'amour qui naît et non la vengeance. Nous ne pouvons pas en conclure que le dégoût né de l'amour est une vertu, mais tout simplement que celui qui se dégoûte parce qu'il est vindicatif est incapable de vénérer un homme à venir. C'est pourquoi Zarathoustra fait voir encore une fois le *spernere se sperni* lorsqu'il est dégoûté par le dégoût vindicatif du fou, le « singe de Zarathoustra » qui est à la porte de la grande ville. Le fou parle

---

[40] ZA, IV, Le chant de mélancolie, §2.
[41] ZA, IV, La salutation.
[42] ZA, IV, Entretien avec les rois, §1.
[43] ZA, IV, Le magicien, §2.
[44] ZA, IV, Le mendiant volontaire.
[45] ZA, IV, De l'homme supérieur, §3.
[46] Voir le GM, Second traité, §24.
[47] ZA, IV, Le réveil, §1.
[48] ZA, II, De la canaille.

alors de son aversion pour la grande ville et Zarathoustra, après l'avoir écouté, s'exclame : « Je méprise ton mépris ; et si tu m'avertis, que ne t'es tu pas averti toi-même ? Ce n'est que de l'amour seul que doit s'envoler mon mépris et de l'oiseau-présage : mais pas du marécage ! » et il poursuit :

> Parce que personne ne t'a suffisamment flatté, – c'est pour cette raison que tu t'es assis auprès de ces ordures pour que tu aies des raisons de grogner,
>
> – pour que tu aies beaucoup de raisons de *vengeance* ! La vengeance, en effet, fou prétentieux que tu es, c'est toute ton écume, je t'ai bien deviné !

Celui qui méprise les hommes pour s'en venger du fait qu'ils ne l'ont pas suffisamment flatté, fait naître le dégoût qui est la haine vengeresse. Au contraire, ce n'est qu'en partant de l'amour que le dégoût de Zarathoustra peut s'envoler. Et il veut que cela soit très clair pour que personne ne le confonde avec les autres. En fait, son « singe », c'est-à-dire son imitateur emprunte les mots du discours de Zarathoustra contre les hommes, mais le singe les utilise pour justifier sa propre haine et sa rage vengeresse. Même si le discours du fou ressemble à celui de Zarathoustra, dans la mesure où celui-là a des bonnes raisons pour rejeter la ville, ce discours est et sera toujours une injustice, étant donné qu'il n'est pas alimenté par l'amour de l'avenir ni par la possibilité d'un nouveau type d'homme. Si celui qui se méprise sans rancœur évite l'autre, celui qui se méprise avec rancœur cherche à se venger sur l'autre. C'est pourquoi Zarathoustra dit adieu au fou en lui laissant un héritage : « Mais ceci, fou, je te le dis pour ta gouverne en guise d'adieu : où l'on ne peut plus aimer, là il faut – *passer* ! »[49]. Ce n'est que par amour qu'on doit se mépriser. Donc, il faut passer par-dessus le dégoût quand il ne résulte pas de l'amour.

Malgré la simultanéité affective du dégoût pour l'homme grégaire et servile et de l'adoration amoureuse pour la possibilité d'une nouvelle sorte d'homme à venir, il y a une tendance majeure à considérer le dégoût comme un affect débilitant de la vie. Par conséquent, l'intention de « passer » par-dessus ce qui est méprisable est une façon d'éviter le dégoût – ce qui devient très clair quand Zarathoustra dit qu'« il existe une vie où l'on peut boire sans la canaille » et que pour trouver cette vie il faut s'écarter de la canaille. La métaphore de l'altitude utilisée dans le même passage signifie la même chose : « nous habitons trop haut, au-dessus de pentes bien trop abruptes pour tous les impurs et leur soif ». L'avenir souhaité par Zarathoustra est un futur dans lequel l'humanité s'écarte de la canaille : « Et nous voulons vivre au-dessus d'eux comme des vents forts, voisins des aigles, voisins de la neige, voisins du soleil : c'est ainsi que vivent les grands vents. Et je veux, un jour, pareil au

---

[49] ZA, III, En passant.

vent, souffler parmi eux et par mon esprit couper le souffle à leur esprit : c'est ainsi que le veut mon avenir ». Mais, pour Zarathoustra, dans le temps présent seule la solitude permet de s'écarter de la canaille : « Nous bâtissons notre nid sur l'arbre nommé avenir ; les aigles dans leurs becs, nous apportent de la nourriture, à nous solitaires ! ». En tout cas, Zarathoustra souligne qu'il est possible que le dégoût lui ait donné des ailes et des forces qui le rapprochent de la source de la joie, car en volant aux « hauteurs les plus extrêmes », il a réussi à « retrouver la source de la joie »[50]. C'est seulement dans ce sens que ce vice peut renforcer la vie, dans la mesure où il peut provoquer un mouvement de recherche de ce qui est excellent. Ce n'est pas un hasard si Zarathoustra déclare à nouveau qu'il est possible que le dégoût donne « des ailes et des forces pour deviner les sources »[51] et confirme que le dégoût est une condition pour atteindre l'excellence. Pour exprimer cela, Nietzsche utilise alors la métaphore de la « haute mer » :

> Ô mes frères, lorsque je vous enjoignis de briser les bons et les tables des bons : c'est alors seulement que j'embarquai l'homme sur sa haute mer.
>
> Et ce n'est que maintenant que va lui venir le grand effroi, le grand regard que l'on jette tout autour de soi, la grande maladie, le grand dégoût, le grand mal de mer[52].

Nous pouvons comprendre maintenant de quelle « nouvelle tâche » parle le §203 de *Par-delà bien et mal*. La tâche qui survient avec le dégoût pour l'homme est la « haute mer », métaphore déjà présente dans le prologue où Zarathoustra annonce le surhumain. Donc, cette nouvelle tâche serait le *Übermensch* : « Voyez, je vous enseigne le surhumain: c'est lui, cet Océan, en lui peut s'abîmer votre grand mépris »[53]. Ce passage confirme ce que nous avons dit : la vénération amoureuse pour l'homme de l'avenir est concomitante avec le grand dégoût pour l'homme du présent, c'est-à-dire l'homme grégaire et serviteur, ce genre d'homme refusé par le grand amour. Ce n'est que dans ce sens que nous pouvons comprendre que, selon Nietzsche, l'écœurement, la lassitude et le dégoût de soi-même provoquent l'amour de la vie : « Le Non qu'il dit à la vie donne naissance comme par magie à une abondance de Oui plus délicats ; même lorsqu'il se *blesse*, ce maître de la destruction, de la destruction de soi, – cette blessure même le contraint ensuite

---

[50] ZA, II, De la canaille.

[51] ZA, III, Des vieilles et des nouvelles tables, §14. Le passage est très proche de celui du chapitre « De la canaille ». Toutefois, si dans celui-ci il y avait une question, ici il y a une affirmation.

[52] ZA, III, Des vieilles et des nouvelles tables, §28.

[53] ZA, I, Prologue, §3.

à vivre… »[54]. Ce n'est donc pas le dégoût lui-même qui force l'homme à aimer la vie, mais cet amour est une conséquence de la blessure provoquée par le dégoût. Ni le *spernere se ipsum* ou le dégoût de soi-même ni le *spernere mundum* ou ce « non » que l'homme dit à la vie ne sont cette « abondance de Oui ». L'amour de la vie n'est le résultat que du *spernere se sperni*. Seul l'homme qui est le contraire du type grégaire, servile et vindicatif, seul l'homme qui, comme Zarathoustra, vénère amoureusement l'avenir et arrive à maîtriser son propre dégoût[55], lui seul peut éprouver le dégoût « réflexif » et aimer alors la vie. Le dégoût doit donc être dominé, car il est un grand danger, le plus grand danger, parce qu'il est un vice, un affect qui affaiblit la vie[56]. Pour cette raison, le *spernere se sperni* est l'un des enseignements les plus importants d'une éthique des affects.

[54] GM, Troisième traité, §13.

[55] Voir EH, Ainsi parlait Zarathoustra, §8.

[56] Voir le GM, Troisième traité, §19, où Nietzsche considère le « grand dégoût » comme « *notre* grand danger ». Voir aussi EH, Pourquoi je suis si sage, §8 et EH, Pourquoi je suis un destin, §6.

2.

La compassion et l'amitié

La compassion est un des affects les plus condamnés par Nietzsche. Ses critiques sont présentes dès ses premiers écrits et ce jusqu'aux derniers, mais il ne développe guère ses analyses au cours des années. En réalité, ses commentaires à ce sujet sont souvent répétitifs et il n'est pas véritablement difficile de les comprendre. La compassion est exprimée en allemand surtout par le mot *Mitleid* que nous pouvons traduire aussi par pitié, apitoiement entre autres. L'étymologie nous enseigne que ce terme, formé par la combinaison de *Mit* (avec) et de *Leid* (souffrir), signifie « souffrir avec » comme l'étymologie du mot français « compassion ». Cela nous indique la transformation historique par laquelle le terme de *pathos* est passé. Selon la morale métaphysique traditionnelle, le corps est une source de souffrance et toute modification corporelle (*pathos*[1]) est donc douloureuse. Rappelons que la compassion est associée souvent par Nietzsche à l'altruisme en tant qu'amour du prochain (*Nächstenliebe*) ou que « non-égoïsme » (*Unegoistische*). Ce n'est pas un hasard si les attaques nietzschéennes contre la compassion ont souvent un lien avec la constatation de l'impossibilité d'une « action désintéressée » (*unegoistische Handlung*). C'est pourquoi d'ailleurs Nietzsche classe la compassion comme une des « pulsions altruistes »[2]. La compassion est classée comme un affect plusieurs fois[3]. Elle est considérée comme un vice, une souffrance et une faiblesse. En tant qu'« abandon à un

[1] Comme nous le savons, la traduction de *pathos* en allemand est *Leidenschaft*. La double connotation (affect et souffrance) de ce groupe de mots est la même dans les langues latines. En français, par exemple, la racine grecque est présente dans passion, compassion, pâtir, etc. En allemand, *leiden* traduit le substantif « souffrance » ou le verbe « souffrir », *Leid* exprime la peine, la douleur ou le chagrin, *leider* correspond à l'adverbe « malheureusement », etc.

[2] HH, §49.

[3] Voir, par exemple, GS, §338.

affect nocif »[4], elle est un « instinct dépressif et contagieux »[5] et elle est « plus dangereuse que n'importe quel vice »[6].

Nietzsche déclare que la compassion et le dégoût sont deux des plus grands dangers de l'humanité[7]. Selon lui ces deux affects sont des vices parce qu'ils naissent de la perception de la faiblesse de l'autre[8]. Mais la compassion « a besoin de la souffrance et l'isolement du mépris d'autrui »[9]. La disparation du dégoût pourrait signifier une bonne économie affective, mais, en évitant le mépris, la compassion n'évite pas qu'on souffre avec le malheureux, car on ne se sépare pas de l'objet qui inspirerait le dégoût. Et en plus de faire souffrir avec le malheureux, la compassion empêche que la faiblesse ne disparaisse. Au contraire, Zarathoustra nous enseigne que lorsque les faibles veulent mourir « nous devrions approuver le désir ! » et il ajoute : « Gardons-nous d'éveiller ces morts et de blesser ces cercueils ! »[10]. Pour jouir d'une bonne santé, c'est-à-dire pour accroître notre puissance, nous devons nous écarter de la faiblesse d'autrui.

Nietzsche analyse les effets que la compassion cause chez la personne qui souffre et mérite la pitié des autres. Selon lui, le malheureux éprouve un « sentiment de supériorité » lorsqu'il bénéficie de la prévenance de quelqu'un qui prend part à ses souffrances. En exigeant de l'attention, le malheureux éveille l'affliction de l'autre et cela lui procure une « espèce de plaisir ». Parce qu'il fait mal aux autres en exhibant ses douleurs, le faible se rend compte qu'il lui reste « au moins encore un pouvoir et un seul : le pouvoir de faire mal ». Donc, le faible se réjouit quand il s'aperçoit qu'il a encore quelque puissance : « Avoir soif de compassion, c'est donc avoir soif de jouir de soi-même, et ce aux dépens de ses semblables »[11]. Mais, à cause de ce petit plaisir égoïste, le malheureux affaiblit une autre personne, en la faisant souffrir. Par conséquent, la compassion peut être classifiée comme « nuisible »[12], c'est-à-dire comme un vice (*vetitum*). Comme l'indique la structure du mot qui la désigne, la compassion communique la souffrance à celui qui compatit : « La souffrance d'autrui nous contamine, la pitié est une contagion »[13], affirme

---

[4] Dans le même passage, il y a aussi l'expression « affect maladif » pour qualifier la compassion ; AA, §134. Voir aussi le FP 7[285] de la fin 1880.
[5] AC, §7.
[6] FP 15[13] du printemps 1888.
[7] Voir GM, Troisième traité, §14.
[8] VO, §50.
[9] VO, §62.
[10] ZA, I, Des prédicateurs de la mort.
[11] HH, §50.
[12] FP 7[284] de la fin 1880.
[13] FP 7[4] de la fin 1886 – printemps 1887.

Nietzsche. Elle est à la fois un affect « *multiplicateur* de la misère » et « *conservateur* de toute misère », elle est « un instrument capital d'accroissement de la décadence »[14]. C'est pourquoi Nietzsche écrit que la pitié « *accroît* la souffrance dans le monde »[15]. En tant que partage de douleur, faiblesse et souffrance, la compassion est une sorte de maladie : « Si nous ressassons la somme des détresses déjà endurées par l'humanité, cela nous rend faibles et malades ». Comme mesure d'hygiène, « il faut détourner le regard »[16].

Au contraire, pour jouir d'une bonne santé, il faut partager la joie, car « en partageant la joie des autres on *augmente* la force du monde »[17] – c'est l'explication du néologisme que Nietzsche invente pour jouer avec la structure du mot *Mitleid*, à savoir *Mitfreude*, « réjouir avec » ou « joie partagée ». De façon analogue au partage de la souffrance, « se représenter la joie d'autrui est s'en réjouir »[18]. C'est dans cette optique que nous devons lire le poème de Nietzsche nommé *Morale des astres* :

Prédestiné à l'orbe des astres
Que t'importent, astre, les ténèbres ?
Roule sereinement à travers ce temps !
Sa misère te soit étrangère et lointaine !
Au monde le plus lointain appartient ta lueur :
Péché soit pour toi la compassion !
Il n'est qu'une loi pour toi : sois pur ![19]

Ce poème est un véritable conseil éthique. La loi « sois pur » apparaît comme une devise qui nie la compassion. Cela ne signifie pas que Nietzsche ne considère pas la solidarité comme importante. Mais il s'agit d'aider des personnes qui méritent cette aide, puisqu'elles méritent notre amitié. Or, d'après Nietzsche l'amitié naît du partage de la joie : « c'est conjouir [*Mitfreude*], et non point compatir, qui fait l'ami »[20], écrit-il. Les amis méritent notre solidarité parce qu'avec eux nous multiplions leur puissance et la nôtre. C'est pourquoi l'aide ne doit se réaliser qu'en fonction des possibilités d'augmenter la puissance, tant celle de celui qui aide que celle de celui qui est aidé. Pour que cela se concrétise, il faut d'abord comprendre les malheurs de

---

[14] AC, §7. Voir aussi le BM, §30 et le FP 6[380] de l'automne 1880.
[15] FP 7[285] de la fin 1880.
[16] FP 1[122] du début 1880.
[17] FP 7[285] de la fin 1880.
[18] OS, §62.
[19] GS, Plaisanterie, ruse et vengeance : prélude en rimes, §63.
[20] HH, §499.

l'ami et, en plus, il faut que les deux sachent que l'aide est circonstancielle. Nietzsche l'explique à travers le conseil suivant :

> [...] mais ne secourir que ceux-là dont tu *comprends* entièrement la détresse, parce qu'avec toi ils ont une souffrance et une espérance, [...] je les rendrai plus courageux, plus endurants, plus simples, plus joyeux ! Je leur enseignerai ce que maintenant si peu de gens comprennent, ce que ces prédicateurs de la solidarité compatissante comprennent le moins : – la *solidarité dans la joie !* [die Mitfreude][21]

Partant, Nietzsche ne veut pas supprimer l'importance du secours et de l'assistance. Quand nous voyons une personne qui souffre, nous nous identifions à elle et nous souffrons aussi, parce que nous nous imaginons de façon inconsciente dans la même situation que le malheureux ou nous imaginons qu'une chose que nous aimons est en danger : « c'est l'irritation de voir que quelque chose porte atteinte à nos propriétés ou à ce qui leur ressemble »[22]. Cette identification est un genre d'« imitation interne involontaire »[23]. Toutefois, bien qu'elle soit en général un vice, la compassion rend quelque puissance aussi à celui qui compatit. Semblable au miséreux, le miséricordieux éprouve du plaisir. En fait, c'est une impulsion de plaisir égoïste qui nous pousse à aider quelqu'un, car nous nous délivrons d'une « souffrance personnelle lorsque nous accomplissons des actes de compassion »[24]. Lorsque notre aide réussit, nous nous débarrassons de la mauvaise conscience qui pourrait naître si nous n'avions pas aidé le malheureux. De même, nous nous débarrassons de l'image de sa souffrance, en oubliant la nôtre, laquelle a surgi de l'identification avec elle. Enfin, « lorsque nous sentons que nous pouvons aider, notre *sentiment de puissance* s'éveille »[25].

Mais il ne faut pas oublier que la pitié est « la vertu des décadents »[26]. Pour être sains, nous devons comprendre que dans l'économie affective générale, tant le plaisir du miséreux que celui du miséricordieux ne sont pas suffisants pour éviter la décadence des deux. Donc, l'aide à autrui doit être toujours une manière d'élever effectivement la puissance tant de celui qui aide que de celui qui est aidé. Il faut que nous comprenions quels sont les points faibles de l'autre pour l'encourager à être indépendant et ainsi lui être utile : « Si tu as

---

[21] GS, §338.
[22] FP 3[5] du printemps 1880.
[23] FP 3[34] du printemps 1880.
[24] AA, §133.
[25] FP 7[9] du printemps – été 1883.
[26] Expression de CW, Lettre de Turin, §7.

un ami qui souffre, alors sois un lieu de repos pour sa souffrance, mais sois un lit dur, un lit de camp : c'est ainsi que tu lui seras le plus utile »[27]. Étant donné que l'aide apportée à un ami est circonstancielle, nous devons créer des conditions pour qu'il devienne indépendant – parfois cela signifie que l'aide même ne doit pas conforter l'autre, mais le stimuler à chercher sa force par lui-même.

D'après Nietzsche, un autre problème grave résultant de la compassion est l'effacement de l'individualité. La morale de troupeau exige que l'individu se sacrifie au nom de la communauté. C'est pourquoi Zarathoustra affirme : « Votre amour du prochain n'est que votre mauvais amour pour vous-mêmes »[28]. La valorisation de la compassion comme vertu est une manière de canaliser les efforts individuels vers l'intérêt d'un groupe social : « l'individu se laisse réduire au rôle de fonction dans la totalité. La louange des vertus exalte quelque chose de nuisible à la vie privée – elle flatte des impulsions qui ôtent à l'homme son plus noble sentiment de lui-même et la force de la suprême sauvegarde ». Tout comme la valorisation de la compassion, la louange du désintéressement est la preuve la plus convaincante de l'effacement individuel provoqué par la morale. Mais cette louange est au fond une hypocrisie. Une personne loue le désintéressement d'une autre uniquement parce qu'elle « y trouve son avantage »[29]. En réalité, une action désintéressée est impossible, autrement dit « des actes non égoïstes sont impossibles »[30]. Toute action est intéressée, car elle est résultat d'une pulsion qui, à son tour « ne tend qu'à se satisfaire, sans égard pour l'autre individu »[31].

En fait, la morale de la pitié est une sorte de prévention que met en place la communauté pour éviter qu'un individu faible succombe à sa propre faiblesse. C'est pourquoi le « tu dois » de cette morale est complété par le « Tu dois renoncer à toi-même et te sacrifier »[32]. La compassion, rapportée directement au désintéressement, provoque l'effacement de l'individu en faveur de la collectivité. Comme nous l'avons constaté, toutes les formes de compassion sont préjudiciables à la vie : « La pitié s'oppose aux affects toniques qui élèvent l'énergie du sentiment vital : elle agit d'une manière dépressive »[33]. L'affectologie nous enseigne, donc, qu'il faut l'éviter.

---

[27] ZA, II, Des compatissants.
[28] ZA, I, De l'amour du prochain.
[29] GS, §21.
[30] FP 26[224] de l'été – automne 1884.
[31] FP 19[115] de l'hiver 1876.
[32] GS, §21.
[33] AC, §7.

3.

Le ressentiment et la mauvaise conscience

Un autre affect important dans l'analyse physio-psychologique que Nietzsche développe est le ressentiment, mot qu'il utilise toujours en français et pour la première fois en 1875 dans quelques notes qu'il écrit à partir de sa lecture d'Eugen Dühring[1], en rapport direct avec l'affect de vengeance (*Rache*), relation qui sera présente dans presque toutes les références au ressentiment. Ce dernier ne devient objet d'études approfondies qu'en 1887, surtout dans *Pour la généalogie de la morale* et un peu après dans *L'antéchrist* de 1888. L'étymologie du mot est bien évidente : elle est issue du verbe « ressentir » ou sentir de nouveau dont le préfixe « re » indique la répétition. Comme nous le verrons, c'est exactement le sens que Nietzsche donne à ce mot. D'ailleurs, chez lui les références au ressentiment sont aussi souvent liées – à part la vengeance – à la haine (*Haß*) et à la rancune (*Rancune*). En tant qu'affect l'« instinct du ressentiment »[2] est une force qui « pousse à l'*action* »[3], mais cette pulsion est déprimante car elle est un « instinct de déclin »[4]. Nous pouvons considérer le ressentiment comme un vice, puisqu'il est « né de la faiblesse » et « l'état de maladie n'est déjà rien d'autre qu'une espèce de ressentiment »[5].

La signification du préfixe « re » est très importante pour l'analyse du ressentiment conçue par Nietzsche. En fait, nous savons que l'idée même d'un affect présuppose une relation d'altérité dans laquelle un corps en affecte un autre. Par exemple, comme nous l'avons vu, l'affect du dégoût est causé par un objet méprisable et celui de la compassion par un objet qui souffre. Or, Nietzsche part de son explication de la logique de la morale d'esclaves en l'opposant à la logique de la morale noble pour conclure que celle-là naîtrait

[1] Voir le FP 9[1] de l'été 1885.

[2] FP 14[29] du printemps 1888.

[3] FP 11[240] de novembre 1887 – mars 1888.

[4] FP 14[182] du printemps 1888.

[5] EH, Pourquoi je suis si sage, §6.

d'une réaction, alors que celle-ci naîtrait d'une action purement affirmative de soi-même – explication d'ailleurs très problématique, comme nous l'avons montré. C'est précisément au moment où il est en train d'expliquer le mode d'évaluation de la morale d'esclaves que pour la première fois Nietzsche utilise le mot « ressentiment ». Pour examiner comment le corps d'un esclave produit des valeurs, Nietzsche choisit ce mot, semble-t-il, pour se servir de la signification du préfixe « re ». C'est donc le caractère réactif de cet affect qu'il veut souligner :

> Ce retournement du regard qui pose les valeurs – cette *nécessaire* orientation vers l'extérieur au lieu du retour vers soi-même – relève justement du *ressentiment* : la morale d'esclaves a toujours besoin en premier lieu, pour émerger, d'un monde opposé et extérieur, elle a besoin, en termes physiologiques, d'excitations extérieures pour simplement agir – son action est fondamentalement réaction[6].

Donc, le ressentiment est une réaction. Avec cette première définition du ressentiment, nous arrivons à un moment délicat de notre réflexion : il est en effet très important de savoir s'il existe un affect qui ne serait pas une réaction. Nous avons déjà démontré que dans la totalité du devenir, toute force est nécessairement en relation avec une autre force. Ou nous l'avons mal compris ou – étant donné que pour Nietzsche le ressentiment n'est qu'un genre spécifique d'affect – cette signification première n'explique pas tout le sens du mot « ressentiment ». En fait, Nietzsche lui-même résout ce problème, dans une séquence du même passage, lorsqu'il explique l'inverse de l'évaluation fondée sur le ressentiment :

> C'est l'inverse dans le cas du mode d'évaluation noble : il agit et croît spontanément, il ne cherche son opposé que pour se dire oui à lui-même avec encore plus de reconnaissance, plus d'allégresse – son concept négatif de « vil », « commun », « mauvais » n'est qu'un pâle contraste de naissance tardive comparé à son concept fondamental positif [...][7].

Dans le cas du mode d'évaluation noble, la production de valeurs est spontanée, c'est-à-dire indépendante. Comment pouvons-nous comprendre cette indépendance si toute force est réactive ? Nous devons d'abord comprendre que le critère de définition de l'« indépendance » ici se rapporte à la théorie du corps que nous avons pu établir à partir de Nietzsche. Rappelons que bien que le corps soit un ensemble d'affects, il a une unité relative grâce à la cohésion entre les pulsions d'un « même » corps qui permet

---

6 GM, Premier traité, §10.
7 GM, Premier traité, §10.

de l'identifier comme un « individu » pendant une période spécifique en l'opposant à d'« autres » corps. Soyons attentifs au fait que Nietzsche déclare dans ce passage que l'opposition noble à un autre ne produit une valeur que « tardivement », *a posteriori*, après l'établissement des valeurs auto affirmatives. Cela peut résoudre le problème que nous avons posé auparavant, quand nous nous demandions si la différence entre la morale noble et la morale esclave s'appuyait sur la présence ou l'absence d'une altérité dans leur logique d'évaluation. Bien sûr, toute action, y compris l'action du noble, est réaction. À la rigueur, Nietzsche explique qu'il y a des valeurs nobles qui naissent spontanément et qu'en même temps il y en a d'autres, les « concepts négatifs », qui naissent de l'opposition au type esclave. Donc, la morale noble, en tant qu'*ensemble* de valeurs ne peut pas être comprise comme indépendante de toute altérité, car ces valeurs négatives que sont le vil, le commun ou le mauvais existent. Mais, certes, dans la morale noble il y a aussi des valeurs qui sont les fruits directs d'un seul corps, d'un seul individu et ces valeurs sont les premières créées par le noble. Telle est la différence principale entre la morale des maîtres et la morale des esclaves : il s'agit d'une différence chronologique, si nous pouvons le dire ainsi. Les premières valeurs créées par le noble sont auto affirmatives et indépendantes, les valeurs négatives n'étant créées que postérieurement, tandis que *toutes* les valeurs esclaves sont créées *a posteriori*.

Cette différence chronologique explique aussi le rôle du ressentiment dans la création des valeurs par l'esclave. La création spontanée des valeurs nobles ne se nourrit pas de ressentiment. Au contraire, elle s'alimente d'une auto-reconnaissance amoureuse et joyeuse. En contrepartie, le « soulèvement d'esclaves en morale commence avec le fait que le ressentiment devient lui-même créateur et enfante des valeurs ». Ici, le ressentiment semble être opposé donc à l'allégresse. Mais Nietzsche dit que les valeurs nobles négatives naissent aussi du ressentiment. C'est pourquoi il affirme que « le ressentiment du noble lui-même, lorsqu'il s'en présente chez lui, s'accomplit et s'épuise en effet en une réaction immédiate, il n'*empoisonne* donc pas ». Il faut observer une autre différence entre le type noble et le type esclave. Comme Nietzsche l'écrit, le ressentiment du noble « n'empoisonne pas ». Ce qui caractérise la réaction esclave est le fait d'être empoisonné. Mais qu'est-ce que signifie ici la métaphore du poison ? Selon Nietzsche, le type esclave « excelle à se taire, à ne pas oublier, à attendre, à se rapetisser provisoirement, à s'humilier », autrement dit il est toujours en garde, prêt à réagir à une violence qui peut être commise contre lui. Cette manière de vivre est la conséquence de sa faiblesse – l'esclave éprouve toujours de la peur. Au contraire, le noble en tant qu'individu fort et puissant est « incapable de prendre au sérieux longtemps ses ennemis, ses accidents, ses *méfaits* même – voilà le signe de natures fortes et entières qu'habite une surabondance de force plastique, reconstituante, qui fait guérir et aussi oublier ». D'une part, à cause de sa faiblesse, l'esclave n'oublie pas. Il a besoin de se rappeler tous les événements, toutes les personnes, en déterminant lesquels d'entre eux peuvent être dangereux pour lui. D'autre part, grâce à sa force et à son courage le noble oublie souvent – car il n'a pas *besoin* de se rappeler ses ennemis. Par conséquent, le noble « se débarrasse de bien de la vermine qui chez d'autres s'installe en profondeur »[8] et peut même aimer ses ennemis. Quelle serait cette vermine ou ce poison ? Nietzsche explique qu'en tant que fruit du ressentiment noble, le concept de « mauvais », par exemple, est une « simple création dérivée » de l'opposition à l'esclave. En revanche, le ressentiment esclave qui crée le concept de « méchant » sort « du chaudron de la haine non rassasiée »[9]. C'est donc de la haine (*Haß*) qui nourrit le ressentiment esclave, qui est à la fois la source pulsionnelle de ce genre de réaction et aussi sa conséquence corporelle.

Il est important d'observer que désormais Nietzsche utilisera toujours le mot « ressentiment » pour n'exprimer que sa version haineuse. Dans ce même passage, par exemple, il parle de la « morale du ressentiment » comme synonyme de « morale des esclaves » et utilise l'expression péjorative « l'œil venimeux du ressentiment »[10]. Il arrive même à utiliser le mot comme synonyme direct de haine[11]. Nietzsche parle ailleurs de « rancune » (*Rancune*) et de « vengeance » (*Rache*) pour définir le ressentiment esclave[12]. C'est alors qu'il s'éloigne du sens étymologique du mot pour s'approcher du sens français moderne : se souvenir des maux qu'on a subis, autrement dit éprouver de la rancœur, de l'amertume. En fait, la haine caractéristique du ressentiment est celle qui est liée à la vengeance et à la rancune. C'est pourquoi Nietzsche écrit que « les affects du ressentiment » sont « l'irritation [*Ärger*], la susceptibilité maladive, l'impuissance à se venger, le désir, la soif de vengeance, l'empoisonnement dans tous les sens du mot », en rappelant l'importance de la lutte de sa philosophie contre les « sentiments de vengeance et de rancune »[13]. Celles-ci ont une relation étroite avec la mémoire car il est nécessaire que nous nous rappelions une douleur causée par un autre pour que devienne possible notre désir de nous venger de cette personne. Or, curieusement, d'après Nietzsche la mémoire naît de la souffrance :

---

[8] GM, Premier traité, §10.

[9] GM, Premier traité, §11.

[10] GM, Premier traité, §11.

[11] Voir, par exemple, la fin du CI, Ce que je dois aux anciens, §4.

[12] GM, Premier traité, §13.

[13] EH, Pourquoi je suis si sage, §6.

> Quand l'homme considérait comme nécessaire de se faire une mémoire, cela s'accompagnait toujours de sang, de martyres, de sacrifices ; les sacrifices et les gages les plus horribles (dont relèvent les sacrifices des premiers nés), les mutilations les plus répugnantes (par exemple les castrations) [...] – tout cela trouve son origine dans cet instinct qui devina dans la douleur l'auxiliaire le plus puissant de la mnémonique[14].

Ainsi, la torture était la façon de contrôler les actions des individus par le souvenir de la souffrance comme conséquence d'une action indésirable commise contre l'État ou le maître. Cette racine douloureuse de la mémoire est aussi la racine de la rancune et de la vengeance. L'individu qui souffre ne se rappellera pas seulement qu'il doit agir selon les règles, mais il se souviendra surtout de la cruauté qui a été exercée contre lui. Cette marque mnémonique restera toujours liée à l'image de celui qui l'a fait souffrir qui deviendra alors l'« ennemi ». De plus, étant donné que la souffrance n'est pas oubliée, elle se renforce et correspond à ce que l'on appelle la rancune.

Par ailleurs, le désir de vengeance est le sentiment par lequel l'individu parvient à ressentir un peu de plaisir en imaginant l'ennemi souffrant comme lui-même a souffert et ce désir est donc inséparable de la rancune. Partant, tout comme la compassion, ces deux affects sont des manières de multiplier la souffrance. Nietzsche différencie la vengeance elle-même du désir de se venger et affirme que seul ce désir est affaiblissant : « nourrir des idées de vengeance sans avoir la force ni le courage de les réaliser, c'est traîner un mal chronique, un empoisonnement du corps et de l'âme »[15]. En d'autres termes, c'est la rancune qui alimente le désir de se venger, affect qui entretient la souffrance : c'est elle qui nourrit la vengeance « imaginaire ». La vengeance « réelle », au contraire, « est beaucoup plus saine, même si les suites peuvent nous en affecter douloureusement »[16].

Plus qu'un affect dirigé vers l'extérieur, le désir de vengeance est aussi un sentiment qui prend comme ennemi l'individu même qui l'éprouve. L'ascétisme, par exemple, n'est qu'une façon de se venger de soi-même. Ce sentiment d'indignité pour soi-même naît du « mépris de soi » (*Selbstverachtung*)[17]. Puisque le faible est quelqu'un qui veut se venger mais qui ne peut réaliser son désir, il a besoin de la « ruse vindicative de l'impuissance » qui consiste à inverser la morale noble[18]. Mais, comme nous l'avons vu, parfois ce mépris se tourne vers la réalité et c'est alors que le

---

[14] GM, Second traité, §3.
[15] HH, §60.
[16] FP 23[29] de la fin 1876 – été 1877.
[17] FP 18[34] de septembre 1876.
[18] GM, Premier traité, §13.

ressentiment devient l'ennemi de la vie même[19]. L'invention d'un autre monde est la façon qu'a le ressentiment de se venger de la vie :

> Pour pouvoir dire non à tout ce qui représente sur terre le mouvement *ascendant* de la vie, la réussite, la puissance, la beauté, l'affirmation de soi, l'instinct devenu génie du ressentiment devait alors inventer un *autre* monde, à partir duquel toute *affirmation de la vie* apparaissait comme le mal, le condamnable en soi[20].

Voilà pourquoi Nietzsche veut « que l'homme soit délivré de la vengeance »[21] : en effet, le ressentiment affaiblit la force vitale en inventant un autre monde et une autre vie qui serait « meilleure » que celle-ci, tout cela pour « *venger* la vie »[22]. Nietzsche en déduit que la vie deviendrait plus légère sans l'instinct de vengeance et sans la croyance en la faute et le péché[23]. La vengeance et le ressentiment sont des « mouvements réflexes », des mesures réactives de protection grâce auxquelles nous engourdissons la douleur. Or, le prêtre ascétique utilise ces affects pour éviter la souffrance à ses disciples, mais il le fait par une inflexion de la direction du ressentiment vers le moi à travers la notion de péché[24]. Nietzsche prend deux exemples historiques, à savoir les socialistes-anarchistes et les chrétiens pour expliquer deux désirs de vengeance différents :

> Que l'on impute son état de malaise à autrui ou *à soi-même* – la première attitude est celle du socialiste, la seconde par exemple celle du chrétien –, ne fait pas véritablement de différence. Ce qu'il y a de commun à ces attitudes, et ajoutons d'*indigne*, c'est que ce doive être la *faute* de quelqu'un si l'on souffre – bref, que le souffrant se prescrive contre sa souffrance le miel de la vengeance[25].

Avec la notion de péché ou sans elle, le ressentiment s'appuiera toujours sur la notion de faute. Selon les exemples donnés par Nietzsche, le socialiste-anarchiste est quelqu'un qui accuse un autre externalisé de la souffrance qu'il ressent alors que le chrétien s'en prend à lui-même quand il éprouve un malaise, car le péché lui-aussi n'est qu'une faute. Mais les deux sont des types faibles, puisqu'ils demeurent attachés à une relation d'altérité – le premier

[19] Voir, par exemple, les FP 38[1] et [2] de novembre – décembre 1878.
[20] AC, §24.
[21] ZA, II, Des tarentules.
[22] CI, La « raison » en philosophie, §6.
[23] Voir AA, §202.
[24] GM, Troisième traité, §15.
[25] CI, Incursions d'un inactuel, §34.

condamne la société, l'organisation sociale, les institutions politiques et le second condamne la réalité, la vie en sa totalité, tout le devenir :

> Le chrétien et l'anarchiste – tous deux sont des *décadents.* – Mais lorsque le chrétien condamne, calomnie, souille le « *monde* », il le fait aussi en suivant le même instinct que celui qui incite l'ouvrier socialiste à condamner, à calomnier, à souiller la *société* : le « Jugement dernier » lui-même est encore la douce consolation de la vengeance – la révolution, telle que l'attend aussi l'ouvrier socialiste, simplement reportée à un peu plus tard par la pensée…[26]

Spécifiquement dans le cas du christianisme, Nietzsche considère que le ressentiment, c'est-à-dire la rancune et la soif de vengeance, est très fréquent. Selon lui, il faut séparer l'enseignement de Jésus Christ du christianisme, autrement dit il faut différencier l'évangile des déformations opérées par Paul. D'une part, la vengeance est « le sentiment le moins évangélique de tous »[27]. D'autre part, « Paul a été le plus grand de tous les apôtres de la vengeance… »[28]. Pour Nietzsche, Jésus a été un homme qui valorisait l'amour et non la haine. Donc, la vengeance serait le contraire de ce qui est enseigné par l'évangile. Quand Nietzsche caractérise le christianisme comme une religion du ressentiment, il ne se réfère qu'à la religion créée par Paul :

> Une fois de plus, je rappelle l'inappréciable parole de Paul : « Ce qui est *faible* aux yeux du monde, ce qui est *folie* aux yeux du monde, ce qui est *vil* et *méprisé* aux yeux du monde, Dieu l'a choisi » : c'était *cela*, la formule, *in hoc signo* a vaincu la *décadence*.[29]

Dans ce sens, comme Nietzsche le dit dans le même passage, le christianisme est contre la santé. Or, si « mauvais » pour Nietzsche est ce qui est maladif, il écrit ailleurs que « mauvais » est « tout ce qui provient de la faiblesse, de l'envie, de la *vengeance* »[30]. Enfin, le ressentiment en tant que vengeance contre la vie serait, à notre avis, un vice. C'est pourquoi Nietzsche affirme que la morale jusqu'ici était « l'idiosyncrasie de *décadents* », dans la mesure où elle avait toujours « l'intention cachée de *se venger de la vie* »[31]. En revanche,

---

[26] CI, Incursions d'un inactuel, §34. Sur la vengeance de l'anarchiste et du chrétien voir aussi AC, §57.
[27] AC, §40.
[28] AC, §45.
[29] AC, §51. Nietzsche cite I Corinthiens, 1 : 27-28.
[30] AC, §57.
[31] EH, Pourquoi je suis un destin, §7.

il déclare que sa tâche à lui est l'élimination du ressentiment : « Purification de la vengeance, voilà *ma* morale »[32].

De toute façon, il y a un genre de vengeance spécifique, un ressentiment intériorisé qui, comme vengeance envers le moi, produit un autre affect décadent, à savoir la mauvaise conscience, le remords ou le repentir. En fait, Nietzsche utilise très souvent comme synonymes de *schlechtes Gewissen* ou *böse Gewissen* les termes de *Gewissensbiß* et de *Reue*. Parfois, il utilise aussi l'expression « sentiment de culpabilité » ou « sentiment de faute » (*Gefühl der Schuld*). L'idée fondamentale est celle d'un affect douloureux causé par la conscience d'avoir agi de façon inappropriée. L'étymologie de *Gewissensbiß* exprime la morsure (*biß*) de la conscience (*Gewissen*), structure dont Nietzsche fera usage pour montrer que la mauvaise conscience est une douleur qui se réalise dans un espace de temps assez long. C'est aussi le sens de l'image du « ver rongeur »[33] qu'il utilise pour symboliser ce vice. L'étymologie n'est guère différente de sa traduction française « remords » qui vient du verbe « mordre », bien qu'il ne fasse pas directement référence à la conscience. La conscience qu'a un individu d'une faute commise provoque en lui la rupture douloureuse de sa propre conscience. Par conséquent, la mauvaise conscience est une maladie, « cela ne fait aucun doute », écrit Nietzsche[34] pour ajouter ailleurs que la mauvaise conscience est une « profonde maladie »[35], un « obstacle à la guérison » qui a besoin d'un « traitement »[36]. Les analyses de cet affect sont plus fréquentes dans le second traité de *Pour une généalogie de la morale* qui, comme nous le savons, est consacré justement aux concepts de « faute » et de « mauvaise conscience », mais d'importantes remarques à cet égard sont présentes dans d'autres textes nietzschéens.

En tant que souffrance « intérieure », le remords est une pulsion qui affaiblit la puissance du corps. Comme Nietzsche l'écrit, « la profonde dépression, les remords de conscience, les longues nuits amères, tout cela fait son apparition quand les corps sont *affaiblis* »[37]. Le remords a un rapport direct avec le dégoût de soi-même[38] et il est aussi « une vengeance contre soi-même »[39], donc une haine envers soi-même. C'est pourquoi Nietzsche affirme

---

32 FP 9[49] de mai – juin 1883.
33 GM, Second traité, §14.
34 GM, Second traité, §19.
35 GM, Second traité, §16.
36 FP 14[155] du printemps 1888.
37 FP 26[91] de l'été – automne 1884.
38 À ce sujet, voir, par exemple, le FP 11[342] du printemps – automne 1881, le FP 1[43] de juillet – août 1882 ou HH, §134.
39 FP 16[90] de l'automne 1883.

que la mauvaise conscience, en tant que vengeance, a été inventée par l'homme du ressentiment[40]. Le remords est aussi une « sorte de lâcheté à l'égard de sa propre action »[41]. En effet, l'individu qui a mauvaise conscience n'est pas capable d'oublier sa propre faute, car il n'a pas la puissance suffisante pour la réparer. C'est en ce sens que nous devons lire le passage suivant :

> Je suis dépourvu de tout critère sûr de ce qu'est un remords : d'après ce qu'on *entend dire* là-dessus, un remords ne me paraît rien d'estimable… Je ne voudrais pas laisser en plan une action *après coup*, je préférerais écarter par principe de son évaluation l'issue malheureuse, les *conséquences*.[42].

En parlant de soi-même, Nietzsche semble montrer que ce n'est pas une bonne chose d'abandonner une action après sa réalisation. Si les conséquences de cette action sont méprisables, il faut que nous les modifiions, c'est-à-dire que nous modifiions leurs effets. Si nous éprouvons du remords au lieu de modifier les conséquences de ce que nous avons fait, cela signifie que nous avons mal observé les faits. Mais pour qu'il soit possible d'éviter le repentir, il faut que l'individu jouisse d'une bonne santé, autrement dit, qu'il ait de la puissance, que son moi soit assez fort pour ne rien regretter. C'est pourquoi Nietzsche écrit qu'on « est *en bonne santé* » quand, « dans la morsure de la conscience, on ressent quelque chose comme la morsure d'un chien sur une pierre, – quand on a honte de son remords »[43].

Pour avoir honte de notre propre remords et par conséquent pour n'avoir point de mauvaise conscience, il nous faut comprendre que nous ne sommes pas libres et, donc, que nous ne sommes pas responsables de nos actions. En fait, comme l'explique Nietzsche, « c'est parce que l'homme se croit libre, mais non parce qu'il l'est, qu'il éprouve repentir et remords »[44]. L'impression illusoire de liberté nous fait croire que nous pourrions agir d'une façon différente de celle dont nous avons auparavant agi. C'est de cette illusion que naît la mauvaise conscience et c'est pourquoi Nietzsche affirme que la philosophie peut délivrer des sentiments pénibles du repentir et du remords : précisément « puisque tout acte était absolument inévitable »[45]. D'abord, la philosophie peut nous enseigner la mort de Dieu et donc éliminer cette croyance en un juge universel et absolu sur laquelle s'appuyait la mauvaise

[40] GM, Second traité, §11.
[41] FP 10[108] de l'automne 1887.
[42] EH, Pourquoi je suis si avisé, §1.
[43] FP 14[155] du printemps 1888.
[44] HH, §39.
[45] FP 19[39] d'octobre – décembre 1876.

conscience : « Mais que l'idée du Dieu disparaisse, le sentiment de "péché" disparaît aussi, de manquement aux préceptes divins, de souillure infligée à une créature vouée à Dieu. Il reste alors sans doute encore ce malaise à quoi s'allie et se mêle intimement la crainte des châtiments de la justice temporelle ou du mépris des hommes ». Pourtant, si la justice humaine, si les moyens de punition prévus par la législation humaine sont encore une source de peur qui alimente le remords, la philosophie nous enseigne la totale innocence du devenir : « Si l'homme pour finir réussit encore à acquérir, à faire passer dans sa chair et son sang la conviction philosophique de la nécessité absolue de tous ses actes et de leur totale irresponsabilité, il n'est pas jusqu'à ce dernier reste de remords qui ne disparaisse aussi »[46]. Enfin, lorsque l'individu se convainc de la nécessité absolue de ses actes, même s'il a encore peur du châtiment humain, il se délivre du remords. Mais la recherche généalogique nous montre que c'est le châtiment qui est « la véritable *instrumentum* de cette réaction psychique »[47]. La cruauté de l'autre contre l'individu est l'origine du remords :

> Les terribles remparts grâce auxquels l'organisation de l'État se protégeait contre les anciens instincts de liberté – les châtiments font partie au premier chef de ces remparts – produisirent ceci que tous ces instincts de l'homme sauvage, libre, vagabondant se retournèrent, se tournèrent *contre l'homme lui-même.* [...] *voilà* l'origine de la « mauvaise conscience »[48].

Cette origine du remords dans le châtiment doit être expliquée par un mouvement d'« intériorisation » (*Verinnerlichung*) des pulsions d'hostilité, de cruauté et d'agression. L'altérité extériorisée dans la relation entre le bourreau et la victime devient intériorisée. L'autre n'est plus en dehors du corps de l'individu, mais il en fait partie. Or, selon Nietzsche l'âme même naît de l'intériorisation des pulsions : « Tous les instincts qui ne se déchargent pas vers l'extérieur *se tournent vers l'intérieur* – c'est cela que j'appelle l'*intériorisation* de l'homme : c'est seulement ainsi que pousse en l'homme ce qu'on appellera par la suite son "âme" »[49]. Cette espèce de *duplication* du corps surgît au moment où des pulsions de cet ensemble se reconnaissent comme en faisant partie. La mauvaise conscience n'est qu'un cas spécifique d'intériorisation, un cas maladif qui apparaît du fait que « des instincts puissants auxquels l'institution de la paix et de la société interdit de se décharger vers l'extérieur cherchent à se dédommager vers l'intérieur, avec le

[46] HH, §133.
[47] GM, Second traité, §14.
[48] GM, Second traité, §16.
[49] GM, Second traité, §16.

concours de l'imagination »[50]. Ce sont les exigences de la vie en communauté qui forcent l'intériorisation maladive de certaines pulsions qui causent la mauvaise conscience.

La pulsion refoulée cependant doit nécessairement, en tant que pulsion, s'effectuer et elle se décharge de la seule manière possible : sur le propre corps par un mouvement purement intériorisé. « Cet *instinct de liberté* rendu latent par la violence refoulé, rentré, incarcéré dans l'intériorité et qui finit par ne plus se décharger et se déchaîner que sur lui-même : c'est cela, rien que cela, à ses débuts, la *mauvaise conscience* »[51]. La pulsion devient alors cette « action corrosive » qui se fixe dans l'âme du « débiteur », c'est-à-dire de ce à quoi la société lie le concept de « faute »[52]. De façon analogue, le christianisme a réinterprété la mauvaise conscience à travers le concept de péché : « c'est ainsi que s'appelle la réinterprétation sacerdotale de la "mauvaise conscience" animale (de la cruauté dont la direction est inversée) »[53]. Finalement, nous pouvons observer que la mauvaise conscience est le résultat direct de la relation morale d'altérité. Uniquement parce que l'individu veut obéir à un « tu dois », il peut avoir du remords comme conséquence de son incapacité à réaliser son désir. Le remords, parce que dépendant d'une relation d'altérité, est un affect par lequel le corps s'affaiblit. Et cela parce que, tout comme le dégoût, la compassion et le ressentiment, la mauvaise conscience *nie* la vie : tel est le sujet qu'il nous faut analyser désormais.

[50] FP 8[4] de l'été 1887.

[51] GM, Second traité, §17. À propos de l'instinct de liberté, Nietzsche écrit dans le paragraphe suivant : « Cet *instinct de liberté* précisément (pour le dire dans mon langage : la volonté de puissance) » ; GM, Second traité, §18.

[52] GM, Second traité, §21.

[53] GM, Troisième traité, §20.

4.

Le nihilisme

Le terme « nihilisme » est utilisé par Nietzsche depuis quelques notes datant de 1880 et le *Gai savoir*, en deux versions latines : *Nihilism* et surtout *Nihilismus*. Ces deux mots viennent du latin *nihil* qui signifie « néant ». À partir de son étymologie, nous pouvons comprendre ce terme d'abord comme la valorisation du néant ou peut-être comme le mouvement par lequel on arrive au néant, à savoir comme un mouvement de destruction, d'anéantissement, donc comme le contraire de la création. Ce n'est pas une coïncidence si Nietzsche emploie souvent la formule « volonté de néant » pour le définir. Le nihilisme est le *pathos* du « en vain »[1], il est un « état psychologique »[2], c'est-à-dire un affect. Il peut être compris comme un vice dans la mesure où il affaiblit la vie, étant alors un « instinct de déclin »[3]. Nous pouvons classifier plusieurs affects comme nihilistes et c'est pourquoi Nietzsche parle d'« instincts nihilistes »[4], mais malheureusement sans les répertorier. Toutefois, il démontre que le dégoût[5], la compassion[6] et le ressentiment[7] sont tous des formes de nihilisme.

Nietzsche semble parfois considérer le nihilisme presque comme un synonyme de pessimisme. En fait, selon lui le nihilisme « proprement dit » est la « forme *extrême* du pessimisme »[8]. Mais cette équivalence précise n'est établie que très tardivement. En vérité, le mot « nihilisme » est trop équivoque, si bien que Nietzsche lui-même le constate, ce qui est rare chez lui[9]. Nombre

[1] FP 9[60] de l'automne 1887.
[2] FP 11[99] de novembre 1887 – mars 1888.
[3] Expression utilisée dans le FP 14[182] du printemps 1888.
[4] CW, Post-scriptum.
[5] Voir GM, Second traité, §24.
[6] « La pitié est la *pratique* du nihilisme » ; AC, §7.
[7] Voir le FP 14[182] du printemps 1888.
[8] FP 10[22] de l'automne 1887.
[9] Voir le FP 9[35] de l'automne 1887.

de remarques nietzschéennes sur le nihilisme se trouvent dans les fragments posthumes dans lesquels apparaissent souvent des contradictions absentes dans les textes publiés du vivant de Nietzsche. En 1888, ce dernier semble être encore en train de penser, repenser et modifier ce concept. Par ailleurs, le nom de Schopenhauer l'accompagne très fréquemment, et ce à cause de son inclination au pessimisme. De toute façon, c'est précisément dans cette parenté que se révèle le caractère maladif du nihilisme :

> On n'a pas compris ce qui saute pourtant aux yeux : que le pessimisme n'est pas un problème, mais un symptôme, – que ce nom devrait être remplacé par celui de *nihilisme*, – que la question de savoir si ne-pas-être vaut mieux qu'être, est déjà en elle-même une maladie, un déclin, une idiosyncrasie... Le mouvement pessimiste n'est que l'expression d'une décadence physiologique[10].

Cette qualité du nihilisme est sa propre démarche – il est toujours intimement lié à l'affaiblissement vital : « Le nihilisme n'est pas une cause, mais seulement la logique de la *décadence* »[11]. Plus que diminuer la puissance de l'individu, le nihilisme est une dépréciation « de la vie dans son ensemble »[12] et la propagation du dégoût et de la haine jusqu'à la totalité de la réalité. C'est en ce sens que le pessimisme schopenhauerien doit être considéré comme nihiliste, car Schopenhauer, d'après Nietzsche, « se donnait pour mot d'ordre la *négation de la vie* »[13]. En fait, Schopenhauer, en tant que premier athée « avoué et inflexible » parmi les philosophes allemands, a posé la question qui nous « assaille de la plus terrible façon » :

> *L'existence a-t-elle seulement un sens ?* – question qui aura besoin de quelques siècles pour être perçue dans toutes ses profondeurs. La réponse que Schopenhauer donna lui-même avait – qu'on me le pardonne – quelque chose de précipité, de juvénile [...]. Mais enfin il *a posé* la question[14].

Plutôt que de définir Schopenhauer comme un athée, nous savons qu'il croyait dans le caractère « non divin » de la vie, autrement dit pour lui elle n'avait pas de valeurs « en soi ». Si les sens « divins » de l'existence ont disparu avec la mort de Dieu, il s'agit de se demander si la vie a encore quelque sens. Nietzsche écrit que la réponse schopenhauerienne a été juvénile et

---

[10] FP 17[8] de mai – juin 1888.
[11] FP 14[86] du printemps 1888.
[12] CI, Incursions d'un inactuel, §21.
[13] AC, §7.
[14] GS, §357.

précipitée, mais il souligne que Schopenhauer a posé la question, ce qui a une énorme importance pour lui.

Il faut observer que cette question, fort appréciée par Nietzsche, ne remet pas en cause la valeur de la vie. Comme il le sait, celle-ci « ne peut être appréciée », car celui qui juge la vie en tant que vivant est « objet de litige et non pas juge »[15]. Vouloir savoir si la vie a un sens n'est pas la même chose que vouloir savoir quel est le sens de la vie. Mais Schopenhauer a jugé la vie en la considérant comme mauvaise. Pour lui, le monde « en soi » est une volonté qui est sans fondement ou « sans raison » (*grundlos*)[16] et qui est « un effort sans fin »[17]. D'après Nietzsche, le pessimisme schopenhauerien s'appuie sur la constatation d'un « monde dépouillé de tout caractère divin » et c'est elle qui provoque la « *loyale* horreur de Schopenhauer »[18]. Par ailleurs, en lisant Schopenhauer nous nous apercevons que c'est notamment la mort qui représente pour lui l'absurdité de la vie. Étant donné qu'il n'y a pas de Dieu, la vie humaine est finie, limitée, puisqu'il n'y a pas non plus d'autre existence après la mort. Tout projet de vie serait vain, car il a nécessairement une limite : « Nous n'en conservons pas moins notre vie, y prenant intérêt, la soignant, autant qu'elle peut durer ; quand on souffle une bulle de savon, on y met tout le temps et les soins nécessaires ; pourtant elle crèvera, on le sait bien »[19]. Schopenhauer conclut alors que la seule possibilité d'éviter la souffrance est de nier la vie et sa manifestation la plus forte dans notre corps, à savoir la volonté. Donc, l'ascétisme est le but de la morale schopenhauerienne : « Il n'y a qu'un seul chemin qui conduise au salut ; il faut que la volonté se manifeste sans obstacle, afin que dans cette manifestation elle puisse prendre connaissance de sa propre nature. Ce n'est que grâce à cette connaissance que la volonté peut se supprimer elle-même, et par le fait en finir avec la souffrance aussi qui est inséparable de son phénomène »[20]. Or, comme Nietzsche l'explique, face à la constatation de la mort de Dieu, c'est-à-dire face à la constatation que la vie n'a pas un sens absolu, qu'elle est absurde, une réaction de désespoir est normale. L'homme a besoin d'explications : « Si l'on a son *pourquoi ?* relativement à la vie, on s'entend avec presque tous les *comment ?* », écrit Nietzsche[21]. Autrement dit, l'homme d'aujourd'hui est un

[15] CI, Le problème de Socrate, §2.

[16] Schopenhauer, A. *Le monde comme volonté et comme représentation*, §20, deuxième paragraphe.

[17] *Ibid.*, §29, troisième paragraphe.

[18] Revoir le GS, §357.

[19] Schopenhauer, A. *Le monde comme volonté et comme représentation*, §57, premier paragraphe.

[20] *Ibid.*, §69, deuxième paragraphe.

[21] CI, Maximes et flèches, §12.

animal « fantasque » qui doit satisfaire sa « nécessité vitale » de « savoir pourquoi il existe »[22]. C'est le sens que Nietzsche donne à l'expression *horror vacui* ou « horreur du vide » : l'homme « a besoin d'un but »[23]. Mais il faut que nous soyons capables, face à la mort de Dieu, de surmonter ce désespoir ou cette horreur. En d'autres termes, « on doit *commencer par nier Schopenhauer…* »[24].

Comme Nietzsche l'observe dans le même passage, le pessimisme « si contagieux qu'il soit, n'augmente pas pour autant la disposition maladive d'une époque, d'une génération dans son ensemble : il l'exprime »[25]. Le pessimisme est donc l'expression du nihilisme et ce dernier est la disposition maladive d'un peuple ou d'un individu. Bref, le nihilisme est un vice.

Pourtant, dans un fragment posthume de 1887, fragment d'ailleurs très connu, Nietzsche tente d'établir une distinction entre deux espèces de nihilisme qui pourrait faire échec à l'affirmation selon laquelle le nihilisme n'est qu'un vice. Selon cette distinction, il y a un nihilisme « actif » qui serait « un signe de *force* » encore insuffisante « pour pouvoir productivement *s'assigner* un nouveau but, un pourquoi, une croyance », mais qui, de toute façon, serait un affect qui atteindrait « son *maximum* de force relative en tant que force violente de la *destruction* ». En revanche, il y aurait un nihilisme « passif » qui serait « un signe de faiblesse » qui cesserait « d'attaquer » et qui causerait le déclin et la « régression de la puissance de l'esprit ». Or, juste avant de proposer cette distinction Nietzsche donne une définition plus générale du nihilisme : « Le but fait défaut ; la réponse au "pourquoi ?" fait défaut ; que signifie le nihilisme ? – *que les valeurs suprêmes se dévalorisent* ». Cette définition est presque exactement la même que celle qu'il donne peu après du nihilisme passif, comme l'atteste le passage suivant : « la force de l'esprit peut être fatiguée, *épuisée* en sorte que les buts et les valeurs *jusqu'alors* prévalents sont désormais inappropriés, inadéquats et ne trouvent plus de croyance »[26]. Même s'il rappelle ici que le nihilisme est un concept équivoque, ses efforts pour établir des significations précises de ce mot sont vains.

Bien sûr, il s'agit d'un fragment où Nietzsche est encore en train de réfléchir à ce concept, mais il nous faut toujours considérer ces tentatives pour ce qu'elles sont : une expérimentation, un projet qui, du reste, n'a jamais été

---

[22] GS, la fin du §1.

[23] GM, Troisième traité, §1. C'est pourquoi Nietzsche écrit que « ce qui révolte véritablement contre la souffrance, ce n'est pas la souffrance en soi, mais l'absence de sens de la souffrance » ; GM, Second traité, §7.

[24] CI, Incursions d'un inactuel, §36.

[25] CI, Incursions d'un inactuel, §36.

[26] FP 9[35] de l'automne 1887.

publié. Nous faisons cette remarque pour deux raisons. Tout d'abord, ce fragment posthume contredit les textes publiés et, plus important encore, l'idée d'un nihilisme actif nous semble être à la fois stérile pour l'établissement d'une éthique et inefficace pour toute conceptualisation des affects. En effet, pourquoi nommer le pathos destructif d'un nihilisme actif si avec le mot « destructif » la signification est déjà bien expliquée ? En même temps, on donne au terme une seconde signification complètement différente de la première (celle du nihilisme passif) qui entraîne contradiction et embarras. Ajoutons que c'est cette dernière signification qui est la plus importante dans la mesure où elle résulte d'une analyse nouvelle et d'une découverte originelle – le nihilisme (passif) est cet affect que personne avant Nietzsche n'a décrit et qui naît de la dévalorisation des valeurs absolues. Enfin, quand il parle d'un nihilisme actif, il désigne quelque chose d'autre qui n'est pas la négation de la vie mais qui est la force destructive qui permet la création de nouvelles valeurs. C'est le sens donné au mot dans un autre fragment de la même époque où le nihilisme est considéré comme l'idéal « de la *suprême puissance* de l'esprit, de la vie surabondante : mi-destructeur, mi-ironique »[27]. C'est une signification positive du nihilisme qui « pourrait être une manière divine de penser »[28]. Cette signification apparaît plusieurs fois à cette époque, mais uniquement dans les fragments posthumes. De plus, Nietzsche essaye d'autres classifications de types de nihilisme, comme le nihilisme accompli et l'incomplet[29] ou le nihilisme radical et le dernier nihilisme[30]. Mais aucune de ces classifications ne nous aide à comprendre mieux cet affect et nous irons jusqu'à dire qu'elles nous gênent, car nous ne pouvons et ne devons pas confondre les différents sens du mot. Le terme de « nihilisme » désigne presque toujours le nihilisme passif et c'est désormais le sens que nous adopterons.

Comme nous venons de le montrer, le nihilisme est un affect qui naît de la dévalorisation des valeurs suprêmes, définition très fréquente chez Nietzsche. Le nihilisme est la « croyance en l'absence de valeur », un sentiment de tristesse, un « en vain »[31], une croyance aussi en « l'absence de *sens*... »[32]. De plus, le nihilisme s'accompagne de lamentations car la réalité est dépourvue de valeurs : « Le philosophe nihiliste est convaincu que tout événement est pour rien et dépourvu de sens ; et qu'il ne devrait pas y avoir d'être pour rien

[27] FP 9[39] de l'automne 1887.
[28] FP 9[41] de l'automne 1887.
[29] FP 10[42] de l'automne 1887.
[30] FP 10[192] de l'automne 1887.
[31] FP 7[8] de la fin 1886 – printemps 1887. Voir aussi le FP 9[1] de l'automne 1887.
[32] FP 7[54] de la fin 1886 – printemps 1887.

ni dépourvu de sens »[33]. Le nihiliste est quelqu'un qui se plaint du monde, puisqu'il est absurde. Il constate qu'« il n'y a point de réponse » et qu'« il est impossible de vouloir un pourquoi »[34]. Étant donné qu'il désire une vie pleine de sens et qu'il croyait que les valeurs seraient absolues et éternelles, la constatation du non-sens du devenir est angoissante. Le nihiliste « juge que le monde tel qu'il est *ne* devrait *pas* être et que le monde tel qu'il devrait être n'existe pas ». Pour lui, cette constatation est insupportable car, la vie étant absurde, il n'est pas assez fort pour l'aimer et, à cause de cette faiblesse, il succombe. Nietzsche explique que cette faiblesse est l'incapacité de certains individus à créer des valeurs, à donner des sens à la vie : « La croyance que le monde qui devrait être *est,* existe réellement, est une croyance des improductifs *qui ne veulent pas créer un monde* tel qu'il doit être » [35]. C'est tout à fait différent de ce qu'enseigne Zarathoustra, par exemple. À travers lui, Nietzsche montre la possibilité d'aimer la vie même en considérant son absurdité. Cet amour s'appuie sur l'amour de la condition de créateur :

> Et ce que vous appeliez monde, il faut que vous commenciez par le créer : il doit devenir votre raison, votre image, votre volonté, votre amour ! Et ceci pour votre félicité, ô ! vous qui accédez à la connaissance.
>
> Et comment voudriez-vous supporter la vie sans cet espoir, vous qui accédez à la connaissance ![36]

Il faut apprendre que c'est à travers la création que nous pouvons racheter la souffrance, éprouver de la joie et affirmer la vie. C'est la réponse à la question que Nietzsche a posée ailleurs, à savoir : « Comment l'homme peut-il prendre plaisir à l'absurde ? »[37]. Or, pour Nietzsche, le philosophe doit être celui qui crée des valeurs. La philosophie est la force de « création du monde », elle « crée toujours le monde à son image, elle ne peut faire autrement »[38]. C'est pourquoi Nietzsche déclare qu'un philosophe au sens propre ne peut jamais être un nihiliste : « Si un philosophe pouvait être nihiliste, il le serait parce qu'il trouve le néant derrière tous les idéaux de l'homme. Ou même pas le néant, – mais simplement l'abject, l'absurde, le malade, le lâche, le fatigué, la lie en tout genre déposée dans la coupe *vidée jusqu'à la dernière goutte* de sa vie… »[39]. En fait, l'utilisation du conditionnel doit être soulignée. En tant

---

[33] FP 11[97] de novembre 1887 – mars 1888.
[34] FP 9[43] de l'automne 1887.
[35] FP 9[60] de l'automne 1887.
[36] ZA, II, Sur les îles bienheureuses.
[37] HH, §213.
[38] BM, §9.
[39] CI, Incursions d'un inactuel, §32.

que créateur des valeurs, le philosophe est l'opposé d'un nihiliste. Mais Nietzsche écrit que s'il l'était, ce serait à cause de la lassitude ressentie face aux modèles d'homme existants. Cette origine du nihilisme est plus détaillée dans le passage suivant :

> C'est dans le rapetissement et l'égalisation de l'homme européen que réside *notre* pire danger, car ce spectacle fatigue... Aujourd'hui, nous ne voyons rien qui veuille devenir plus grand, nous pressentons que l'on ne cesse de décliner, de décliner pour devenir plus inconsistant, plus gentil, plus prudent, plus à son aise, plus médiocre, plus indifférent, plus chinois, plus chrétien, – l'homme, cela ne fait aucun doute, ne cesse de devenir « meilleur »...

La fatigue de l'homme est la cause du nihilisme d'aujourd'hui, au moins dans l'Europe moderne. Plus qu'un désespoir ou qu'une horreur face à l'absurde intrinsèque à la vie, c'est le modèle moderne d'homme qui produit cette volonté de néant.

> C'est justement en cela que réside la fatalité de l'Europe – avec la peur de l'homme, nous avons également subi la perte de l'amour pour lui, du respect pour lui, de l'espoir que l'on plaçait en lui, même de la volonté dont il était l'objet. Désormais, le spectacle de l'homme fatigue – qu'est-ce que le nihilisme aujourd'hui, sinon *cela* ?... Nous sommes fatigués *de l'homme*[40].

Nietzsche considère que cela est le « commencement de la fin, l'immobilisation, la lassitude qui regarde en arrière, la volonté qui se retourne *contre* la vie, l'ultime maladie s'annonçant avec tendresse et mélancolie ». La fatigue de l'homme est la maladie de l'immobilisation, l'incapacité de créer de nouvelles valeurs et de nouveaux sens pour la vie. L'homme européen est abattu, il n'est pas suffisamment fort pour créer l'avenir selon sa propre volonté. C'est la signification de l'expression « bouddhisme d'Européens », ce symptôme de la culture européenne « comme son détour vers un nouveau bouddhisme », c'est-à-dire vers le nihilisme[41].

Le nihilisme européen a sa démarche propre et Nietzsche essaye parfois d'analyser ses transformations, comme par exemple, dans un important fragment qui date de 1887-1888 où[42] il défend que la déception de l'homme européen ou occidental face à la réalité présente trois aspects différents.

[40] GM, Premier traité, §12.

[41] GM, Préface, §5. Nous pouvons considérer que le bouddhisme et le brahmanisme sont nihilistes, car ils ont tous « glorifié la notion antagoniste de la vie, le Néant, en tant que but, que "Dieu" » ; FP 14[25] du printemps 1888.

[42] Voir FP 11[99] de novembre 1887 – mars 1888.

D'abord, nous constatons que le devenir n'a pas une fin, autrement dit que tous les événements n'ont pas un but établi préalablement, un but qui serait absolu, éternel et incontestable. Par conséquent, l'homme éprouve de nouveau de la déception lorsqu'il perçoit que lui-même n'a pas l'importance qu'il aimerait avoir. La réalité n'est pas une unité organisée dont l'homme serait une partie fondamentale. Il se reconnaît comme sans importance, remplaçable, indifférent à l'égard de la réalité. En troisième lieu, l'homme cesse de croire au phantasme que lui-même a auparavant créé pour remédier à sa propre souffrance, à savoir le phantasme d'une autre réalité. En constatant que ce devenir dont nous faisons partie est la seule réalité existante, l'homme occidental découvre à la fois que le monde métaphysique et le monde vrai n'existent pas. Cette démarche est expliquée encore une fois par Nietzsche comme « le sentiment de l'*absence de valeur* »[43] – nous pouvons en conclure qu'elle est la démarche de la mort de Dieu.

L'invention du phantasme d'un monde métaphysique – d'un vrai monde, de cette réalité transcendantale absolue, immuable, éternelle – est platonicienne et chrétienne[44]. Selon Nietzsche, elle-même a été une manière de nier la vie, donc une espèce de nihilisme : « Quand on déplace le centre de gravité de la vie *non pas* vers la vie, mais vers l'"au-delà" – *vers le néant* –, on a enlevé à la vie tout centre quel qu'il soit ». L'invention d'un monde métaphysique est une manière de retirer son sens à la vie réelle, à ce devenir dont nous faisons partie : « Vivre *de telle manière* que vivre n'ait plus de *sens, voilà* qui devient désormais le "sens" de la vie… »[45]. C'est exactement cela que l'idéal ascétique a toujours proposé. En accusant la vie, il a retiré à l'homme la possibilité de création de nouvelles valeurs et de nouveaux sens. De plus, cette accusation a engendré de la haine envers la vie :

> On ne saurait certes se cacher *ce qu'*exprime au juste toute cette volonté à laquelle l'idéal ascétique a donné sa direction : cette haine envers l'humain, […] cette aspiration à échapper à toute apparence, changement, devenir, mort, souhait, aspiration même – tout cela signifie, osons le comprendre, une *volonté de néant*, une aversion à l'égard de la vie, une insurrection contre les présupposés les plus fondamentaux de la vie[46].

En tant que forme de haine vis-à-vis de la vie, le nihilisme est l'affect qui la nie de la façon la plus directe possible, puisqu'elle est son objet *sine qua*

---

[43] FP 11[99] de novembre 1887 – mars 1888.
[44] Voir le petit chapitre « Comment le "vrai monde" finit par tourner à la fable » du *Crépuscule des idoles*.
[45] AC, §43.
[46] GM, Troisième traité, §28.

non. Comme Nietzsche l'explique, « telle est ici la question » : il s'agit de choisir un « non » ou un « oui ». Or, « l'instinct nihiliste dit non ; son affirmation la plus modérée est que ne-pas-être vaut mieux qu'être, que le désir de néant a plus de valeur que le vouloir-vivre ». Nous pouvons en conclure que le nihilisme est le pire des vices, car la santé étant l'affirmation de la vie, il est à son tour la négation pure de la vie. Plus que cela, le nihilisme est la conséquence nécessaire de tous les vices, car il est la décadence même sous forme d'affect.

5.

Le *pathos* de la distance et le présage de l'indifférence

Le prochain affect que nous allons étudier est certainement le plus difficile à comprendre, car à notre avis il peut être considéré aussi, dans certains cas, comme un vice, bien que Nietzsche pense le contraire. Il s'agit du « *pathos* de la distance » ou en allemand *pathos der Distanz*. Le fait qu'il soit un affect est une évidence de sa nomenclature : comme nous l'avons montré, tout *pathos* est un affect. Sa structure démontre précisément sa signification : il s'agit d'un affect qui pousse un individu à prendre distance d'un autre. L'expression « *pathos* de la distance » existe depuis 1885, c'est-à-dire depuis l'époque de *Par-delà bien et mal*. Nous essayerons de montrer qu'elle doit être rapprochée de l'affect d'« indifférence » (en allemand *Gleichgültigkeit* ou *Indifferenz*) à l'égard d'un autre individu. Nietzsche a recours à de nombreuses autres expressions pour exprimer ce *pathos* telles qu'« affect de distance » (*Affekt der Distanz* ou *Affekt der Distance*) et « sentiment de distance » (*Gefühl für Distanz* ou *Distanz-Gefühl*). L'idée fondamentale du *pathos* de la distance est celle d'un « sentiment de la différence hiérarchique »[1] ou de la nécessité de séparation et d'organisation en partant de la reconnaissance d'une différence, bref une « force organisatrice »[2]. La difficulté intrinsèque à la signification de ce concept se réfère à la question de l'altérité. D'abord, il exprimerait l'indépendance propre à la séparation des corps, mais il faut savoir si ce *pathos* ne serait pas justement le renforcement de l'altérité.

De plus, il semble que Nietzsche utilise la même expression pour désigner deux pratiques distinctes : une première « intériorisée » ou purement psychologique qui marquerait la hiérarchie pulsionnelle d'un corps par la consolidation du moi devenant maître des autres affects ; et une deuxième « externalisée » qui se manifesterait politiquement par l'établissement d'une

---

[1] FP 1[10] de l'automne 1885 – printemps 1886.

[2] CI, Incursions d'un inactuel, §37.

société de castes. Cette distinction apparaît déjà par la première occurrence de l'expression dans les textes publiés. Il commence par expliquer les implications politiques de ce *pathos* :

> Toute élévation du type « homme » fut jusqu'à présent l'œuvre d'une société aristocratique – et il ne cessera d'en être ainsi : en ce qu'elle est une société qui croit à une vaste échelle hiérarchique ainsi qu'à une différence de valeur entre l'homme et l'homme, et qui a besoin de l'esclavage en quelque sens.

Dans ce passage nous observons les sujets qui seront toujours liés à ce concept. La société que Nietzsche croit être la plus forte est « aristocratique », c'est-à-dire qu'elle est organisée de façon hiérarchisée en séparant les individus les plus forts des individus les plus faibles. L'opinion de Nietzsche selon laquelle les individus forts ont besoin de l'esclavage nous semble particulièrement intéressante. C'est la première fois qu'il souligne que le *pathos* de la distance n'évite pas l'altérité, car l'aristocrate *a besoin* d'un autre qui lui soit subordonné, un esclave « en quelque sens ». Quoi qu'il en soit, Nietzsche poursuit son raisonnement : la distance est le but d'un autre affect, un « autre *pathos* plus mystérieux », à savoir « cette aspiration à un incessant accroissement de distance au sein de l'âme elle-même »[3]. Comme nous le disions, il s'agit de la pulsion qui ne sépare pas et ne hiérarchise pas des individus ou des classes, mais qui sépare des pulsions – c'est la force organisatrice de l'ensemble pulsionnel qu'est le corps. Cette séparation au sein de l'âme est le coup de force par lequel le moi maîtrise le corps. Dans ce cas, le *pathos* de la distance en tant que pratique « intériorisée » serait la vertu *sui generis* de notre éthique, car il serait la pulsion qui soutiendrait toute possibilité de maîtrise des affects. Malheureusement, Nietzsche ne développe plus cette relation entre la hiérarchie pulsionnelle et le *pathos* de la distance. En fait, dans la plupart des cas il utilise cette expression uniquement dans sa signification « externalisée ».

En ce sens, selon Nietzsche, le *pathos* de la distance est d'une grande importance pour la création d'une culture puissante et, en conséquence, pour qu'apparaisse à l'avenir un type d'homme plus fort. En tant que sentiment de respect, il est « la *condition* de l'élévation et de la croissance de la culture ». Mais Nietzsche observe que « personne n'a plus aujourd'hui le courage des privilèges, des droits souverains, du sentiment de respect envers soi et envers ses pairs » et il en conclut que la politique de son temps « est *malade* de ce manque de courage »[4]. Donc, le *pathos* de la distance en tant que pratique

---

[3] BM, §257. Voir aussi le FP 2[13] de l'automne 1885 – automne 1886.

[4] AC, §43.

« politique » serait une vertu car il élèverait la puissance de la culture et donc des individus – et c'est pourquoi l'absence de ce *pathos* serait maladive. Ainsi, la séparation et la hiérarchisation sont des stratégies politiques pour augmenter la puissance de l'individu. En fait, pour Nietzsche, cet affect est une mesure aseptique destinée à préserver les types forts d'homme parce que la décadence est un danger pour les plus puissants :

> Plus la disposition maladive est normale en l'homme – et nous ne pouvons contester cette normalité –, et plus on devrait honorer hautement les rares cas de puissance d'âme et de corps, les *coups heureux* de l'homme, et protéger sévèrement les réussis de l'air le plus vicié, de l'air des malades. Le fait-on ?... Les malades sont le pire danger de ceux qui sont en bonne santé [...][5].

D'après Nietzsche, le monde moderne a « une sorte d'air d'asile d'aliénés » ou « d'air d'hôpital ». La décadence est partout. Pour préserver les forts, il faut les séparer des plus faibles, car ces derniers « empoisonnent et remettent en cause de la manière la plus dangereuse notre confiance dans la vie, dans l'homme, en nous-mêmes ». Les malades n'ont pas de confiance en eux-mêmes, ils ne s'aiment pas car ils se dégoûtent d'eux-mêmes. « C'est sur ce terrain du mépris de soi, véritable terrain marécageux, que pousse toute mauvaise herbe, toute plante empoisonnée », écrit Nietzsche et il ajoute : « Les vers des sentiments de vengeance et de rancœur y grouillent ». Les décadents sont vindicatifs et rancuniers. Comme ils se méprisent, ils s'attachent toujours à une relation d'altérité. Incapables de s'aimer, ils ont besoin de diriger leur regard vers un autre. Par conséquent, la violence du ressentiment n'est qu'un symptôme de l'incapacité d'un moi maladif à s'aimer et à se maîtriser. Ils ont besoin de se comparer aux plus forts en feignant une supériorité : « La volonté qui est celle des malades de représenter une *quelconque* forme de supériorité, leurs instincts des voies détournées menant à la tyrannie à l'égard de ceux qui sont en bonne santé, – où ne la trouverait-on, cette volonté de puissance propre aux plus faibles ! ». Il faut prendre de la distance et maintenir les faibles en quarantaine pour que leur ressentiment ne contamine pas l'individu fort – pour que le faible ne convainque pas les individus forts. Ceux-ci ne doivent avoir confiance qu'en eux-mêmes et ne jamais se tromper sur leur propre puissance. C'est pourquoi Nietzsche souhaite : « Que les malades *ne* rendent *pas* malades ceux qui sont en bonne santé ». Le *pathos* de la distance est donc le remède contre le ressentiment mais aussi contre les deux autres pires vices de l'humanité, à savoir le dégoût et la compassion : « Et ce, mes amis, pour que nous nous défendions nous-mêmes, un instant encore à tout le moins, contre

[5] GM, Troisième traité, §14.

les deux pires pestes qui nous sont peut-être justement réservées, – contre le *grand dégoût de l'homme !* contre la *grande pitié pour l'homme !...* »[6].

Plus qu'une mesure politique d'asepsie, le *pathos* de la distance est une conséquence de la reconnaissance individuelle de la puissance du soi-même et de la maladie de l'autre. Dégoûté de la faiblesse de la plupart des hommes, l'individu fort peut prendre de façon autonome de la distance. Dans ce cas il s'agit d'une nécessité de santé, voire de propreté : « Ce qui sépare le plus profondément deux hommes, c'est un sens et un degré différents de propreté », affirme Nietzsche et il ajoute : « un tel penchant *distingue* – c'est un penchant noble –, il met également à part »[7]. En fait, le *pathos* de la distance est la marque la plus évidente de ce que Nietzsche appelle la « noblesse » au sens figuré. Plus qu'une classification strictement politique ou économique, la noblesse est pour Nietzsche la distinction d'un individu grâce à sa force pulsionnelle. Cette dernière se définit, parmi d'autres motifs, par la conscience qu'un individu prend de sa propre capacité en la comparant à la capacité d'autrui. Pour Nietzsche, cette conscience de sa propre puissance par opposition aux autres est la plus importante caractéristique d'un homme :

> La première question que je me pose pour « sonder les reins » d'un homme, c'est de savoir s'il a le sentiment inné de la distance, s'il voit partout le rang, le degré, la hiérarchie entre un homme et un autre, s'il sait *distinguer* : c'est par là qu'on est gentilhomme ; dans tous les autres cas, on appartient irrémédiablement à la catégorie compréhensive et oh ! combien débonnaire de la canaille[8].

Ce passage est extraordinaire. Le terme de « canaille » – Nietzsche l'utilise en français – désigne ce qui est vil comme l'atteste son origine étymologique : « chien ». La canaille est par définition l'ensemble des gens méprisables. D'une part, ce texte confirme que le *pathos* de la distance n'évite pas l'altérité, mais en la refusant, il la renforce. Tel que le définit Nietzsche ici, le sentiment noble de distinction est lié directement au dégoût, cet affect que lui-même considère comme l'un des pires vices – et de façon surprenante, c'est un affect qui, tel que la compassion, comme nous l'avons vu, serait la pire peste à laquelle le *pathos* de la distance devrait s'opposer. Cette relation intime entre le sentiment noble de distinction et le dégoût devient évidente grâce à l'analyse des éloges que fait Nietzsche de la solitude. En fait, d'après lui, en se séparant des faibles l'individu fort cherche alors des semblables, mais quand il ne les trouve pas il s'isole complètement. C'est le sens du passage

---

6 GM, Troisième traité, §14.

7 BM, §271.

8 EH, Le cas Wagner, §4.

suivant : « Et donc une bonne société, notre société ! Ou la solitude s'il le faut ! »[9]. Or, la solitude du fort est circonstancielle mais fréquente. Étant donné que les hommes forts sont rares, la conséquence du *pathos* de la distance est la solitude totale. Nietzsche considère la solitude comme une vertu, pour la même raison que l'affect de distinction : « Chez nous la solitude est une vertu, en tant qu'inclination et penchant sublime à la propreté, qui devine l'inévitable malpropreté [*unreinlich*] nécessairement attachée à tout contact entre êtres humains »[10]. *Unreinlich* signifie exactement « malpropre », « impur », « sale », donc « dégoûtant ». C'est pourquoi Nietzsche écrit : « Pour *me* conserver j'ai mes instincts protecteurs de mépris, dégoût, indifférence etc. – ils me poussent à la solitude »[11]. Nous pouvons trouver cette description de son hygiène personnelle dans plusieurs textes, notamment dans *Ecce Homo* : « Je me caractérise par une sensibilité parfaitement inquiétante de l'instinct de propreté », y écrit-il. Et ce n'est point une coïncidence s'il considère que son œuvre majeure est une défense de la solitude : « J'ai besoin de *solitude*, j'entends de convalescence, de retour à moi, du souffle d'un air léger qui joue librement. Tout mon *Zarathoustra* est un dithyrambe à la solitude ou, si l'on m'a bien compris, à la *pureté* [rein] ». Mais c'est exactement dans ce passage où Nietzsche déclare aussi – et encore une fois – que « le *dégoût* de l'homme, de la "canaille" [*Gesindel*] a toujours été mon plus grand danger »[12]. Cette déclaration est le symptôme de l'ambivalence personnelle que Nietzsche vivait à ce sujet.

Le plus inquiétant est que Nietzsche semble ne pas s'apercevoir que les éloges qu'il adresse à la « noblesse », à l'« aristocratie », à la « morale noble » et au « *pathos* de la distance » sont des manifestations directes du dégoût que lui-même éprouve pour l'homme décadent. Il s'agit ici du même problème que celui que nous avons remarqué dans la définition de la « morale noble », en montrant qu'elle s'appuie aussi sur le ressentiment. Pour Nietzsche, ce sont les nobles « qui ont ressenti et fixé eux-mêmes et leur agir comme bon, à savoir de premier rang, par opposition à tout ce qui est bas, d'âme basse, commun et plébéien ». Nous soulignons le fait que l'évaluation noble naît *par opposition* à tout ce qui est, pour le dire de façon simple, méprisable (vil, commun et plébéien). Nietzsche lui-même le confirme un peu plus tard : « Le *pathos* de la noblesse et de la distance, comme on l'a dit, le sentiment global, le sentiment fondamental, durable et souverain, d'une espèce supérieure et dominante relativement à une espèce inférieure, à un "en dessous" – *voilà*

[9] GM, Troisième traité, §14.
[10] BM, §284.
[11] FP 26[117] de l'été – automne 1884.
[12] EH, Pourquoi je suis si sage, §8.

l'origine de l'opposition "bon" et "mauvais" »[13]. L'altérité est encore là et elle est une altérité qui suscite du dégoût – et peut-être du ressentiment – pour l'« espèce inférieure ». Comprendre dans quelle mesure ce fait est le symptôme d'un probable ressentiment de Nietzsche en tant qu'individu n'est pas le plus intéressant. Ce qui nous importe est de savoir comment nous pouvons utiliser sa pensée pour établir à partir d'elle une affectologie qui, comme éthique des affects, serve à renforcer la vie et augmenter notre puissance.

En ce sens, il nous faut désormais analyser ce que signifie l'indifférence, car cet affect que Nietzsche relie au *pathos* de la distance nous semble être un affect vraiment vertueux. Pourquoi ? Parce que l'indifférence est l'affect qui provoque la séparation totale de l'altérité morale, en gardant la force de l'individu et en gardant aussi des relations étroites entre individus, relations destinées à augmenter notre puissance, comme l'amitié. Cette possibilité d'interprétation de l'indifférence s'appuie sur certains textes nietzschéens, mais il nous semble que Nietzsche lui-même n'avait pas de notions précises à cet égard. Mais c'est dans cette optique que nous devons comprendre l'une des conséquences vertueuses que Nietzsche perçoit dans le *pathos* de la distance, à savoir le renforcement du moi par le respect de soi-même. C'est pourquoi il écrit en parlant de sa propre vie : « J'ai vécu solitaire et j'ai eu le talent et le courage de m'envelopper du manteau de la solitude : cela fait partie de mon intelligence. Aujourd'hui il faut même beaucoup de ruse pour rester soi-même, rester soi-même *en haut* »[14]. La prise de distance demande du talent et du courage, et permet que l'individu préserve sa force. Mais quel élément dans cette séparation est-il vraiment vertueux ?

L'étymologie du terme « indifférence » semble être d'abord le contraire de la signification du *pathos* de la distance. Venant du latin *indifferentia* – et Nietzsche utilise souvent la version latine du terme – il signifiait originellement l'état de ce qui n'est pas différent. Or, la distinction « noble » s'appuie justement sur la différence entre individus. Aujourd'hui, le mot « indifférence » est équivoque. Il peut exprimer un vice comme l'apathie ou le désintérêt à l'égard de la vie – dans ce cas il est presque synonyme de nihilisme –, mais il peut aussi désigner tout simplement le désintérêt vis-à-vis d'une autre personne. Cette dernière signification ressemble au *pathos* de la distance, mais il nous faut déterminer si elle est un exemple de ressentiment et de dégoût. En fait, Nietzsche lui-même a relié l'indifférence au mépris[15] et à une lassitude de l'individu envers soi-même : « Notre indifférence et notre

---

[13] GM, Premier traité, §2.
[14] FP 25[9] du printemps 1884.
[15] Voir le FP 3[89] du printemps 1880.

froideur occasionnelles à l'égard des personnes, que l'on interprète comme de la dureté ou un manque de caractère de notre part, ne sont souvent qu'une lassitude d'esprit : c'est dans cet état que les autres nous sont indifférents ou importuns comme nous le sommes à nous-mêmes »[16]. Toutefois, il nous semble possible que l'indifférence soit une vertu si nous lui donnons une signification très précise.

Comparée à la rancœur des faibles qui s'appuie sur l'altérité en la transformant en une relation de violence, l'indifférence est dans une certaine mesure « innocente », car elle n'est violente que de façon circonstancielle. Les rares manifestations de violence de celui qui éprouve de l'indifférence sont le résultat du besoin qu'a sa force de s'exercer pour affirmer son corps. « Indifférence » signifie une non-relation et non pas une séparation. Elle est le résultat de la pure affirmation de soi-même, d'un moi qui se respecte, c'est-à-dire de l'égoïsme. Ainsi nous pourrions affirmer avec Nietzsche que « l'indifférence à l'égard du prochain » est « quelque chose de fort *élevé* »[17]. Elle est vraiment un des « sentiments de soi-même » dont parle Nietzsche et qui sont propres à la « souveraineté personnelle »[18]. Mais Nietzsche rapproche explicitement cet affect du *pathos* de la distance. L'indifférence en tant que « forme de force » serait une caractéristique de ce « clivage séparant homme et homme, classe et classe, la multiplicité des types », mais surtout « la volonté d'être soi-même, de sortir du lot »[19].

La critique que nous émettons consiste à nous demander si la volonté « d'être soi-même » ne peut pas se réaliser sans vouloir « sortir du lot ». La nécessité de se séparer du « lot » signifie le renforcement de l'altérité morale qui, à son tour, provoque tous les vices que nous avons analysés. L'éthique que nous suggérons propose de surmonter l'altérité morale. Cela ne signifie pas que l'individu ne puisse pas avoir des relations avec d'autres individus, comme des relations amoureuses ou amicales. Tout au contraire, ces relations renforcent la vie et sont donc salutaires et bienfaisantes. Cela signifie seulement que toute relation d'altérité morale disparaît. Pour comprendre cela, il faut savoir que l'amitié et l'amour ne sont que des affirmations égoïstes de soi-même et que les relations « politiques » ou « entre corps » ne s'opposent point au « je suis » éthique, ce que nous verrons en détail dans les chapitres suivants. Mais nous pouvons déjà nous rappeler que même Nietzsche l'avait perçu très tôt lorsqu'il écrivait, par exemple, que l'amour de celui qui éprouve de l'indifférence est « d'une autre nature que celui des gens sociables et avides

---

16 VO, §299.
17 FP 11[344] du printemps – automne 1881.
18 FP 11[286] de novembre 1887 – mars 1888.
19 CI, Incursions d'un inactuel, §37.

de plaire : c'est une affabilité douce, contemplative, détendue »[20]. Nous allons plus loin encore : l'indifférence ne provoque pas nécessairement la distance « physique » comme le terme « contemplative » pourrait le suggérer. Il ne faut pas se séparer corporellement d'autrui. L'indifférence est une séparation relative qui s'appuie uniquement sur l'affirmation pure du moi. C'est en ce sens que nous pourrions parler encore d'un *pathos* de la distance, non comme d'une protection du moi (ce qui présuppose le danger représenté par autrui), mais comme d'une auto-affirmation qui se manifeste toujours comme auto-respect. C'est pourquoi le rôle physio-psychologique de l'« oubli » est inestimable car l'oubli est le processus par lequel on évite notamment la rancune, mais aussi tous les autres vices. C'est avec cet éclairage que nous devons lire la fin du paragraphe 10 du premier traité de *Pour une généalogie de la morale* : « Être incapable de prendre au sérieux longtemps ses ennemis, ses accidents, ses *méfaits* même – voilà le signe de natures fortes et entières qu'habite une surabondance de force plastique, reconstituante, qui fait guérir et aussi oublier », écrit Nietzsche. C'est à partir de l'oubli qu'un individu peut s'écarter du ressentiment et aimer profondément, aimer même ses ennemis : « D'une seule secousse, un tel homme se débarrasse de bien de la vermine qui chez d'autres s'installe en profondeur ; c'est seulement ici, également, qu'est possible, à supposer qu'il soit possible sur terre de manière générale – le véritable "*amour* de ses ennemis" »[21]. C'est probablement pourquoi Nietzsche considère l'oubli comme « une forme de santé vigoureuse »[22]. Nous osons en conclure que l'indifférence s'appuie nécessairement sur l'oubli.

De toute façon, nous devons souligner l'importance du *spernere se sperne*. Il faut comprendre la faiblesse et les faibles de la même manière que nous comprenons la force et les forts. Il est dommage que Nietzsche l'ait rarement perçu. Son effort pour lutter contre la rancune des faibles n'a pas son équivalent pour lutter contre sa propre rancune. Il estime comme un « non-sens » le fait d'exiger de la vigueur « qu'elle *ne* s'extériorise *pas* sous forme de vigueur ». Il considère dégoûtant la « ruse vindicative de l'impuissance » qui impute « à l'oiseau de proie *la responsabilité* d'être oiseau de proie »[23]. Mais son dégoût semble imputer à l'« agneau » la responsabilité d'être « agneau ». Il affirme que c'est aussi un non-sens d'« exiger de la faiblesse qu'elle s'extériorise comme vigueur » et que les « oiseaux de proie » n'ont « nulle rancune » à l'égard des agneaux et qu'ils les aiment. Mais son dégoût s'oppose à cette absence de rancune.

---

[20] AA, §471.
[21] GM, Premier traité, §10.
[22] GM, Second traité, §1. La valorisation de l'oubli est déjà présente dans HV, §1.
[23] GM, Premier traité, §13.

Pourtant, un de ses enseignements éthiques les plus importants est probablement la solution à ce problème : « *Le monde est parfait* – ainsi parle l'instinct des plus intellectuels, l'instinct qui dit oui – : l'imperfection, tout ce qui est *au-dessous* de nous en quelque manière, la distance, le *pathos* de distance, le tchandala même appartient encore à cette perfection » [24]. Ce passage que Nietzsche n'a écrit qu'en 1888 non pour décrire sa propre pensée, mais pour décrire celle des savants hindous, est toutefois la conséquence immédiate de l'*amor fati* que nous étudierons plus tard. Mais avant cela, il nous faut comprendre ce que signifient l'égoïsme, l'orgueil et l'amour même.

[24] AC, §57.

6.

L'égoïsme, l'orgueil et la vanité

L'égoïsme est une vertu fondamentale. Nietzsche utilise les versions latines du mot telles qu'*Egoism* ou *Egoismus* pour nommer cet affect ordinaire, mais aussi le mot allemand *Selbstsucht*. L'étymologie du terme d'origine latine est bien connue : il s'agit du mot *ego* qui signifie « moi ». Nous pouvons donc comprendre *Egoismus* et partant le mot français « égoïsme » comme la valorisation du moi. Ce sens est encore plus évident dans le substantif allemand *Selbstsucht* qui pourrait être traduit par manie, désir ou passion (*Sucht*) de soi-même (*Selbst*)[1]. Les mots qui désignent l'égoïsme sont tous équivoques chez Nietzsche et, pour comprendre cet affect, nous devrons donc nous efforcer d'organiser les différentes conceptions que recouvrent ces mots à ses yeux. De manière générale, l'égoïsme est considéré comme un affect qui renforce la vie, une vertu, peut-être la vertu la plus importante. « Tout ce qui est non égoïste est phénomène de décadence »[2] écrit Nietzsche et c'est pourquoi il ajoute : « Je lutte contre l'idée que l'égoïsme est nuisible et répréhensible : je veux donner bonne conscience à l'égoïsme »[3] après avoir affirmé ailleurs : « Je veux réhabiliter l'égoïsme »[4].

En premier lieu, nous pouvons soutenir que toute action est égoïste et que tout corps est affecté nécessairement par l'égoïsme. Et ce parce que Nietzsche

[1] La signification première de « *Sucht* » est « maladie ». Les autres options mentionnées sont tout à fait possibles. En fait, les indications ont été données par différents traducteurs français consultés : Patrick Wotling propose « manie de soi » (voir note 275, p.291 de son édition de *Crépuscule des idoles*) ; Georges-Arthur Goldschmidt propose « désir de soi » (voir note 2, p.225 de son édition d'*Ainsi parlait Zarathoustra*). Éric Blondel propose « passion de soi » et « amour morbide de soi » (voir note 88, p.217 de son édition d'*Ecce Homo*). Toutefois, observons que tous choisissent souvent « égoïsme » pour remplacer le terme allemand. Parfois Nietzsche lui-même joue avec la structure du terme, par exemple quand il rapproche l'égoïsme de l'« obsession de *soi* » (*Sucht nach* Selbst) ; FP 17[81] de l'automne 1883.

[2] FP 22[22] de septembre – octobre 1888.

[3] FP 16[15] de l'automne 1883.

[4] FP 6[74] de l'automne 1880.

utilise parfois le terme en le rapportant directement à l'*ego*, mais aussi en le reliant au « soi-même », c'est-à-dire au corps ou à l'individu indépendamment de toute considération du concept d'*ego*. L'égoïsme serait alors une sorte d'individualisme ou d'amour-propre. En fait, nous pouvons utiliser le même mot pour désigner cet amour rapporté soit à l'*ego*, soit à l'individu soit à un groupe social, dans ce dernier cas il s'agirait donc d'un « égoïsme non individuel »[5]. D'ailleurs, Nietzsche sait que le mot « égoïsme » est très problématique : « le mot est déjà une calomnie »[6], écrit-il. Comme nous l'avons vu, le moi est une espèce d'illusion. À proprement parler, étant donné que le « moi » est une « synthèse conceptuelle », nous devrions en conclure qu'« il n'y a donc pas d'action par "égoïsme" »[7]. De toute façon, Nietzsche ne refuse pas le mot et continue à l'utiliser jusque dans ses derniers écrits.

Toute action est « égoïste » pour autant que toute action est une espèce de « volonté de soi propre ». C'est une absurdité de croire à une action en tant que « non-volonté de soi-propre »[8] ou, pour le dire autrement, à une action qui n'a pas comme but sa propre réalisation. Dans ce sens, le concept de « non-égoïste » est une « erreur psychologique »[9]. En commettant cette erreur, la morale traditionnelle a compris jusqu'ici le terme d'« égoïsme » comme étant « insultant et sale ». La morale ignorait et ignore encore que cet affect est « le fait de tout être vivant », le fait qui consiste à « vouloir croître et créer en se dépassant »[10]. Autrement dit, dans la réalité, il n'y a que des forces, des pulsions, des affects, des volontés de puissance – et toute force se réalise nécessairement : « Tout d'abord l'instinct ne tend qu'à se satisfaire, sans égard pour l'autre individu, cruellement »[11]. Nous comprenons déjà dans quelle mesure la valorisation morale de l'« altruisme » est fondée sur une erreur fondamentale – si « des actes non égoïstes sont impossibles »[12], une action désintéressée est aussi impossible. Par conséquent, la condamnation morale de l'égoïsme est également un instinct « égoïste » de conservation :

> Cette décharge de ressentiment dans la condamnation, le rejet, le châtiment de l'égoïsme (le sien ou celui d'un autre), est également un instinct de conservation chez le laissé pour compte. En somme : le culte de l'altruisme est une forme

---

[5] FP 11[130] du printemps – automne 1881.
[6] EH, Pourquoi je suis un destin, §7.
[7] FP 1[87] de l'automne 1885 – printemps 1886. Voir aussi EH, Pourquoi j'écris de si bons livres, §5.
[8] Voir le FP 7[224] du printemps – été 1883.
[9] FP 10[57] de l'automne 1887.
[10] FP 18[32] de l'automne 1883.
[11] Revoir le FP 19[115] de l'hiver 1876.
[12] Revoir le FP 26[224] de l'été – automne 1884.

spécifique de l'égoïsme, qui se présente régulièrement dans certaines conditions physiologiques[13].

D'ailleurs, même si nous prenons en considération les significations que la morale a données aux mots « égoïsme » et « altruisme » et si nous croyons alors à la possibilité d'une action désintéressée, la survalorisation de l'altruisme plutôt que de l'égoïsme est encore une erreur et nous devons en conclure que l'« égoïsme » compris de cette manière a « un degré d'utilité beaucoup plus haut que l'altruisme »[14]. De toute façon, c'est à cause de cette conception traditionnelle, mais fausse, que l'égoïsme a toujours été accompagné de mauvaise conscience et de honte. La croyance dans la nature répréhensible de l'égoïsme a ôté à ce dernier « toute bonne conscience » en le considérant comme « la calamité » de la vie, « ce qui porta préjudice, comme je l'ai dit, à l'égoïsme et le priva de beaucoup d'esprit, de gaieté, de sensibilité, de beauté : ce qui abêtit, enlaidit et empoisonna l'égoïsme »[15]. En proposant une inversion par rapport à ce concept, Nietzsche suggère « un égoïsme éhonté »[16] qui s'accompagne donc de plaisir – en fait, en tant que « volonté de soi », l'égoïsme est « une spécialité raffinée, tardivement développée, de la volonté de plaisir »[17] – et par l'inversion conceptuelle que l'éthique doit effectuer, ce plaisir issu de l'affect sera renforcé. La distance entre honte et égoïsme n'est possible que par la prise de conscience des vraies caractéristiques de cet affect : « Là où une époque, un peuple, une cité prédominent, c'est toujours du fait que l'*égoïsme* y devient conscient et ne recule plus devant aucun moyen (*n'a plus honte* de soi-même) »[18]. En d'autres termes, conscient, honnête et dépourvu de honte, l'égoïsme devient une vertu. Pour renverser la morale, l'éthique doit prendre conscience du mode de fonctionnement de l'égoïsme, en le reconnaissant pour ce qu'il est. Or, le fait que la morale ait condamné l'égoïsme nous montre son erreur fondamentale. En fait, elle s'appuie sur l'altérité, mais toute action est individualiste : « *L'égoïsme n'est pas un principe de morale* ; ce n'est pas un "tu dois !", car c'est l'unique "il te faut" »[19]. L'analyse de l'égoïsme nous montre qu'il est le principe basique de toute action et en conséquence que la formule « tu dois » de la morale est un fantasme. À la rigueur, tout « tu dois » ne devient possible que par sa transformation en un « je dois ». Pour qu'un « tu dois » devienne

[13] FP 14[29] du printemps 1888.
[14] FP 23[54] de la fin 1876 – été 1877.
[15] GS, §328.
[16] Expression trouvée dans AC, §36.
[17] FP 4[58] de novembre 1882 – février 1883.
[18] FP 11[303] du printemps – automne 1881.
[19] FP 7[182] du printemps – été 1883.

possible, il faut que l'individu accepte l'obligation qu'un autre lui impose et cette acceptation à son tour répond à l'exigence de l'affect égoïste.

Par une éthique renouvelée, nous comprenons que l'égoïsme est ce qui délimite la frontière entre vices et vertus. À la différence de ce qu'en pensait la morale, selon Nietzsche, les mauvaises actions « sont précisément caractérisées par *leur manque* d'égoïsme ». Ce manque en provoque un autre : celui de « l'instinct directeur » ou cette « profonde conscience de ce qui est utile et de ce qui est nuisible ». Tout au contraire, quand un individu se comporte avec un égoïsme honnête, « toute vigueur, toute santé, toute vitalité, témoigne de la *tension* accrue vers l'instinct dominateur du moi »[20]. Ainsi, nous pouvons en conclure qu'il n'y a pas d'éthique sans égoïsme. Pour que devienne possible la maîtrise de soi, il faut s'aimer soi-même. En vérité, l'égoïsme est « l'art de conservation de soi » et donc le contraire de l'« oubli de soi, la méprise sur soi, le rapetissement, le rétrécissement, la médiocrisation de soi ». L'égoïsme est une espèce de « dressage du moi »[21] (*Selbstzucht*) pour utiliser ce néologisme inventé par Nietzsche pour jouer avec le mot *Selbstsucht* : cet affect est une éducation, si nous pouvons le dire ainsi, une culture, un élevage ou une discipline (*Zucht*) qui a comme but l'établissement ou le renforcement du moi. Il est à son tour le « souci de conservation » du corps et la pulsion qui pousse le corps à « son *optimum* de conditions »[22]. En tant qu'instinct de conservation, il est une mesure de protection de la santé. Sans cette protection individualiste le corps s'affaiblit jusqu'à la mort : « Quand, à l'intérieur de l'organisme, le moindre organe s'affaiblit si peu que ce soit et cesse d'assurer sa conservation, le renouvellement de son énergie, son "égoïsme", alors l'ensemble dégénère »[23]. Il est un « instrument » nécessaire pour renforcer le moi pour que ce dernier demeure « vivant, formateur, désirant, créateur, et qu'il résiste à chaque instant à l'engloutissement dans les choses »[24]. Par conséquent, l'éthique doit être comme ce que Nietzsche appelle une « morale **incarnée** de la *conservation de soi* »[25]. C'est pourquoi Zarathoustra fait l'éloge de l'égoïsme « sain et robuste qui jaillit d'une âme puissante » à laquelle appartient « le corps élancé, victorieux, roboratif, autour duquel chaque objet devient miroir ». Par cet amour de soi, l'individu éprouve une « joie de soi-même » qui « s'appelle elle-même vertu »[26]. Quand l'égoïsme est absent, nous ne faisons pas attention à

---

[20] FP 22[18] de septembre – octobre 1888.
[21] EH, Pourquoi je suis si avisé, §9.
[22] CI, Incursions d'un inactuel, §33.
[23] EH, Aurore, §2.
[24] FP 1[42] de juillet – août 1882.
[25] FP 25[437] du printemps 1884.
[26] ZA, III, Des trois maux, §2.

nos « besoins les plus personnels » et, en conséquence, nous nous prenons « pour un autre ». C'est un « *manque d'égards* pour soi-même » qui fait que nous perdons la santé, le bien-être, la fierté, la gaieté, la liberté, la fermeté, le courage et l'amitié[27]. Ainsi, l'éthique enseigne l'individualisme pour éviter l'altérité uniquement dans la mesure où il renforce le moi et rend possible le plaisir et la joie.

Par ailleurs, l'inversion proposée par Nietzsche par rapport à la morale traditionnelle ne représente pas une valorisation aveugle de toute manifestation de l'égoïsme. Selon lui, il y a deux façons distinctes par lesquelles l'égoïsme s'exprime[28]. De manière générale, nous pouvons distinguer un égoïsme décadent et un égoïsme puissant. Tous les individus agissent en fonction de leur égoïsme. Mais au contraire de cet égoïsme vertueux que Nietzsche valorise, l'égoïsme décadent est hypocrite et l'individu qui en fait preuve n'est pas conscient de sa condition. Cet individu tend à se confondre avec la communauté, avec le troupeau, il accepte le « tu dois » moral et désire que cette formule soit imposée à tous les autres et en conséquence son acceptation se manifeste comme un « nous devons ». En vérité, l'hypocrisie cachée signifie que le « tu dois » en question est désiré pleinement par l'individu et il est la réalisation de son propre vouloir. D'après Nietzsche, cet individu veut que ses propres valeurs soient universelles et il est mû donc par un « égoïsme aveugle, mesquin et sans exigence », un affect décadent parce qu'il est incapable de se connaître soi-même et de créer « un idéal proprement personnel »[29]. Enfin, l'égoïsme peut être éprouvé de manière différente selon la capacité qu'a chaque corps de s'affirmer, de s'aimer, de se connaître et de créer pour soi-même un projet de vie. Il est décadent si le corps qui l'éprouve n'est pas puissant. En revanche, il est vertueux si le corps qui le ressent est fort :

> L'égoïsme vaut autant que vaut celui qui, physiologiquement, le possède : il peut valoir énormément, il peut être abject et méprisable. On est en droit de considérer tout individu en se demandant s'il représente la ligne ascendante ou déclinante de la vie. Avec une décision à ce sujet, on détient aussi un canon pour juger de ce que vaut son égoïsme[30].

L'égoïsme vertueux est caractéristique d'un corps puissant et riche. Grâce à lui, l'égoïste vertueux est un donateur généreux. Même s'il s'isole de toute

[27] FP 15[98] du printemps 1888.

[28] Voir par exemple la curieuse distinction entre un « égoïsme de chat » et un « égoïsme de chien » ; FP 25[516] du printemps 1884.

[29] GS, §335.

[30] CI, Incursions d'un inactuel, §33.

relation d'altérité, l'amour joyeux qu'il éprouve pour lui-même peut causer innocemment de la joie à un autre. Ainsi, contrairement à ce que la tradition morale nous enseignait, l'égoïsme (ou au moins sa version vertueuse) est un partage de joie et de puissance, il est même un multiplicateur de puissance. En revanche, la tradition a tout à fait raison de critiquer la version faible de l'égoïsme. En fait, l'égoïste pauvre – du point de vue physio-psychologique – est un voleur, il a besoin de l'altérité pour puiser dans cette relation la force qui lui manque. Donc, l'égoïsme faible diminue la puissance d'autrui et n'offre pas sa joie en partage. Par conséquent, nous pouvons en conclure que cet égoïste-là est souvent un individu qui éprouve du ressentiment, car il est envieux de la richesse de l'autre et veut s'en venger. Cette distinction entre deux espèces d'égoïsme est bien résumée par Zarathoustra :

> Vous forcez toutes les choses à venir à vous et en vous, de sorte qu'elles rejaillissent de votre fontaine comme dons de votre amour. [...] un tel égoïsme est saint et sacré.
>
> Il existe un autre égoïsme par trop pauvre, affamé, qui veut toujours dérober, cet égoïsme des malades, l'égoïsme malade.
>
> Il regarde avec l'œil du voleur tout ce qui brille ; avec l'avidité de qui a faim, il jauge celui qui a beaucoup à manger [...][31].

Le fort n'a pas besoin d'un autre pour être fort : il est riche, sa santé est excellente, son corps déborde de vie. Ses relations avec les autres ne sont pas constitutives de son amour-propre. Au contraire, cet amour est antérieur à toute relation d'altérité. Donc, les relations d'un individu fort ne s'appuient pas sur un « tu dois » qui implique un « tu » dont on dépend pour le haïr ou pour lui voler un peu de sa puissance. Au contraire, l'autre est indifférent à l'individu fort. Ce dernier n'a pas besoin de se mesurer par comparaison à qui que ce soit. L'égoïsme vertueux s'appuie sur cette reconnaissance. Un individu fort est nécessairement sain et n'a pas besoin de la santé d'autrui. Ainsi, notre éthique enseigne l'importance de l'égoïsme honnête, c'est-à-dire l'importance pour un individu de connaître sa propre force et le caractère nécessaire de son égoïsme. Mais notre éthique s'adresse à ceux qui ont déjà de la force.

L'orgueil est la conséquence de l'amour-propre qu'éprouvent tous ceux dont l'égoïsme est fort développé. Cet affect est désigné en allemand par le mot *Stolz*, le plus utilisé par Nietzsche, mais aussi par *Hochmuth*, terme dont la structure désigne soit un grand (*Hoch*) courage (*Muth*) soit une humeur ou un sentiment puissant, car *Muth* est aussi synonyme de *Stimmung*. La

[31] ZA, I, De la vertu qui prodigue, §1.

traduction de ces termes varie entre « orgueil » et « fierté ». L'orgueil est souvent associé à la vanité. Nietzsche lui-même donne parfois au mot « vanité » (*Eitelkeit*) le même sens qu'au terme « orgueil ». C'est seulement à partir d'*Aurore* et des fragments de 1880 qu'il opère une distinction explicite et définitive, en classant la vanité comme un vice et la fierté comme une vertu. Nietzsche valorise toujours l'étymologie du mot « vanité » en l'utilisant pour désigner la conséquence de l'égoïsme des faibles, à savoir une valorisation de soi-même qui serait au fond une *vanitas*, c'est-à-dire un mensonge, un état de vide. Mais comme nous l'avons dit plus haut, à partir de 1880 Nietzsche considèrera la pulsion d'orgueil[32] comme une confiance en soi, une sorte d'amour-propre vertueux caractéristique des types forts. C'est ainsi qu'il affirme que la fierté de l'esprit garantit la santé contre les « états morbides de l'esprit »[33]. En tant que conséquence de l'égoïsme des forts, cet amour a des fondements réels et c'est pourquoi il se différencie de la *vanitas*. La fierté est associée à la force, à l'auto confiance et à la santé[34], au sentiment de puissance, à la volonté de puissance et au courage[35], à l'honnêteté, à l'esprit, à la virilité, à la beauté et à la liberté du cœur[36]. Nietzsche classe l'orgueil comme un des « forts sentiments de plaisir » au côté de la pétulance, de la volupté, du triomphe, de l'audace et de la connaissance[37]. Pour lui, l'orgueil est un des « sentiments qui disent oui »[38] et il est une vertu possible uniquement pour l'individu qui a « le droit d'être garant de soi » et donc « de se dire oui à soi-même »[39]. Donc, l'orgueil est cette « certitude fondamentale que l'âme noble possède à son sujet », car « l'âme noble a du respect pour elle-même »[40].

Nous pouvons donc déjà déduire que la distinction entre le vice de la vanité et la vertu de l'orgueil devient explicite par les deux façons de se rapporter à l'altérité : comme tous les vices, la vanité est un affect qui dépend de l'altérité et la consolide ; comme toutes les vertus, l'orgueil est le résultat et la consolidation de l'individualisme. C'est pourquoi Nietzsche écrit déjà dans *Humain, trop humain* à propos de la vanité :

> Par l'opinion d'autrui, l'individu veut d'ordinaire accréditer et confirmer à ses propres yeux l'opinion qu'il a de soi [...] beaucoup de gens [...] se fient au

[32] Sur la classification de l'orgueil comme pulsion, voir le FP 6[127] de l'automne 1880.
[33] GS, Préface, §2.
[34] CW, Second post-scriptum.
[35] CI, Incursions d'un inactuel, §20.
[36] AC, §46.
[37] FP 9[156] de l'automne 1887.
[38] FP 14[11] du printemps 1888.
[39] GM, Second traité, §3.
[40] BM, §287.

> jugement des autres plus qu'au leur. – Chez le vaniteux, l'intérêt que l'on porte à soi-même, le désir de se contenter, atteignent un tel niveau qu'il fourvoie les autres à lui attribuer une valeur fausse, trop élevée, et qu'il ne s'en rapporte pas moins alors à leur autorité[41].

Les vaniteux ne peuvent pas s'aimer eux-mêmes si autrui ne leur confirme pas que leur auto évaluation est valable. Ils ont besoin d'un amour venu du dehors, autrement dit, ils ont besoin d'une relation d'altérité pour que se construise leur amour-propre. Le problème, c'est que l'amour-propre doit être nécessairement « propre » – il est inévitablement indépendant. Ainsi, la vanité est au fond la tentative stérile que fait un égoïsme faible pour se satisfaire de soi-même. Mais ce contentement reste toujours aléatoire. En effet, l'individu ne peut point contrôler l'autre de façon certaine et il ne saura jamais si cet autre l'aime réellement ou pas. Le vaniteux cherche donc une hyper valorisation de soi comme une stratégie imaginaire – souvent inconsciente – destinée à contrebalancer le risque que l'autre ne l'aime pas. C'est cela qui constitue le « vide » et le « mensonge » de toute *vanitas.* Au contraire, l'orgueilleux n'a pas besoin d'autrui et, comme l'explique Nietzsche, le fait qu'autrui ne l'aime pas le laisse indifférent :

> Aspirer à la gloire veut dire ici « se rendre supérieur et souhaiter que cela paraisse aussi publiquement ». Si la première condition n'est pas remplie et que l'on désire néanmoins la seconde, on parlera de *vanité.* Si c'est la dernière qui manque, sans que l'on en regrette l'absence, on parlera d'*orgueil*[42].

Indifférent, l'orgueilleux n'a pas besoin de ce « masque de courtoisie » qu'est la vanité et qui consiste à « n'exprimer, dans une conversation avec des inconnus ou des personnes peu connues, que des pensées choisies, parler de ses relations célèbres, de ses expériences et de ses voyages importants »[43]. Le vaniteux le fait parce qu'il aspire à l'amour d'autrui sans s'aimer d'abord soi-même. Étant donné qu'il ne s'aime pas, il cherche dans les relations sociales à être aimé. Cette recherche s'appuie sur des mensonges, car le vaniteux, soucieux de ne pas être aimé, parie sur une image construite en fonction des valeurs communes et ordinaires. « La vanité est la peur de paraître original », écrit Nietzsche et ce n'est pas un hasard s'il ajoute que cette peur constitutive de toute vanité est le symptôme d'un « manque de fierté »[44]. La vanité existe

---

41 HH, §89.
42 HH, §170.
43 OS, §240.
44 AA, §365.

quand l'homme s'estime « autant que les autres l'estiment »[45]. À cause de sa faiblesse le vaniteux est incapable d'affirmer « je suis » et il a besoin de se représenter comme une partie du troupeau, comme une partie du « nous ».

D'après Nietzsche, le manque d'orgueil chez les hommes fait qu'ils ne se posent jamais la question « Qu'est-ce, à vrai dire, que *je fais ?* Qu'est-ce que je veux atteindre par là, *moi,* précisément ? »[46]. Tous ceux qui n'ont pas d'orgueil ne conçoivent point l'affirmation du moi, car la fierté est précisément ce contentement, ce plaisir et cette confiance que l'individu éprouve vis-à-vis de soi-même. L'affirmation orgueilleuse est une sorte d'indépendance noble que Nietzsche a déclarée être son idéal : « une indépendance sans ostentation blessante, un orgueil tempéré et déguisé, un orgueil qui paye sa dette envers les autres en n'entrant pas en concurrence avec eux pour leurs honneurs et leurs plaisirs et en supportant les railleries. Voilà ce qui doit ennoblir mes habitudes »[47]. La « noblesse » peut être comprise ici comme l'amour-propre. C'est pourquoi Nietzsche écrit qu'un élément caractéristique de la morale noble est « la foi en soi-même, l'orgueil à l'égard de soi-même, une hostilité foncière et de l'ironie envers le "renoncement à soi" »[48]. En revanche, la vanité serait justement une sorte de « renoncement à soi », un signal de fatigue, un irrespect envers soi-même :

> Au nombre de choses qui sont peut-être les plus difficiles à saisir pour un homme noble figure la vanité : il sera tenté de la nier là encore où une autre espèce d'homme pensera la tenir des deux mains. Le problème est pour lui d'imaginer des êtres qui cherchent à susciter à leur sujet une bonne opinion qu'ils n'ont pas eux-mêmes – et donc ne « méritent » pas non plus –, et qui finissent néanmoins par *croire* à cette bonne opinion[49].

Toutefois, la vanité est extrêmement commune. Selon Nietzsche, c'est la condition d'esclave (c'est-à-dire la condition de quelqu'un qui obéit à un « tu dois » et fait partie d'un « nous ») qui habite « le sang du vaniteux ». La vanité serait « un résidu de l'astuce d'esclave » qui cherche à « *amener par séduction* à des bonnes opinions de soi ». Comme nous le savons, l'homme commun, « nullement habitué à fixer lui-même des valeurs », obéit à des valeurs que « lui accordaient ses maîtres »[50]. Au contraire de la vanité, grâce à la fierté noble, l'individu peut se jauger lui-même à l'aune de ses propres valeurs. Cela

[45] FP 11[185] du printemps – automne 1881.
[46] AA, §196.
[47] FP 7[95] de la fin 1880.
[48] BM, §260.
[49] BM, §261.
[50] BM, §261.

ne signifie pas que l'orgueilleux ne se rapporte jamais à une relation d'altérité, mais tout simplement que ce rapport se réalise toujours *a posteriori*. Dans ce cas, l'autre ne constitue pas l'amour-propre de l'individu. Étant donné qu'il s'aime, l'individu fort n'obéit pas à une formule « tu dois » et il ne fait pas partie d'un ensemble désigné par le mot « nous ». Il ne s'attache jamais à l'altérité. Le fort est indifférent, car il est indépendant et il peut dire « je suis » avant de se lier à autrui. En conséquence, quand il se lie à un autre, son moi demeure condensé et impénétrable. C'est en tenant compte de tout cela que nous devons comprendre le passage suivant : « Lorsque l'orgueil s'élève très haut et se spiritualise à l'extrême, il engendre une majesté angélique, mélange de bonté et de grandeur : car l'orgueil suprême se penche sur les autres avec une bonté paternelle, et il ne se conçoit pas autrement que dominateur et plein de sollicitude »[51]. L'individu fort a de la « bonté », mais ce mot désigne ici uniquement une espèce de bonté née de l'excès de force de l'individu. Ce mot ne signifie pas l'altruisme, mais son contraire – la sollicitude est liée à la domination, c'est-à-dire que l'amabilité ne sert qu'à l'égoïsme de l'individu fort. Pour comprendre cela, il nous faut savoir ce qu'est l'amour.

[51] FP 7[104] de la fin 1880.

7.

L'amour et l'*amor fati*

Le mot « amour » (*Liebe* et *Liebschaft* en allemand) est très équivoque dans la langue courante ainsi que chez Nietzsche. Ce terme désigne parfois un affect simple et en d'autres occasions une multiplicité où d'autres affects se mélangent, y compris la haine[1]. Le sens plus connu du mot français « amour », qui demeure central dans la langue française contemporaine, à savoir celui d'un « attachement », est toujours pris en compte par Nietzsche. Classé explicitement comme un affect[2] ou désigné par les curieuses expressions de « pulsion de nutrition » et de « pulsion d'excrétion »[3], l'amour est une vertu, car « l'amoureux a plus de valeur, est plus fort » et « son fonds général est plus riche que jamais, plus puissant, plus *entier* que chez celui qui n'aime pas ». C'est grâce à cela que l'amour est le fondement de l'art[4] et en conséquence de la vie créative et c'est aussi par cette voie qu'il peut être associé à l'amitié en tant que partage de joie.

La position théorique nietzschéenne par rapport à l'amour est très influencée par Stendhal et son livre *De l'amour*, ouvrage que Nietzsche avait probablement lu en 1880, quand les références que celui-ci fait au concept stendhalien de l'« amour-passion » surgissent pour la première fois[5]. Les affinités entre les deux penseurs sont nombreuses et évidentes. En effet, Stendhal affirme que son livre est une « physiologie de l'amour »[6]. Toutefois, il n'a donné qu'une seule définition précise du dit affect : « Aimer, c'est avoir du plaisir à voir, toucher, sentir par tous les sens, et d'aussi près que possible un objet aimable et qui nous aime »[7].

---

[1] Voir, par exemple, EH, Pourquoi j'écris de si bons livres, §5.
[2] Voir FP 23[11] de la fin 1876 – été 1877.
[3] Voir FP 25[179] du printemps 1884.
[4] FP 14[120] du printemps 1888.
[5] Voir, par exemple, le FP 7[160] de la fin 1880.
[6] Stendhal. *De l'amour*. Troisième préface, p.322.
[7] Ibid., p.34

Mais l'effort de Stendhal consiste avant tout à distinguer quatre sortes d'amour qu'il nomme l'amour-passion, l'amour-goût, l'amour physique et l'amour de vanité[8]. L'amour-passion est la version sublimée de l'amour physique, ce dernier étant l'amour proprement sexuel. Les deux autres sont des situations où l'affect amour s'unit à la vanité et aucune des deux ne mérite l'attention de Nietzsche. En revanche, l'expression « amour-passion » est très admirée par Nietzsche et ce n'est point un hasard s'il écrit que « la spiritualisation de la sensualité a pour nom *amour* »[9]. Comme lui-même le reconnaît, il s'agit d'une influence directe de Stendhal : « la pulsion sexuelle s'est sublimée en amour (*amour-passion*) »[10]. Or, Stendhal a écrit que « le plaisir physique » peut être sublimé à travers ce qu'il appelle la « cristallisation »[11], c'est-à-dire une « solution imaginaire »[12], une « opération de l'esprit » qui invente des caractéristiques pour l'objet aimé, caractéristiques qui nous causent du plaisir qui « nous envoie le sang au cerveau »[13], pour citer une partie de l'analyse physiologique stendhalienne tant admirée par Nietzsche[14].

De toute façon, la conception stendhalienne selon laquelle l'amour est un plaisir provoqué par un objet est déjà présente dans les définitions nietzschéennes antérieures à 1880. En effet, Nietzsche a écrit dans le second volume d'*Humain, trop humain* :

> Qu'est-ce qu'aimer, sinon comprendre et se réjouir qu'un autre être vive, agisse et sente d'une autre manière que nous, d'une manière opposée, même ? Afin que l'amour puisse unir les contraires dans la joie, il ne faut pas qu'il les supprime, les nie. – Même l'amour de soi a pour condition première la dualité (ou la multiplicité) irréductible dans une seule et même personne[15].

Nietzsche montre ici que l'amour dépend d'une relation duale ou plurielle entre l'individu qui aime et l'objet aimé (ou les objets aimés). L'altérité apparaît comme la condition *sine qua non* pour qu'existe l'amour. C'est à partir d'un « autre être » opposé et contraire à l'individu que l'amour s'établit en tant que joie ou plaisir. Mais cette altérité, l'individu peut la trouver en lui-même et cela découle naturellement d'une pensée qui considère que tout corps

---

[8] Stendhal. *De l'amour,* p.31-32.
[9] CI, La morale comme contre-nature, §3.
[10] BM, §189.
[11] Stendhal. *De l'amour.* Fragments divers, §35, p.251.
[12] Ibid., p. 43.
[13] Ibid., p. 35.
[14] Voir à ce propos, la fin de EH, Pourquoi je suis si avisé, §3.
[15] OS, §75.

est une multiplicité d'affects. Il s'agit dans ce cas de l'amour-propre ou de l'égoïsme. Et toute relation amoureuse externalisée vertueuse, bien qu'elle se réalise à travers une relation entre individus, demeure toujours une recherche d'autosatisfaction, autrement dit de plaisir, de joie, d'intensification de puissance du corps. Au fond, tout amour est amour-propre.

Pour l'individu fort, les relations physiques (sexuelles ou sublimées) avec autrui ne sont que des instruments pour intensifier la force individuelle de son corps. L'individu fort est capable de vivre ce genre de relations sans obéir à un « tu dois » en consolidant l'auto affirmation du « je suis ». En d'autres termes, l'amour est gouverné chez l'individu fort par l'affect d'égoïsme : « il faut avoir un *moi* solidement assis, être hardiment planté sur ses deux jambes, sinon il est absolument *impossible* d'aimer »[16], écrit Nietzsche. Pour lui, donc, l'amour « en tant que dépersonnalisation » est un « faux-monnayage nihiliste »[17]. En effet, l'affect amour est, en dernière analyse, l'*amor* en tant que désir. Autrement dit, l'amour est un effort que fait l'individu pour conquérir l'objet aimé : « Chaque fois qu'est présente une force excessive, elle veut la conquête : cette pulsion est souvent appelée *amour*, amour de *ce sur quoi* aimerait s'épancher l'instinct conquérant »[18]. Pour Nietzsche, l'amour est « la joie éprouvée à la chose », mais il est aussi « plaisir à sa possession » et « convoitise » de posséder totalement la chose aimée[19].

Jusqu'ici nous avons laissé de côté Zarathoustra, ce personnage représentatif de l'amour par excellence. Ce n'est pas étonnant que le mot *Liebe* soit présent dans presque tous les chapitres d'*Ainsi parlait Zarathoustra*, car son personnage central est un individu fort qui éprouve un « amour impatient » qui « veut descendre, s'épandre, s'abîmer », comme un « fleuve d'amour » qui se jette vers la mer[20]. Par amour, Zarathoustra enseigne l'amour, mais de quelle sorte ? « Plus haut que l'amour du prochain est l'amour du lointain et du futur »[21], affirme-t-il. D'après lui, le grand amour des créateurs crée son propre objet[22], « car on n'aime du fond du cœur que son enfant et son œuvre ; et où il y a un grand amour pour soi-même il est l'emblème de la fécondité »[23]. Zarathoustra enseigne le grand amour qui consiste à aimer l'avenir en tant que possibilité ouverte de créations nouvelles. C'est pourquoi il déclare aux hommes supérieurs : « Là où est tout votre amour, auprès de votre enfant, là

---

[16] EH, Pourquoi j'écris de si bons livres, §5.
[17] FP 9[84] de l'automne 1887.
[18] FP 7[107] du printemps – été 1883.
[19] FP 12[75] de l'automne 1881. Voir aussi FP 15[33] de l'automne 1881 ou GS, §14.
[20] ZA, II, L'enfant au miroir.
[21] ZA, I, De l'amour du prochain.
[22] ZA, II, Des compatissants.
[23] ZA, III, De la félicité malgré soi.

est aussi toute votre vertu ! »[24]. Or, si l'amour est une pulsion vers la conquête de l'objet aimé, comment peut-on conquérir l'avenir ? On conquiert l'avenir par la création. L'amour comme vertu est ce désir de création, cette pulsion esthétique de transformation du monde, ce vouloir-transfigurer qui crée le futur et inaugure l'avenir par l'action. Mais qu'est-ce que nous pouvons créer sinon ce qui est nécessaire que nous créions ? Une pensée tragique comme celle de Nietzsche ne donne pas d'autre alternative : l'amour de l'avenir, le grand amour, devient alors amour du *fatum*.

Quand l'amour se focalise sur le *fatum*, quand son objet est la totalité de la vie, le devenir même en tant que nécessité absolue, l'individu éprouve l'affect le plus puissant, celui que Nietzsche appelle *amor fati*, expression en latin qui signifie tout simplement l'amour du destin. Nous disons qu'il s'agit de l'affect le plus puissant, car il est la base indispensable à l'affirmation du « je suis » par laquelle le moi se réjouit et accepte son destin. Or, d'après Nietzsche, un « nouvel amour » devient nécessaire après la « décomposition de la morale »[25], un amour qui surgit « lorsque le "tu dois" n'est plus ressenti »[26]. Et si Nietzsche a écrit que l'*amor fati* pourrait être sa morale[27] cela s'explique parce que l'amour du destin est sa « nature très personnelle »[28]. Comme nous l'avons vu, l'individu qui accepte l'avenir et qui l'aime, accepte et aime aussi le devenir dans sa totalité ainsi que le passé. C'est le dionysiaque ou la sagesse tragique qui nous montre que la volonté créatrice qui aime l'avenir et veut le créer, doit aimer aussi le passé pour se réconcilier avec le temps. L'individu qui aime ainsi le devenir tout entier s'aime, bien sûr, lui-même en tant que partie de la réalité, mais c'est seulement en s'aimant d'abord qu'il peut se réjouir du *fatum*. Le « je suis », cette formule de l'engagement amoureux du moi, demeure donc toujours lié à l'*amor fati* et vice-versa. En effet, d'une part seul l'amour-propre peut épauler un moi qui sera alors assez fort pour supporter les aspects douloureux de la vie et continuer à l'aimer profondément. C'est l'amour-propre qui donne à l'individu la force d'aimer la vie même si la mort est inéluctable. D'autre part, parce qu'il reconnaît que le destin est inévitable, l'individu, grâce uniquement à l'amour du *fatum*, s'aime lui-même en tant que simple partie de l'infinité du devenir, car il est impossible d'aimer une partie sans aimer d'abord la totalité dont cette partie dépend. C'est pourquoi Nietzsche a écrit que nous n'avons pas « *le droit* de

---

[24] ZA, IV, De l'homme supérieur, §11.
[25] FP 4[83] de novembre 1882 – février 1883.
[26] FP 4[85] de novembre 1882 – février 1883.
[27] Voir FP 15[20] de l'automne 1881.
[28] *Nietzsche contre Wagner*, Épilogue, §1. Voir aussi la fin de EH, Le cas Wagner, §4.

vouloir autrement... »[29]. En fait, avec la reconnaissance de la réalité comme un *continuum* dont nous faisons nécessairement partie, soit dans l'amour-propre, soit dans l'amour de la vie ou dans tout autre genre d'amour, l'objet aimé demeure au fond inévitablement le même, à savoir la réalité. En bref, comme l'explique Zarathoustra : « Nous aimons la vie, non parce que nous sommes habitués à la vie, mais parce que nous sommes habitués à aimer »[30]. Quoi qu'il en soit, l'*amor fati* apparaît constamment chez Nietzsche comme l'affirmation amoureuse du devenir tout entier y compris dans ses aspects indésirables. C'est ainsi qu'est défini cet affect depuis la première utilisation de l'expression dans *Le gai savoir* où Nietzsche écrit :

> *Amor fati :* que ceci soit désormais mon amour ! Je ne ferai pas de guerre contre la laideur ; je n'accuserai point, je n'accuserai pas même les accusateurs. *Détourner le regard :* que ceci soit ma seule négation ! Et à tout prendre : je veux à partir d'un moment quelconque n'être plus autre chose que quelqu'un qui dit oui[31].

Dans ce passage, Nietzsche commence à résoudre le problème qui, comme nous l'avons constaté, résulte du concept de *pathos* de la distance, à savoir le dégoût, notamment le dégoût envers l'homme. L'amour du destin est l'affirmation totale de la vie et, par conséquent, il est aussi l'affirmation des objets dégoutants, du dégoût même et également du *pathos* de la distance. C'est pourquoi Nietzsche écrit que sa noblesse « se voit soumise à la suprême épreuve » qui consiste à « *être juste envers le passé, le vouloir connaître avec amour* » et c'est pourquoi il ajoute qu'il est ignoble de « parler du Christianisme avec ressentiment »[32]. L'amour du destin doit être plus grand que tout ressentiment et doit toujours le vaincre, n'étant pas une manière de supporter la vie, mais une façon de l'aimer vraiment. Comme Nietzsche le précise dans un fragment posthume :

> Il faut considérer les aspects reniés de l'existence non seulement comme *nécessaires*, mais comme souhaitables : et non seulement comme souhaitables par rapport aux aspects jusqu'alors approuvés (par exemple en tant que leurs compléments ou conditions premières), mais pour eux-mêmes, en tant qu'aspects puissants, plus féconds, plus *vrais* de l'existence, dans lesquels sa volonté s'exprime avec le plus de netteté[33].

---

[29] FP 25[7] de décembre 1888 – début janvier 1889.
[30] ZA, I, Lire et écrire.
[31] GS, §276.
[32] FP 12[75] de l'automne 1881.
[33] FP 16[32] du printemps – été 1888.

Dans ce passage qui était l'esquisse du troisième paragraphe de la préface d'*Ecce Homo*, Nietzsche explique qu'il comprend la philosophie comme « la recherche délibérée des aspects même les plus maudits et les plus infâmes de l'existence » et que cette « philosophie expérimentale » veut parvenir à « un *acquiescement dionysiaque* au monde, tel qu'il est, sans rien en ôter, en excepter, en sélectionner ». L'*amor fati* apparaît alors comme la formule d'une « attitude dionysiaque » envers la vie et il est l'état « le plus haut qu'un philosophe puisse atteindre ». Or, Nietzsche dit que cette philosophie « veut le cycle éternel »[34]. La référence à l'éternel retour traduit ici la relation profonde de cette hypothèse avec l'*amor fati*. « Qui supporte la pensée de l'éternel retour ? »[35], demande Nietzsche ailleurs et cette question démontre la difficulté d'accepter la possibilité du retour éternel du temps. Il faut être très fort pour supporter cette perspective tout comme il faut l'être pour aimer le devenir en sa totalité. Car pour qu'il soit possible de supporter la répétition de la vie il faut l'aimer sans conteste.

Pour la construction de notre éthique, il n'est pas important de savoir si l'hypothèse de l'éternel retour est une explication cosmologique valable et/ou véritable et il est encore moins indispensable de savoir si Nietzsche lui-même corroborait définitivement cette hypothèse voire de connaître les explications physiques qui la soutiendraient[36]. Outre ces questions, ce qui nous intéresse, c'est que l'éternel retour s'accompagne toujours chez Nietzsche d'un dilemme existentiel, peut-être le plus difficile : aimez-vous assez la vie pour la vouloir encore une fois ? Ce dilemme a été posé de façon implicite dès la première occurrence de l'expression « éternel retour » dans l'œuvre nietzschéenne, lorsqu'un démon hypothétique dit :

> « Cette vie telle que tu la vis maintenant et que tu l'as vécue, tu devras la vivre encore une fois et d'innombrables fois ; et il n'y aura rien de nouveau en elle, si ce n'est que chaque douleur et chaque plaisir [...] »

Et Nietzsche demande alors :

> Ne te jetterais-tu pas sur le sol, grinçant des dents et maudissant le démon qui te parlerait de la sorte ? Ou bien te serait-il arrivé de vivre un instant formidable où

[34] FP 16[32] du printemps – été 1888.

[35] FP 25[290] du printemps 1884.

[36] L'explication cosmologique de l'éternel retour est donnée, par exemple, dans le FP 11[148] du printemps – automne 1881.

tu aurais pu lui répondre : « Tu es un dieu, et jamais je n'entendis choses plus divines ! »[37] .

L'individu fort peut répondre affirmativement à ce dilemme, car il a ce courage qui « tue même la mort » et qui consiste à dire : « C'était *ça*, la vie ? Allons, encore une fois ! »[38]. Ce désir courageux de revivre les bons et les mauvais moments de l'existence est le dionysiaque-même comme le fait de « dire oui à la vie jusque dans ses problèmes les plus singuliers et les plus durs ». L'individu fort qui s'affirme et affirme son destin arrive à « *être soi-même* le plaisir éternel du devenir »[39]. Le savoir tragique est donc « l'extrême antithèse et antipode » du pessimisme, car le grand amour dionysiaque ne trouve « aucune objection contre l'existence, pas même contre son retour éternel »[40]. Et pourquoi cet amour peut-il vouloir l'éternité ? L'affectologie l'explique facilement : parce que toute puissance, toute joie, tout bonheur, tout plaisir, en un mot, toute vertu se veut elle-même et veut sa propre réalisation. « Le plaisir se veut lui-même, il veut l'éternité, il veut le retour, il veut le tout, – éternellement – semblable – à lui-même », enseigne Zarathoustra[41], lui qui chante « je t'aime, ô éternité ! »[42]. Mais il explique aussi que « toutes les choses sont enchaînées, enchevêtrées, amoureuses les unes des autres » et en conséquence si l'on dit oui à un plaisir, l'on dit oui « aussi à *toute* douleur ». Donc, l'*amor fati* qui supplie : « Tout de nouveau, tout éternellement, tout enchaîné, tout enchevêtré » réclame aussi le retour de la douleur[43].

Finalement, Nietzsche déclare que celui qui « dit le plus grand oui au monde », qui veut avoir de nouveau tout « ce qui fut et est » pour toute l'éternité, « criant insatiablement *da capo* » est « l'idéal de l'homme le plus exubérant » et « le plus débordant de vie »[44]. Notre effort, à travers l'élaboration d'une éthique des affects, a consisté précisément à exposer les données que Nietzsche nous fournit, de façon directe ou indirecte, afin que se réalise cet idéal de l'homme qui aimerait profondément la vie par-delà tout ressentiment. Tel est notre principal objectif. Notre éthique enseigne le paradoxe d'être dégoûté par le dégoût, ce qui signifie aimer la vie, toute la vie, sans limite et incontestablement.

---

37 GS, §341.

38 ZA, III, De la vision et de l'énigme, §1. Voir aussi ZA, IV, Le chant d'ivresse, §1.

39 CI, Ce que je dois aux anciens, §5.

40 EH, Ainsi parlait Zarathoustra, §6.

41 ZA, IV, Le chant d'ivresse, §9.

42 ZA, III, Les sept sceaux

43 ZA, IV, Le chant d'ivresse, §10.

44 BM, §56.

Philosophie aux éditions L'Harmattan

Dernières parutions

ALAIN BADIOU
Vivre en immortel
Vinolo Stéphane
À la différence de penseurs comme Deleuze ou Derrida, Alain Badiou est un philosophe classique, cherchant à apporter des réponses aux questions les plus anciennes de la philosophie. Pour Badiou, la philosophie n'est plus au coeur du processus de production des vérités. Toute la pensée de Badiou nous enjoint donc à cesser d'être des animaux humains pour devenir des sujets, à ne plus survivre à l'aune de nos seuls intérêts, pour vivre pleinement, c'est-à-dire, vivre enfin comme des immortels.
(Coll. Ouverture Philosophique, 20.00 euros, 196 p.)
ISBN : 978-2-343-05087-4, ISBN EBOOK : 978-2-336-36612-8

CENT MILLIONS D'ORGASMES
Essai sur la pornographie
Rubino Francesco
La pornographie sera l'un des objets les plus invasifs des réglementations morales à venir. Aux positions naïves (M. Marzano) et aux reconstructions puristes (C. MacKinnon) et relativistes (M. C. Nussbaum, L. Williams), ce «pornouvrage» oppose le sens authentique de cette anomie érotique : le sens d'un corps opprimé qui, pourtant, pornographiquement écrit (A. J. Magliacane) et se resymbolise dans un cri (P. Pat Califia) ou se désymbolise dans un fantasme (Ch. Ackerman, E. Lemoine-Luccioni).
(Coll. Ouverture Philosophique, série Arts vivants, 24.00 euros, 240 p.)
ISBN : 978-2-343-05144-4, ISBN EBOOK : 978-2-336-36662-3

COURT TRAITÉ D'ONTOLOGIE
Bouvier Pascal
Pourquoi existons-nous ? Est-ce que nous existerons après la mort ? Autant d'interrogations profondément humaines qui sont prises en charge par la philosophie. Au sein de celle-ci, une discipline spécifique se consacre à la question de l'être : l'ontologie. Elle semblait tombée en désuétude et dans l'oubli depuis les critiques sévères de certains courants philosophiques. Ce traité tente de saisir les grandes lignes de cette histoire de l'être.
(Coll. Ouverture Philosophique, 14.50 euros, 148 p.)
ISBN : 978-2-343-04094-3, ISBN EBOOK : 978-2-336-36722-4

CRITIQUE (LA) RADICALE DE L'ARGENT ET DU CAPITAL CHEZ LE DERNIER-MARX
Matériaux pour une refondation du marxisme
Bayer Philippe
Ce livre s'inscrit dans une réflexion sur la Critique radicale associée à ce qu'on peut appeler le Dernier-Marx. Ce Dernier-Marx, on peut le lire dans l'édition française du *Capital* en un repositionnement de Marx, venant problématiser sa pensée objective précédente, qui réceptionnait un donné du mode de production capitaliste pour l'interpréter comme un donné de l'histoire. À

cette entreprise ruineuse pour le mouvement ouvrier, le Dernier-Marx substitue une problématique radicalement subjective à partir d'une ontologie de l'identité vitale.
(Coll. Ouverture Philosophique, 25.00 euros, 248 p.)
ISBN : 978-2-343-04705-8, ISBN EBOOK : 978-2-336-36730-9

DÉCONSTRUCTION PHÉNOMÉNOLOGIQUE ET THÉOLOGIQUE DE LA MODERNITÉ OCCIDENTALE
Awazi Mbambi Kungua Benoît
Le puissant travail de déconstruction phénoménologique et théologique de la modernité occidentale fait apparaître l'autisme épistémologique qui caractérise son horizon de la Mathesis Universalis à la base de ses productions scientifiques, techniques, athées, consuméristes et médiatiques. À travers cet ouvrage, l'auteur opère un puissant tournant prophétique, mystique et thérapeutique de la théologie négro-africaine de la libération holistique, échappant ainsi aux schèmes idéologiques et politiques des théologies occidentales frappées d'obsolescence.
(33.00 euros, 320 p.)
ISBN : 978-2-343-03719-6, ISBN EBOOK : 978-2-336-36791-0

ÉVEIL BOUDDHIQUE ET CORPORÉITÉ
Marcel Antoine
«Voir dans sa propre nature», dans le bouddhisme zen, est une expression convenue qui désigne l'éveil. Pourquoi, et comment ? Observant l'importance première donnée au corps dans la pratique méditative, la mise à l'écart de la noèse, l'auteur, s'appuyant sur les développements de la pensée phénoménologique à la suite de Maurice Merleau-Ponty, tente une investigation de l'éveil bouddhique.
(Coll. Ouverture Philosophique, 12.00 euros, 108 p.)
ISBN : 978-2-343-05191-8, ISBN EBOOK : 978-2-336-36785-9

PROBLÈME (LE) KANTIEN DE L'ÉTHIQUE
Habiter le monde
Gaudet Pascal
La philosophie critique de Kant peut être interprétée comme une éthique, qui signifie non pas seulement l'impératif de la vertu, mais l'exigence d'une réalisation du souverain Bien en l'homme et dans le monde. Ce livre montre comment la recherche d'un passage de la liberté à la nature fonde le projet d'une « habitation » du monde et permet de penser le sens éthique de la philosophie en ses domaines théorique et pratique.
(Coll. Ouverture Philosophique, 12.00 euros, 110 p.)
ISBN : 978-2-343-05328-8, ISBN EBOOK : 978-2-336-36702-6

RACINE (LA) DE LA LIBERTÉ
Urvoy François
À l'issue d'un siècle qui a vu le plus grand écrasement des hommes et des peuples et en ce début qui en prend bien le relais, les préoccupations de liberté ont pris une urgence plus grande et plus sensible. Les investigations obtiennent jusqu'ici des résultats très décevants car elles s'attachent aux moyens externes sans jamais chercher qui et surtout comment on sera en mesure de les produire et de les mettre en œuvre. Il s'agit, ici, de remonter à la racine de la question : ce qui dépend de nous, ce que nous pouvons par nous-mêmes dans un monde qui nous produit et nous conduit.
(Coll. Ouverture Philosophique, 27.00 euros, 258 p.)
ISBN : 978-2-343-03005-0, ISBN EBOOK : 978-2-336-36731-6

SYMBOLIQUE (LE) ET LE TRANSCENDANTAL
Verley Xavier
Ce livre part du différend qui a opposé Frege et Husserl à propos du psychologisme. Comment ces deux pensées tournées vers une réflexion sur l'arithmétique ont-elles pu parvenir à deux conceptions si différentes de la logique ? Il est apparu qu'il s'agissait d'évaluer l'idée de représentation qui est au cœur du problème. Ainsi, faut-il se (re)présenter pour penser ou y a-t-il la place pour une pensée symbolique et aveugle ?
(Coll. Ouverture Philosophique, 30.00 euros, 294 p.)
ISBN : 978-2-343-02833-0, ISBN EBOOK : 978-2-336-36557-2

CRITIQUE ET ÉMANCIPATION
Recherches foucaldiennes sur la culture arabe contemporaine
Beghoura Zouaoui - Préface de Jacques Poulain
Cet ouvrage utilise les pensées de Michel Foucault dans la culture arabe. Il joint à une histoire socio-politique de cette culture une critique qui vise à y établir les conditions d'une émancipation réelle, indépendante de l'actualité brûlante qui semble la rendre aujourd'hui impossible. Cette expérience de critique socio-politique développe en effet les critères d'une émancipation intellectuelle qui conditionne toute émancipation sociale.
(Coll. La philosophie en commun, 17.00 euros, 176 p.)
ISBN : 978-2-343-04092-9, ISBN EBOOK : 978-2-336-36304-2

DU FÉMINISME DANS L'ŒUVRE DE MICHEL FOUCAULT
A demain le bon sexe
Essai
Sastre Danièle
«Le sexe, disait Foucault, ça s'administre, la sexualité, ça se subit ; quant à la sensualité, elle est chaque jour à inventer.» L'auteur a voulu rouvrir le dossier, emprunter les chemins qu'il a tracés en 1976 en écrivant son Histoire de la sexualité, qui est l'histoire des discours sur la sexualité, eux-mêmes histoire des corps investis par le pouvoir.
(27.00 euros, 268 p.)
ISBN : 978-2-343-04763-8, ISBN EBOOK : 978-2-336-36305-9

GASTON BACHELARD, UNE POÉTIQUE DE LA LECTURE
Buse Ionel
L'éthique bachelardienne est une éthique simple, mais pas du tout simpliste : l'homme du théorème est complété par l'homme du poème. Mais, si l'éthique est une direction de la pensée qui doit maîtriser notre avenir, la poétique est la source ontologique de cette pensée. C'est-à-dire la liberté de rêver doit être à l'origine de la liberté créatrice de la pensée ou de l'homme des théorèmes. En fait, il ne s'agit pas d'une éthique fermée dans les modèles artificiels d'une pensée techniciste, mais toujours d'une éthique soutenue, à l'origine, par une poétique de la pensée ouverte.
(Coll. Ouverture Philosophique, 16.50 euros, 160 p.)
ISBN : 978-2-343-04292-3, ISBN EBOOK : 978-2-336-36292-2

HOMME (L') EST-IL UN ANIMAL POLITIQUE ?
Physique de la misanthropie, entre littérature et philosophie
Ainseba Tayeb
Le compartimentage disciplinaire hérité du XIXe siècle pousse à opposer les intentions esthétiques de la littérature au chemin vers la vérité que serait la philosophie. Cette opposition nie la possibilité d'une philosophie littéraire tant que, réduite à un dogme, elle n'est pas critiquée. Ce livre, plutôt que d'opposer la littérature et la philosophie, raconte ce qui les rapproche en prenant un thème qui leur est commun, celui de la misanthropie.
(30.00 euros, 298 p.)
ISBN : 978-2-343-04870-3, ISBN EBOOK : 978-2-336-36346-2

LOGIQUE ET RHÉTORIQUE SELON CHAÏM PERELMAN
ou le jugement partagé
L'éloquence de la raison
Melcer Jean-François
Des trois volets de l'oeuvre de Chaïm Perelman – la philosophie du droit, l'éthique et la logique – le troisième est le moins connu. Les précédents tomes de *L'éloquence de la raison* ont mis l'accent sur les deux premiers. Il s'agit, à présent, d'expliciter les conditions épistémologiques de possibilité de la nouvelle rhétorique, conçue comme logique argumentative, non comme technologie persuasive.
(Coll. Ouverture Philosophique, 31.00 euros, 304 p.)
ISBN : 978-2-343-04209-1, ISBN EBOOK : 978-2-336-36286-1

MERLEAU-PONTY - FREUD ET LES PSYCHANALYSTES
Le Baut Hervé
Le parcours de Maurice Merleau-Ponty ne peut se comprendre sans le fil rouge de la Psychanalyse : dès sa thèse, il restaure le primat de la perception et du corps sexué à la lumière de Freud et de Binswanger. A la Sorbonne, il renouvelle la Psychologie de l'enfant en y intégrant M. Klein, J. Lacan et F. Dolto. Au Collège de France plusieurs cours font des rêves et de la libido une dimension inéluctable de l'humain. De nombreux psychanalystes et psychiatres se sont « laissés interroger par lui « : citons : H. Ey, A. Hesnard, P. Fédida, A. Green, J. Laplanche, J.-B. Pontalis, Luce Irigaray...
(Coll. Ouverture Philosophique, 24.00 euros, 296 p.)
ISBN : 978-2-343-04080-6, ISBN EBOOK : 978-2-336-36381-3

NAÎTRE MÈRE
Essai philosophique d'une sage-femme
de Gunzbourg Hélène
Cet essai est la réflexion d'une sage-femme qui, depuis trente ans, a accompagné des femmes pendant leur grossesse et après la naissance de leur enfant, écoutant leur questionnement sur l'arrivée au monde d'un enfant désormais « désiré ». La révolution dans la procréation et la transformation de la famille concerne chacun d'entre nous. Faut-il redouter que les forces aveugles de la nature ou du destin soient remplacées par la rigueur glaciale et anonyme de la technoscience et de son « expertise » ?
(Coll. Ouverture Philosophique, 28.00 euros, 274 p.)
ISBN : 978-2-343-04437-8, ISBN EBOOK : 978-2-336-36405-6

PENSÉE DIALOGIQUE, LANGAGE ET INTERSUBJECTIVITÉ DANS LA PHILOSOPHIE DE FRANZ ROSENZWEIG
Muller Alain - Préface de Bernard Forthomme
L'originalité de cet ouvrage, c'est de tenter d'éclairer le « retour » de Franz Rosenzweig au judaïsme, - et le concept de « révélation » qui s'y rattache -, à partir de l'itinéraire intellectuel et de la philosophie de celui-ci, et en s'appuyant sur les philosophies d'Hermann Cohen et d'Eugen Rosenstock, et cela en plaçant le premier dans le contexte historique de la « symbiose judéo-allemande », le second dans le cadre du dialogue interreligieux entre le christianisme et le judaïsme.
(Coll. Ouverture Philosophique, 28.00 euros, 270 p.)
ISBN : 978-2-336-00746-5, ISBN EBOOK : 978-2-336-36432-2

PENSÉE (LA) POSITIVISTE SOUS LE SECOND EMPIRE
Charlton Donald Geoffrey - Traduction : René Boissel
Le Second Empire fut l'époque charnière dans la construction de la France moderne : développement exponentiel de la science qui repousse les frontières de l'inconnaissable, culte du 'Progrès' sans limite qui atteindra son apogée à la veille de la Première Guerre mondiale. Parallèlement, une nouvelle philosophie se construit avec pour base la science et remet en cause les profondes certitudes préalablement acquises : le positivisme, esquissé par Saint-Simon et structuré par Auguste Comte. Le professeur Donald Geoffrey Charlton (1925 – 1995) présenta sa thèse à l'Université de Londres.
(Coll. Ouverture Philosophique, 26.00 euros, 260 p.)
ISBN : 978-2-343-01340-4, ISBN EBOOK : 978-2-336-36430-8

PHILOSOPHIE ET SPÉCIFICITÉ AFRICAINE DANS LA REVUE PHILOSOPHIQUE DE KINSHASA
Massamba-Makoumbou Jean-Serge
La revendication d'une rationalité purement africaine par les milieux scientifiques ou universitaires africains, depuis des décennies, dérive de la minorisation de l'Afrique. Cette étude s'interroge sur le sens et la signification de la notion d'africanité attachée à sa philosophie. Elle tente de répondre à la question de l'identité africaine de cette philosophie et partant de celle du philosophe africain, telle qu'elle se donne à lire dans la Revue philosophique de Kinshasa.
(Coll. Ouverture Philosophique, 16.50 euros, 168 p.)
ISBN : 978-2-343-05119-2, ISBN EBOOK : 978-2-336-36416-2

L'HARMATTAN ITALIA
Via Degli Artisti 15; 10124 Torino

L'HARMATTAN HONGRIE
Könyvesbolt ; Kossuth L. u. 14-16
1053 Budapest

L'HARMATTAN KINSHASA
185, avenue Nyangwe
Commune de Lingwala
Kinshasa, R.D. Congo
(00243) 998697603 ou (00243) 999229662

L'HARMATTAN CONGO
67, av. E. P. Lumumba
Bât. – Congo Pharmacie (Bib. Nat.)
BP2874 Brazzaville
harmattan.congo@yahoo.fr

L'HARMATTAN GUINÉE
Almamya Rue KA 028, en face
du restaurant Le Cèdre
OKB agency BP 3470 Conakry
(00224) 657 20 85 08 / 664 28 91 96
harmattanguinee@yahoo.fr

L'HARMATTAN MALI
Rue 73, Porte 536, Niamakoro,
Cité Unicef, Bamako
Tél. 00 (223) 20205724 / +(223) 76378082
poudiougopaul@yahoo.fr
pp.harmattan@gmail.com

L'HARMATTAN CAMEROUN
BP 11486
Face à la SNI, immeuble Don Bosco
Yaoundé
(00237) 99 76 61 66
harmattancam@yahoo.fr

L'HARMATTAN CÔTE D'IVOIRE
Résidence Karl / cité des arts
Abidjan-Cocody 03 BP 1588 Abidjan 03
(00225) 05 77 87 31
etien_nda@yahoo.fr

L'HARMATTAN BURKINA
Penou Achille Some
Ouagadougou
(+226) 70 26 88 27

L'HARMATTAN SÉNÉGAL
10 VDN en face Mermoz, après le pont de Fann
BP 45034 Dakar Fann
33 825 98 58 / 33 860 9858
senharmattan@gmail.com / senlibraire@gmail.com
www.harmattansenegal.com

L'HARMATTAN BÉNIN
ISOR-BENIN
01 BP 359 COTONOU-RP
Quartier Gbèdjromèdé,
Rue Agbélenco, Lot 1247 I
Tél : 00 229 21 32 53 79
christian_dablaka123@yahoo.fr

653168 - Mai 2016
Achevé d'imprimer par

www.ingramcontent.com/pod-product-compliance
Lightning Source LLC
LaVergne TN
LVHW011953220826
846092LV00001B/172

* 9 7 8 2 3 4 3 0 7 2 5 1 7 *